GRAMMAIRE
FRANÇAISE

Paris. — Imprimerie de P.-A. BOURDIER ET Cᵉ, rue Mazarine, 30.

GRAMMAIRE FRANÇAISE

A L'USAGE DES PENSIONNATS

PAR

Charles-Constant LE TELLIER.

SOIXANTE-CINQUIÈME ÉDITION

REVUE ET CORRIGÉE

PAR M. GABRIEL LE TELLIER

Professeur de Grammaire.

Prix : 1 fr. 50 c.

PARIS

MORIZOT, LIBRAIRE-ÉDITEUR

RUE PAVÉE-S.-ANDRÉ-DES-ARTS, 3

1860

AVIS IMPORTANT

SUR CETTE NOUVELLE ÉDITION.

Nous n'entreprendrons pas de recommander notre *Grammaire française* aux personnes chargées de l'instruction de la Jeunesse: les nombreuses éditions que nous en avons publiées tiennent lieu de toute recommandation. Celle que nous faisons paraître aujourd'hui, et qui est la SOIXANTE-CINQUIÈME, vient d'être entièrement revue et corrigée par M. Gabriel Le Tellier fils, professeur de Grammaire. Les parties qui présentent le plus de difficultés aux élèves, *les verbes, la formation et la concordance des temps, les participes*, ont été l'objet d'un travail particulier. Quelques notions sur *le langage*, sur *les mots en général*, sur *l'étymologie des différentes parties du discours, des remarques sur chacune d'elles, des principes d'analyse gramaticale et d'analyse logique*, sont au nombre des améliorations que nous pouvons signaler. En un mot, rien n'a été épargné pour mettre cet ouvrage en harmonie avec les développements progressifs des études grammaticales.

Ces changements importants et nombreux contribueront à conserver à cette Grammaire la faveur dont elle a joui jusqu'à présent.

INTRODUCTION.

DU LANGAGE.

Le *langage* est la faculté que nous avons reçue de Dieu de former par la voix des sons articulés, des mots ayant pour but d'exprimer nos besoins, nos sensations, notre pensée.

Les sons de la voix, ainsi employés, constituent la parole.

On entend encore par langage tous les moyens que les hommes ont inventés ou employés pour communiquer tout ce qui se passe dans leur esprit. Ces moyens sont : l'écriture, les gestes, et une variété très-grande de signes de convention.

ORIGINE DU LANGAGE.

Les hommes ne purent d'abord correspondre entre eux que par des cris, se faire entendre que par des gestes. Mais lorsqu'ils eurent contracté quelque habitude d'être ensemble, les cris produisant aussi des sons, ils durent se servir de ces sons pour représenter les objets, pour se les indiquer les uns aux autres, pour exprimer leurs besoins sans cesse renaisssants.

Ces cris, ces sons, répétés pour désigner parmi eux les mêmes objets, se transmirent à leurs descendants. Ce langage fut d'abord grossier ; mais à mesure que les besoins s'accrurent, que les relations s'augmentèrent et que les connaissances se multiplièrent, il se perfectionna et amena une collection de signes vocaux ou d'articulations (1) qui devinrent une langue.

LANGUES.

La *langue* est le véritable trait qui caractérise une nation, qui la distingue d'une autre.

---

(1) On entend par *sons articulés* ceux qui se prononcent avec la langue et les lèvres. Les *sons inarticulés* sont ceux qui se forment dans la bouche sans ce double concours

On peut assigner à toutes les langues répandues sur la surface du globe une origine commune. Les variations qu'elles présentent consistent en prononciations différentes, en constructions diverses, et souvent aussi en mots qui n'ont entre eux aucune ressemblance, aucune analogie.

On évalue à deux mille le nombre des langues connues.

On a donné le nom de langue *primitive* à la langue qu'on suppose avoir été parlée la première.

On appelle encore langue *primitive* ou *originelle* celle qui n'a été formée d'aucune autre; langue *mère*, celle qui n'étant formée d'aucune autre, a servi elle-même à en former plusieurs autres.

On nomme langue *naturelle*, *maternelle*, *nationale*, celle de la nation où l'on a reçu le jour, par opposition aux langues *étrangères*.

On entend par *langues mortes*, celles qui n'existent plus que dans les livres, par opposition à celles qui se parlent encore, et qui sont appelées pour cela *langues vivantes*.

Une langue qui serait commune à tous les peuples pourrait être appelée *langue universelle*. Le *latin* sert aux hommes instruits de tous les pays de langue universelle.

Pour faciliter l'intelligence des mots employés dans une langue, soit par les sons de la voix, soit par les caractères de l'écriture, il a fallu établir des principes invariables, communs à toutes les langues.

Les lois du langage ont en conséquence formé une science que l'on appelle la *grammaire*. Cette science apprend à rendre la pensée par des sons ou par des caractères.

La grammaire est *générale* ou *particulière*.

La grammaire générale enseigne les moyens dont tous les peuples se sont servis pour exprimer la pensée par la parole ou par l'écriture. On la regarde comme une science.

La grammaire particulière est celle qui renferme les règles propres à une langue. On la regarde comme un art.

DES MOTS EN GÉNÉRAL.

Nous parlons, nous écrivons pour exprimer nos pensées. Les mots dont nous nous servons à cet effet ne sont pas de la même espèce.

Ceux qui représentent les objets qui frappent nos sens, que la main touche, que l'œil aperçoit, que l'oreille entend, qui ont de l'odeur ou de la saveur, ceux enfin qui présentent à l'esprit une substance réelle ou idéale, comme *homme*, *cheval*, *arbre*, *bonheur*, se nomment *substantifs*.

Ceux qui expriment la qualité, la manière d'être des personnes ou des choses, comme *illustre*, *fougueux*, *élevé*, *parfait*, sont des *adjectifs*. Ainsi quand on dit : *homme illustre*, *cheval fougueux*, *arbre élevé*, *bonheur parfait*, les mots *homme*, *cheval*, *arbre*, *bonheur*, offrant à notre esprit l'idée d'êtres différents, d'objets différents, sont des substantifs ; et les mots *illustre*, *fougueux*, *élevé*, *parfait*, marquant la qualité de ces êtres, de ces objets, sont des adjectifs.

Mais ces mots ne s'emploient pas seuls. Pour qu'ils fassent un sens, nous les entourons d'autres mots, au moyen desquels ils forment des phrases, et rendent toutes nos pensées.

Pour déterminer la signification du substantif, pour en faire connaître le genre et le nombre, nous le faisons précéder d'un mot que l'on appelle *article*. Nous disons : *le guerrier illustre*, *la fleur nouvelle*, les *pays fertiles*. Ces mots *le*, *la*, *les*, désignent un guerrier, une fleur, des pays particuliers, et en font connaître en même temps le genre et le nombre.

Si nous nous servions toujours des mêmes noms pour désigner plusieurs fois la même personne ou la même chose, cela produirait des répétitions désagréables. Si, en parlant d'une maison, nous disions : la *maison* me plaît, je trouve la *maison* commode, la *maison* est bien située et la *maison* n'est pas chère ; cette répétition serait gênante et importune. Pour remédier à cet inconvénient, on a imaginé des mots qui tiennent la place des noms, et on les appelle *pronoms*. On dirait donc, sans employer quatre fois le mot *maison* : la maison me plaît, je *la* trouve commode, *elle* est bien située et *elle* n'est pas chère.

Les personnes ou les choses présentes à notre esprit font une action quelconque, sont dans tel ou tel état. Les mots que nous employons pour exprimer cette action, cet état, se nomment *verbes*. Si, en parlant d'un homme, nous disons : il *travaille*, il *écrit;* ou bien, il *dort*, il *languit; travaille*, *écrit* sont des verbes, parce qu'ils marquent ce que fait cet homme ; *dort, languit* sont également des verbes, parce qu'ils indiquent l'état dans lequel l'homme se trouve.

Les mots qui ont la propriété d'exprimer tantôt une qualité, tantôt une action, et pouvant par conséquent être regardés comme adjectifs ou comme verbes, se nomment *participes*. Quand on dit : *une mère caressée par ses enfants, une mère caressant ses enfants;* les mots *caressée* et *caressant* sont des participes : le premier remplit la fonction de l'adjectif, parce qu'il marque la manière d'être de la mère ; le second, celle de verbe, parce qu'il marque une action faite par la mère.

Il ne suffit pas de nommer les personnes ou les choses, d'en indiquer la qualité, l'état ou l'action ; il faut encore désigner les rapports qu'elles ont entre elles. Si l'on parle d'un événement arrivé dans quelque endroit, à une certaine époque, les mots dont on se sert pour indiquer ces rapports de lieu et de temps, s'appellent *prépositions*. Quand on dit : *César vainquit Pompée dans les champs de Pharsale, l'an* 48 *avant l'ère chrétienne*; les mots *dans* et *avant* qui indiquent le lieu et le temps, relativement à l'action faite par César, sont des prépositions.

Il y a des mots qui marquent de quelle manière est faite l'action exprimée par le verbe, de quelle manière est applicable au substantif la qualité annoncée par l'adjectif. Ces mots sont des adverbes. Quand on dit : *Démosthène parlait éloquemment, Cicéron était très-éloquent;* les mots *éloquemment* et *très* qui marquent de quelle manière parlait Démosthène, à quel degré Cicéron était éloquent, sont des adverbes.

On a besoin, pour réunir les différentes parties du discours pour les joindre ensemble, de mots tels que *et*, *ni*, *ou*, *si*, etc. Ces mots sont appelés *conjonctions*. *La vertu et la science sont estimables*; *ni l'or ni la grandeur ne nous rendent heureux*; *et*, qui unit le substantif *vertu* au substantif *science*, *ni*, qui joint le substantif *or* au substantif *grandeur*, sont des conjonctions.

Enfin, quelquefois au milieu du discours on fait entendre des expressions ou des exclamations de plaisir, de douleur, de surprise, *hélas! oh! ah!* etc.; ces mots, qui sont semés, pour ainsi dire, au milieu des parties du discours, se nomment *interjections*.

Tous ces mots n'ont pas la même importance dans le langage, c'est-à-dire qu'ils ne sont pas d'un usage aussi indispensable les uns que les autres. L'*article*, par exemple, pourrait être compris dans la classe des adjectifs déterminatifs; le *pronom* et le *nom* ne forment réellement qu'une seule et même espèce de mots; le *participe* n'est autre chose qu'un verbe ou un adjectif; l'*adverbe*, équivalant à un substantif précédé d'une préposition, pourrait être remplacé par ces deux mots; l'*interjection*, qui exprime quelque émotion de l'âme, serait rendue par les mots nécessaires pour exprimer cette émotion.

LANGUE FRANÇAISE.

La Gaule a possédé nécessairement comme toutes les autres nations une langue particulière, et cette langue était probablement la *celtique*, qui passe pour la mère de toutes celles qui se sont parlées et se parlent encore en Europe.

Les Romains, devenus maîtres de la Gaule, imposèrent leur langue à cette contrée. Le *latin* fut pendant 800 ans la langue de l'enseignement, de l'autorité royale, de la loi, etc.

Le *français*, comme l'*italien*, comme l'*espagnol*, comme le *portugais*, a donc procédé du latin, à travers le *roman* des moyens siècles. La langue *romance* était un jargon formé du latin approprié au caractère et à l'esprit de notre langue nationale. Ce *roman* est la langue française. Combien a-t-il fallu de temps pour la rendre supportable!

Pascal, en 1656, écrivit le premier de l'excellente prose française, et les écrivains du siècle de Louis XIV ont fait du français la principale langue de l'Europe.

La langue française jouit de la prérogative d'être généralement employée dans la diplomatie européenne.

GRAMMAIRE FRANÇAISE

La *Grammaire française* est l'art de parler et d'écrire correctement en français (1).

Parler, *écrire*, c'est exprimer sa pensée par des mots.

Les *mots* sont donc des signes de nos idées. Ce sont, ou des sons formés par la bouche, ou des caractères tracés par la main (2).

Les mots se composent de *lettres*. Les lettres sont les caractères de l'alphabet (3).

L'alphabet français comprend vingt-cinq lettres ou caractères.

Ces lettres se divisent en voyelles et en consonnes.

Les *voyelles* sont les lettres qui forment une *voix*,

---

(1) *Grammaire* vient du grec *gramma*, qui signifie *lettre* : la grammaire est donc la science des lettres, c'est-à-dire des mots, puisque ceux-ci sont formés des lettres ou caractères qui sont les principaux éléments du langage, soit parlé, soit écrit.

(2) On entend par *idée* la représentation dans notre esprit, d'un objet quelconque.

Les objets de nos idées sont de deux espèces : ou bien ils tombent sous les sens, ou bien ils ne peuvent être atteints que par l'intelligence : de là deux sortes d'idées, les idées *sensibles* et les idées *intellectuelles*.

(3) On entend par *alphabet* la réunion de toutes les lettres d'une langue, rangées dans l'ordre établi pour cette langue. Ce nom est formé des deux premières lettres grecques *alpha* et *bêta*.

un son par elles-mêmes, et sans être jointes à d'autres. On en compte six, qui sont *a*, *e*, *i*, *o*, *u*, *y*.

Les *consonnes* sont les lettres qui n'ont point de son par elles-mêmes et qui ne peuvent se prononcer qu'étant jointes à des voyelles. Consonne veut dire qui *sonne avec* (1). Il y a dix-neuf consonnes; savoir : *b*, *c*, *d*, *f*, *g*, *h*, *j*, *k*, *l*, *m*, *n*, *p*, *q*, *r*, *s*, *t*, *v*, *x* et *z*.

On appelle *syllabe* une ou plusieurs lettres qui se prononcent par une seule émission de voix. *Lois* et *traits* sont des mots d'une syllabe. Dans le mot *abandon*, *a* fait une syllabe, *ban* en fait une autre, et *don* en forme une troisième. Les mots qui ne sont que d'une syllabe s'appellent *monosyllabes*; ceux qui en ont deux se nomment *dissyllabes*, ceux qui en ont trois, *trissyllabes*. En général, tous les mots composés de plusieurs syllabes sont appelés *polysyllabes* (2).

On donne le nom de *diphthongue* à la syllabe qu'on prononce en faisant entendre, d'une seule émission de voix, le son de deux voyelles, comme *ie*, *ui*, *oui*, dans *ciel*, *nuit*, *fouine* (3).

---

(1) Si l'on place de suite plusieurs consonnes, comme *f*, *d*, *l*, *t*, il est impossible de les prononcer; mais si l'on intercale entre elles plusieurs voyelles comme *i*, *é*, on les articule et l'on forme le mot *fidélité*.

(2) Une voyelle seule peut former une syllabe, comme dans les mots *a-mi*, *u-nir;* une consonne seule ne le peut pas.

(3) *Diphthongue*, du grec *dis* deux, *phtongos* son. On distingue trois sortes de diphthongues : les *diphthongues simples*, les *diphthongues composées*, et les *diphthongues nasales*. Les premières, qui résultent de la jonction d'une voyelle simple avec une voyelle simple, sont au nombre de sept, savoir : *ia*, *ie*, *io*, *oe*, *oi*, *ue*, *ui*, comme dans *diacre*, *lumière*, *fiole*, *moelle*, *emploi*, *situé*, *celui*. Les diphthongues

Les voyelles sont longues ou brèves.

Les voyelles *longues* sont celles sur lesquelles on appuie plus longtemps que sur les autres en les prononçant.

Les voyelles *brèves* sont celles sur lesquelles on appuie moins longtemps.

Par exemple, *a* est long dans *blâme*, et il est bref dans *frégate*.

E est long dans *fête*, et bref dans *diète*.

I est long dans *gîte*, et bref dans *visite*.

O est long dans *impôt*, et bref dans *pavot*.

U est long dans *flûte*, et bref dans *dispute*.

On distingue trois sortes d'*e* : l'*e* muet, l'*é* fermé et l'*è* ouvert.

L'*e* muet est celui qui ne se prononce point, comme dans *enjouement, j'envoie, j'emploierai;* ou dont le son se fait peu sentir, comme à la fin de ces mots, *homme*, *monde;* ou comme le premier *e* de *chemise*, *acheter*, *carreler*, etc.

L'*é* fermé est celui qui se prononce la bouche presque fermée, comme dans ces mots, *café*, *passager*, *chanter*.

---

composées, qui se forment par la jonction d'une voyelle simple avec une voyelle composée, sont au nombre de six, savoir : *iai*, *iau*, *ieu*, *iou*, *oue* et *oui*, comme dans les mots suivants : *biais*, *matériaux*, *milieu*, *chiourme*, *fouet*, *enfoui*. On compte six diphthongues nasales, savoir : *ian*, *ien*, *iou*, *oin*, *ouin*, et *uin*, comme dans les mots *viande*, *patient*, *soutien*, *bastion*, *besoin*, *marsouin*, *quinte*.

Deux voyelles qui se suivent ne peuvent former une diphthongue que quand elles se prononcent par une seule émission de voix. Ainsi, *ié*, *éo*, ne sont pas des diphthongues dans *prière*, *sanglier*, *géographie*, parce qu'on les prononce séparément : *pri-ère*, *san-glier*, *gé-ographie*.

L'*è* ouvert est celui qu'on prononce en appuyant dessus et en desserrant les dents. On distingue deux *e* ouverts; *l'e* grave, tel qu'il est dans *succès*, *procès*; et l'*e* aigu, tel qu'il est dans la seconde syllabe de *trompette, sonnette*, etc.

Pour marquer les différentes sortes d'*e*, et les voyelles longues, on emploie trois signes que l'on nomme *accents*, savoir: l'accent *aigu* (´), qui se met sur la plupart des *é* fermés, *fidélité*; l'accent *grave* (`), qui se met sur les *è* ouverts, *succès*; et l'accent *circonflexe* (ˆ), qui se place sur toutes les voyelles et qui indique qu'elles sont longues, *carême*, *dôme*.

L'accent *aigu* marque toujours une syllabe brève, l'accent *grave* et l'accent *circonflexe*, toujours des syllabes longues (1).

L'*y* grec s'emploie pour deux *i*, dans le corps du mot après une voyelle : *payer*, *moyen*, *joyeux*. Mais entre deux consonnes, au commencement et à la fin des mots, il n'a que la valeur de l'*i* simple : *style*, *martyr*, *Yorck*, *yacht*, *dey*.

La lettre *h* est muette ou aspirée.

Elle est *muette*, lorsqu'elle ne se prononce pas, comme dans ces mots, *l'homme*, *l'honneur*, *l'histoire*, qu'on prononce comme s'il y avait *l'omme*, *l'onneur*, *l'istoire*.

Elle est *aspirée*, lorsqu'elle fait prononcer du gosier la voyelle qui la suit, comme lorsqu'on dit *le héros* et non pas *l'héros*, *la haine* et non pas *l'haine*. Ces mots, au pluriel, se prononcent sans aucune liaison avec la

---

(1) *Accent*, de l'infinitif latin *canere*, chanter. Les accents indiquent en effet de quelle manière la lettre ou la syllabe doit être *chantée*, prononcée.

consonne précédente; ainsi, prononcez *les héros* comme s'il y avait *lé héros ; les haines*, *lé haines.*

DIVISION.

La langue *française* emploie dix sortes de mots, que l'on appelle *les parties du discours*. Ce sont : le *substantif*, l'*article*, l'*adjectif*, le *pronom*, le *verbe*, le *participe*, la *préposition*, l'*adverbe*, la *conjonction* et l'*interjection*.

On appelle mots *variables* ceux dont la terminaison varie, et *invariables* ceux dont la terminaison n'éprouve jamais de changement.

Les mots variables sont : le substantif, l'article, l'adjectif, le pronom, le verbe, le participe; les autres sont invariables.

Ces mots peuvent être considérés seuls et en eux-mêmes, ou rassemblés et mis en rapport les uns avec les autres; ce qui partage naturellement l'art de parler en deux parties : la *lexicologie* et la *syntaxe*.

La manière d'écrire les mots forme une autre partie, celle de la *lexicographie* ou de l'*orthographe*.

PREMIÈRE PARTIE.

LA LEXICOLOGIE.

La *lexicologie* consiste à expliquer tout ce qui concerne la connaissance des mots (1).

---

(1) *Lexicologie*, du grec *lexis*, mot, et *logos*, traité, connaissance.

CHAPITRE PREMIER.

DU SUBSTANTIF.

Le *substantif* ou *nom* représente un être ou un objet quelconque, soit qu'il ait une existence, une *substance* réelle, comme *homme*, *cheval*, *arbre*, soit que notre esprit seul puisse s'en former une idée, comme *mémoire*, *vertu*, *courage* (1).

Il y a deux sortes de noms : le nom *commun*, et le nom *propre*.

Le nom *commun* ou *appellatif* convient à tous les individus ou à tous les objets de la même espèce.

Le nom *propre* ne convient qu'à une seule personne ou à une seule chose. *Homme* est un nom commun, parce qu'il convient à tous les hommes, mais *Alexandre* est un nom propre, parce que c'est le nom d'un seul individu de l'espèce humaine; *cheval* est un nom commun, parce que tout cheval est un cheval, mais *Bucéphale* est un nom propre, parce que tout cheval n'est pas *Bucéphale*; *ville* est un nom commun, parce qu'il est applicable à toutes les villes, mais *Paris* est un nom propre, parce que toute ville ne s'appelle pas *Paris*.

Les noms sont susceptibles de genre et de nombre.

Les *genres* servent à distinguer les classes dans lesquelles les êtres ou les objets sont compris. Il y a deux genres, le *masculin* et le *féminin*. C'est la distinction des deux sexes qui a amené celle des deux genres. Ainsi, un *homme*, un *lion* sont du genre masculin, une *femme*, une *lionne*, du genre féminin. Puis, arbitrai-

---

(1) *Substantif*, du latin *substantia*, substance ; *substare*, être, exister.

rement, l'usage a étendu cette distinction aux noms de choses ; on a fait le *soleil*, le *château*, du genre masculin ; la *lune*, la *maison*, du genre féminin, etc.

Les *nombres* désignent ou l'unité ou la pluralité : de là, deux nombres ; le *singulier*, qui indique une seule personne ou une seule chose, comme un *homme*, le *livre*, etc. ; le *pluriel*, qui en indique plusieurs : des *hommes*, les *livres*, etc.

Il y a des noms qui, quoiqu'au singulier, présentent nécessairement à l'esprit l'idée de plusieurs personnes ou de plusieurs choses de même espèce, comme réunies, et formant ensemble une sorte de *collection*. On les appelle pour cela noms *collectifs*. *Armée* est un collectif, parce qu'il nous présente la réunion d'un certain nombre de soldats ; *peuple* est un collectif, parce qu'il nous offre la réunion d'un certain nombre d'hommes vivant en société sous les mêmes lois ; *forêt* est un collectif, parce qu'il excite en nous l'idée de plusieurs arbres, qui sont les uns près des autres. Il en est de même de *multitude*, *quantité*, *troupe*, la *plupart*, etc.

Ces noms se divisent en *généraux* et en *partitifs*. Ils sont généraux quand ils expriment une collection entière, et *partitifs* quand ils représentent une collection partielle. Dans cette phrase : *la foule des humains est vouée au malheur*, le mot *foule* est un collectif général, parce qu'il embrasse la généralité des hommes ; mais dans cette autre : *une foule de pauvres reçoivent des secours*, le mot *foule* est un collectif partitif, parce qu'il n'embrasse qu'une partie des pauvres.

On appelle *nom composé* celui qui est formé de plusieurs mots, soit de même espèce, soit d'espèce différente, et qui équivalent à un seul. *Chef-lieu*, *chef-*

d'œuvre, *contre-coup*, *passe-port*, sont des noms composés.

Formation du pluriel dans les substantifs.

RÈGLE GÉNÉRALE. Pour former le pluriel, on ajoute *s* à la fin du substantif : le *jardin*, les *jardins* ; la *vertu*, les *vertus* ; la *loi*, les *lois*, etc.

Exceptions : 1° Les noms terminés au singulier par *s*, *x* ou *z*, ne changent pas au pluriel : le *fils*, les *fils* ; la *voix*, les *voix* ; le *nez*, les *nez*.

2° Les noms terminés au singulier par *au, eu,* prennent *x* au pluriel : le *noyau*, les *noyaux* ; un *fabliau*, des *fabliaux* ; le *vaisseau*, les *vaisseaux* ; le *feu*, les *feux* ; le *cheveu*, les *cheveux*, etc.

Les noms terminés par *ou* prennent une *s* au pluriel : un *clou*, des *clous* ; un *trou*, des *trous* ; un *verrou*, des *verrous*. Mais, *bijou*, *caillou*, *chou*, *genou*, *hibou*, *joujou*, *pou*, prennent un *x* ; des *bijoux*, des *cailloux*, etc.

3° Les noms terminés au singulier par *al*, font leur pluriel en *aux* : le *mal*, les *maux* ; le *cheval*, les *chevaux* ; mais, *aval*, *bal*, *cal*, *cantal*, *carnaval*, *chacal*, *nopal*, *pal*, *régal*, *serval*, prennent *s* au pluriel. Des *avals*, des *bals*, des *régals*, etc.

Les substantifs en *ail* forment leur pluriel par *s* : un *détail*, des *détails*, un *éventail*, des *éventails*. Excepté *bail*, *corail*, *émail*, *soupirail*, *travail*, *vantail*, qui font leur pluriel en aux : *baux*, *coraux*, *émaux*, *soupiraux*, *travaux*, *vantaux*.

Ail, espèce d'oignon, fait *aulx*. Les botanistes disent également *ails* au pluriel ; *il cultive des ails de plusieurs espèces*.

Bétail n'a pas de pluriel.

Travail fait au pluriel *travails*, quand il signifie une

machine de bois dans laquelle les maréchaux attachent les chevaux vicieux pour les ferrer ou pour les panser. Lorsque *travail* se prend pour le compte qu'un ministre rend au souverain des affaires de son département, ou le rapport qu'un commis présente au ministre, il fait encore au pluriel *travails* : *Ce ministre a eu plusieurs travails cette semaine avec le roi; ce commis a trois travails par semaine avec le ministre.*

Aïeul fait au pluriel *aïeux*, pour désigner ceux qui ont vécu dans les siècles passés, ou les personnes dont on descend : *c'était la mode chez nos aïeux ; ce droit lui vient de ses aïeux.* Mais on dit au pluriel *aïeuls*, quand on veut désigner précisément le grand-père paternel et le grand-père maternel : *Ses deux* aïeuls *ont rempli les premières charges* (1).

On dit et l'on écrit au pluriel *ciels*, quand ce mot désigne le haut d'un lit, la partie d'un tableau qui représente l'air, le plafond d'une carrière de pierre, le climat d'un pays : *Les* ciels *de ces lits ne sont pas assez hauts; ce peintre fait bien les* ciels. Dans tous les autres cas, on dit *cieux*.

Enfin, on dit au pluriel des *œils de bœuf*, en parlant de fenêtres rondes ou ovales; les *œils de bœuf de la cour du Louvre sont ornés de sculptures*. Mais *œil* fait au pluriel *yeux*, pour désigner l'organe de la vue (2).

---

(1) Le mot *aïeul* n'a point de composé au delà de *bisaïeul* et de *trisaïeul;* et quand on parle des degrés plus éloignés, on dit *quatrième aïeul*, *cinquième aïeul*, etc.

(2) *Yeux*, au pluriel, se dit de certains vides, de certains trous qui se trouvent dans la mie du pain et dans plusieurs espèces de fromages. *Un pain qui a des yeux; un fromage qui n'a point d'yeux.*

Il se dit encore de certaines marques de graisse qu'on aperçoit dans le bouillon; *ce bouillon a beaucoup d'yeux.*

On conserve ou l'on supprime le *t* dans le pluriel des mots terminés en *ant* et en *ent*. Ainsi, l'on écrit les *enfans*, les *commencemens*, ou les *enfants*, les *commencements* : excepté pour les monosyllabes, comme *gants*, *dents* (1).

Quelques substantifs manquent de singulier; tels sont : *ancêtres*, *funérailles*, *mœurs*, *obsèques*, *pleurs*, *ténèbres*, *vêpres*, *gens*, etc. ; d'autres ne s'emploient qu'au singulier, comme *or*, *argent*, *fer*, *charité*, *pudeur*, *bienséance*, *faim*, *soif*, *sommeil*, *sang*, etc.

CHAPITRE II.

DE L'ARTICLE.

L'*article* se place devant les noms communs, pour annoncer qu'ils sont pris dans une acception déterminée (2).

Le nom commun est pris dans une acception déterminée, lorsqu'il représente un genre, une espèce ou un individu particulier.

Les rois sont les chefs électifs ou héréditaires d'un éta appelé royaume.

Les rois qui ont gouverné Rome.

Le roi qui ordonna la Saint-Barthélemy.

---

(1) L'Académie conserve le *t* au pluriel dans tous les noms de cette terminaison.

(2) *Article*, du latin *articulus*, petit membre, petite partie du discours.

La langue latine n'a point d'articles, non plus que plusieurs autres langues. L'article ne peut donc être placé au nombre des parties nécessaires du discours.

Dans la première phrase, *rois* désigne un genre, parce qu'il s'agit de tous les rois en général; dans la seconde, il désigne une espèce, une classe particulière, parce qu'il n'est question que des rois qui ont régné à Rome; dans la troisième, *roi* représente un individu particulier, parce qu'il désigne un seul roi.

Les articles sont *le*, *la*, *les*. L'article *le* se met devant les noms communs masculins : le *père*, le *rosier*. L'article *la* se met devant les noms communs féminins : la *mère*, la *rose*

L'article *les* se met devant tous les noms pluriels, soit masculins, soit féminins : les *pères*, les *mères*, les *rosiers*, les *roses*. Ces trois articles, *le*, *la*, *les*, s'appellent articles *simples*.

Quand *le*, et *les* entrent en composition avec la préposition *de* ou avec la préposition *à*, ils forment les quatre articles *composés* ou *contractés*, *du*, *des*, *au*, *aux*. Ainsi, on dit *du* pour *de le : l'eau* du *fleuve*; on dit *des* pour *de les* : *l'eau* des *fleuves*. De même, on dit *au* pour *à le : puiser de l'eau* au *fleuve*; *aux* pour *à les : puiser de l'eau* aux *fleuves*, aux *rivières* (1).

On retranche *e* dans l'article *le*, et *a* dans l'article *la*, quand le mot suivant commence par une voyelle ou par une *h* muette. Ainsi, on dit l'*ami* pour *le ami*, l'*horloge* pour *la horloge :* mais alors on met à la place de la lettre retranchée cette petite figure ('), que l'on appelle une *apostrophe*. La suppression de ces deux lettres forme une élision (2).

---

(1) *Contraction* veut dire resserrement d'un mot, par suppression ou retranchement de lettres ou de syllabes.

(2) *Elision*, suppression d'une voyelle finale à la rencontre d'une autre voyelle.

CHAPITRE III.

DE L'ADJECTIF.

L'*adjectif* désigne la qualité ou la manière d'être du substantif. Quand on dit : *beau* jardin, *grand* livre, *petit* chapeau, les mots *beau*, *grand*, *petit* sont des adjectifs, parce qu'ils expriment la qualité des substantifs *jardin*, *livre*, *chapeau* (1).

Tout adjectif suppose un substantif; car il faut être, pour être tel.

L'adjectif n'a par lui-même ni genre, ni nombre; cependant il varie dans sa terminaison, pour mieux marquer son rapport avec le substantif. Il se met donc au même genre et au même nombre que le substantif qu'il qualifie : un *beau* jardin, une *belle* rose; des hommes *polis*, des femmes *polies*.

Formation du féminin dans les adjectifs.

RÈGLE. Quand un adjectif ne finit point, au masculin, par un *e* muet, on y ajoute un *e* muet pour former le féminin : *Prudent*, *prudente*; *saint*, *sainte*; *méchant*, *méchante*; *petit*, *petite*; *poli*, *polie*; *vrai*, *vraie*; *nu*, *nue*; etc. Il y a beaucoup d'exceptions.

Première exception. Les adjectifs *blanc*, *franc*, *sec*, *frais*, font au féminin, *blanche*, *franche*, *sèche*, *fraîche*; *public*, *caduc*, *turc*, *ammoniac*, font *publique*, *caduque*, *turque*, *ammoniaque*; *grec* fait *grecque*; *long*, *oblong* :

(2) *Adjectif* vient du latin *adjectus*, ajouté. L'adjectif est toujours ajouté à un substantif exprimé ou sous-entendu.

bénin, malin; coi, favori; font *longue, oblongue; bénigne, maligne; coite, favorite.* — *Tiers* fait *tierce.*

Deuxième exception. Les adjectifs en *f* font leur féminin en *ve*. Exemple; *Bref, brève; naïf, naïve; vif, vive; neuf, neuve.*

Troisième exception. Un grand nombre d'adjectifs doublent, au féminin, leur dernière consonne, en prenant un *e* muet.

Ce sont les adjectifs suivants :

Nul, gentil, bellot, sot, vieillot, paysan, bas, gras, las, épais, gros, exprès, profès, qui font au féminin *nulle, gentille, bellotte, sotte, vieillotte, paysanne, basse, grasse, lasse, épaisse, grosse, expresse, professe.*

Les adjectifs en *el, eil* : *Éternel, éternelle; solennel, solennelle; pluriel, plurielle; pareil, pareille; vermeil, vermeille.*

En *et* : *Aigrelet, aigrelette; brunet, brunette; douillet, douillette; guilleret, guillerette; muet, muette*, etc. Mais *concret, discret, indiscret, complet, incomplet, inquiet, secret, suret, replet*, font *concrète, discrète, indiscrète, complète, incomplète, inquiète, secrète, surète, replète* (sans doubler le *t*, et en mettant un accent grave sur l'*è* pénultième) (1).

En *ien* : *Chrétien, chrétienne; païen, païenne; plébéien, plébéienne*; etc.

En *on* : *Bon, bonne; bouffon, bouffonne; breton, bretonne; fripon, friponne; mignon, mignonne; poltron, poltronne*; etc.

Quatrième exception. Jumeau, beau, nouveau, fou,

---

(1) *Pénultième*, avant-dernier; du latin *pene*, presque, *ultimus*, le dernier.

mou, font au féminin *jumelle*, *belle*, *nouvelle*, *folle*, *molle*. Les quatre derniers font aussi au masculin *bel*, *nouvel*, *fol*, *mol* devant une voyelle ou une *h* muette : *bel* appartement, *nouvel* appareil, *fol* espoir, *mol* abandon.

L'adjectif *vieux*, dont le féminin est *vieille*, fait aussi au masculin *vieil*, devant une voyelle ou une *h* muette : *vieil* habit. L'adjectif *bel* s'emploie aussi au masculin après les noms propres : *Philippe-le-Bel*, *Charles-le-Bel*.

Cinquième exception. *Aigu*, *ambigu*, *bégu*, *contigu*, *exigu* forment leur féminin par un *e* muet, surmonté d'un tréma (¨) : *aiguë*, *ambiguë*, *béguë*, *contiguë*, *exiguë*.

Sixième exception. Les adjectifs terminés en *x*, changent *x* en *se* : *Honteux*, *honteuse* ; *creux*, *creuse* ; *dangereux*, *dangereuse* : *jaloux*, *jalouse*, etc. Mais *doux* fait *douce*, *roux* fait *rousse*, *faux* fait *fausse*, *préfix* fait *préfixe*.

Septième exception. Les adjectifs en *eur* ont plusieurs formes pour le féminin. Quelques-uns prennent un *e* muet, ce sont : *antérieur*, *citérieur*, *extérieur*, *intérieur*, *majeur*, *meilleur*, *mineur*, *postérieur*, *supérieur*, *ultérieur*.

D'autres forment le féminin en *euse* ou en *ice*.

Les suivants prennent au féminin la première de ces terminaisons :

Attrapeur,	Complimenteur,	Prêteur,	Ricaneur,
Boudeur,	Flatteur,	Querelleur,	Rieur,
Brailleur,	Grogneur,	Questionneur,	Rueur,
Causeur,	Grondeur,	Railleur,	Thésauriseur
Chanteur,	Menteur,	Raisonneur,	Trompeur,
Chicaneur,	Moqueur,	Rêveur,	Voyageur.

Voici ceux qui forment le féminin par *ice* :

Accélérateur,	Consolateur,	Inspirateur,	Provocateur,
Adulateur,	Corrupteur,	Investigateur,	Régénérateur,
Approbateur,	Créateur,	Médiateur,	Régulateur,
Conciliateur,	Générateur,	Moteur,	Réprobateur,
Conducteur,	Imitateur,	Perturbateur,	Reproducteur,
Conservateur,	Improbateur,	Producteur,	Spoliateur.

Chasseur, enchanteur, pécheur, vengeur, font au féminin : *chasseresse* (en poésie seulement), *enchanteresse, pécheresse, vengeresse.*

Les autres adjectifs en *eur* ne sont pas usités ou sont peu usités au féminin. Ce sont, pour la plupart, des substantifs pris adjectivement, et ils reçoivent, quand ils sont employés au féminin, la terminaison du substantif auquel ils correspondent.

Huitième exception. Les adjectifs *grognon* et *témoin* servent pour les deux genres ; *aquilin, châtain, dispos, fat,* ne s'emploient qu'au masculin.

Formation du pluriel dans les adjectifs.

RÈGLE. Le pluriel, dans les adjectifs, se forme, comme dans les substantifs, en ajoutant *s* à la fin : *Bon, bonne* ; au pluriel, *bons, bonnes.*

Les adjectifs terminés par *s, x,* comme *gris, mauvais, heureux, roux,* ne changent point au pluriel masculin.

Les adjectifs dont le masculin se termine en *au,* prennent *x* au pluriel : *Beau, beaux ; nouveau, nouveaux.*

Les adjectifs en *al* font leur pluriel masculin en *aux* : *Égal, égaux ; national, nationaux.* Mais un grand nombre d'adjectifs de cette terminaison, n'ont pas de pluriel masculin ; comme : *filial, frugal, pastoral, naval, littéral, conjugal,* etc.

Voici les adjectifs en *al*, dont l'Académie donne le pluriel en *aux :*

Abbatial,	Digital,	Latéral,	Pyramidal,
Abdominal,	Doctrinal,	Légal,	Quatriennal.
Allodial,	Domanial,	Libéral,	Quinquennal,
Animal,	Dorsal,	Local,	Radical,
Anomal,	Dotal,	Loyal,	Rénal,
Antimonial,	Égal,	Matrimonial,	Rival,
Antisocial,	Électoral,	Méridional,	Royal,
Arsenical,	Épiscopal,	Minéral,	Rural,
Augural,	Équinoxial,	Moral,	Sacerdotal,
Baptismal,	Ethmoïdal,	Municipal,	Sacramental,
Biennal,	Féal,	Musical,	Seigneurial,
Brachial,	Féodal,	National,	Séminal,
Brutal,	Fiscal,	Nasal,	Sénatorial,
Bursal,	Floral,	Numéral,	Septentrional.
Capital,	Fondamental,	Nuptial,	Sépulcral,
Cardinal,	Frontal,	Occidental,	Social,
Cérébral,	Général,	Occipital,	Solsticial,
Cervical,	Grammatical,	Ordinal,	Spécial,
Chirurgical,	Guttural,	Oriental,	Sphénoïdal,
Claustral,	Hémorroïdal,	Original,	Synodal,
Collatéral,	Illégal,	Pariétal,	Temporal,
Colonial,	Immoral,	Patrimonial,	Triennal,
Commercial,	Impérial,	Pectoral,	Triomphal,
Communal,	Inégal,	Pontifical,	Trivial,
Consistorial,	Infernal,	Présidial,	Vénal,
Costal,	Intercostal,	Prévôtal,	Verbal,
Curial,	Intestinal,	Principal,	Vertébral,
Décennal,	Journal,	Pronominal,	Vertical,
Décimal,	Lacrymal,	Provincial,	Vicinal.

Des différentes sortes d'adjectifs.

Il y a autant de sortes d'*adjectifs* qu'il y a de sortes de qualités, de manières et de rapports que notre esprit peut considérer dans les objets.

Nous ne connaissons point les substances en elles-mêmes ; nous ne les connaissons que par les impressions qu'elles font sur nos sens, et nous disons que les objets sont *tels*, selon le sens que ces impressions affectent. Si les yeux sont affectés, nous disons que l'objet est coloré, qu'il est *blanc*, ou *noir*, ou *rouge*, ou *bleu*, etc. Si c'est le goût, le corps est *doux* ou *amer*, ou *aigre*, ou *fade*, etc. Si c'est le toucher, l'objet est *rude* ou *poli*, *dur* ou *mou* ; *gras*, *huileux*, *sec*, etc.

Lorsque ce sont les impressions que les objets physiques font sur nos sens, qui nous font donner à ces objets les diverses qualifications de *blanc*, de *noir*, de *doux*, de *fade*, etc., ces sortes d'adjectifs sont des adjectifs *physiques*.

Si nous qualifions les objets suivant les impressions particulières qu'ils font sur nous, selon les rapports que notre esprit croit y apercevoir, les adjectifs qui expriment ces sortes de considérations ou vues sont des adjectifs *métaphysiques*. Par exemple, si deux hommes arrivent à une allée d'arbres, l'un par un bout, l'autre par le bout opposé; chacun de ces hommes, regardant les arbres de cette allée, dit : *voilà le premier*. De sorte que l'arbre que chacun appelle *le premier*, est le *dernier* par rapport à l'autre homme. Ainsi *premier*, *dernier*, sont des adjectifs *métaphysiques* ; ce sont des adjectifs de relation. Si un homme vous a fait du bien, vous dites de lui : il est *bon* ; mais si ce même homme a mal agi à l'égard d'une autre personne, celle-ci dira de lui qu'il est *méchant*. Voilà un homme qui est à la fois *bon* et *méchant*, parce qu'il est qualifié par deux personnes avec lesquelles il a eu des rapports différents. *Grand* et *petit* sont des adjectifs *métaphysiques* ; car un corps, quel qu'il soit, n'est ni grand ni petit en lui-même; il n'est appelé *tel* que par rapport à un autre corps.

Adjectifs déterminatifs

A défaut de l'article, le substantif est ordinairement précédé d'un adjectif *possessif*, d'un adjectif *démonstratif*, d'un adjectif *numéral* ou d'un adjectif *indéfini*. Ces adjectifs le font prendre également dans une acception déterminée. Ils sont appelés pour cette raison adjectifs *déterminatifs*, par opposition aux autres adjectifs qui sont nommés *qualificatifs*.

Quand on dit. *Ma mère est bonne*, *cette demoiselle est instruite; ma* et *cette* sont des adjectifs déterminatifs, parce qu'ils servent seulement à indiquer une mère, une demoiselle particulière, tandis que *bonne* et *instruite* sont des adjectifs qualificatifs, parce qu'ils expriment la qualité, la manière d'être que l'on attribue aux substantifs *mère* et *demoiselle*.

Adjectifs possessifs.

Les adjectifs *possessifs* font prendre le substantif dans une acception déterminée, et indiquent en même temps la possession, la propriété de quelque chose, comme : *mon* frère, *ma* sœur, *mon* livre, *votre* cheval, *son* chapeau, *etc*.

SINGULIER.		PLURIEL.
Masculin	*Féminin.*	*Des deux genres.*
Mon.	Ma.	Mes.
Ton.	Ta.	Tes.
Son.	Sa.	Ses.
Notre.	Notre.	Nos.
Votre.	Votre.	Vos.
Leur.	Leur.	Leurs.

Remarque. Mon, ton, son, s'emploient au féminin devant une voyelle ou une *h* muette : on dit *mon* âme pour *ma* âme, *ton* humeur pour *ta* humeur, *son* épée pour *sa* épée.

Adjectifs démonstratifs.

Les adjectifs *démonstratifs* font prendre le substantif dans une acception déterminée, et servent à montrer la personne ou la chose dont on parle ; comme, quand je dis : *ce* soldat, *ce* héros, *ce* livre, *cette* table, je montre un *soldat*, un *héros*, un *livre*, une *table*.

SINGULIER.		PLURIEL.
Masculin.	*Féminin.*	*Des deux genres.*
Ce, cet.	Cette.	Ces.

Remarque. On met *ce* devant une consonne ou une *h* aspirée ; *ce* village, *ce* hameau ; on emploie *cet* devant une voyelle ou une *h* muette ; *cet* enfant, *cet* homme.

Adjectifs numéraux.

Les adjectifs *numéraux* font prendre le substantif dans une acception déterminée et marquent la quantité des objets ou le rang qu'ils occupent entre eux.

Il y en a de deux sortes : les adjectifs de nombre cardinal et les adjectifs de nombre ordinal.

Les adjectifs de nombre *cardinal* sont ceux qui désignent une quantité, sans marquer d'ordre, comme : *un, deux, trois, quatre, cinq, six, sept, huit, neuf, dix, onze, douze, treize, quatorze, quinze, seize, dix-sept, dix-huit, dix-neuf, vingt, trente, quarante, cinquante, soixante, quatre-vingt, cent, mille,* etc.

Les adjectifs de nombre *ordinal* marquent l'ordre,

le rang ; ce sont : *premier*, *second* ou *deuxième*, *troisième*, *quatrième*, *cinquième*, *sixième*, *septième*, *huitième*, *neuvième*, *dixième*, etc.

On voit, qu'excepté *premier* et *second*, les adjectifs *ordinaux* se forment des *cardinaux*, en y ajoutant *ième* : de *deux*, on a fait *deuxième* ; de *trois*, *troisième* ; de *quatre*, *quatrième*, etc.

Adjectifs indéfinis.

Les adjectifs *indéfinis* font prendre le substantif dans une acception déterminée, et y ajoutent, pour la plupart, une idée de généralité. Ainsi, quand on dit : *Chaque* nation a ses coutumes ; *toute* peine mérite salaire ; on ne désigne ni une nation particulière, ni une peine particulière. Ces adjectifs sont :

Aucun,	Quel,
Chaque,	Quelconque,
Même,	Quelque,
Nul,	Tel,
Plusieurs,	Tout.

On appelle adjectifs *verbaux* ceux qui viennent des verbes, et qui sont soumis aux règles de l'accord, tels que *amusants*, *changeante*, *perçants*, dans ces phrases : des *livres amusants*, une *couleur changeante*, des *cris perçants*. Ces adjectifs dérivent des verbes *amuser*, *changer*, *percer*.

On nomme adjectifs *composés* ceux qui sont formés de plusieurs mots équivalant à un seul, comme : *aigre-doux*, *aveugle-né*, *premier-né*, etc.

Les substantifs peuvent devenir adjectifs quand on les emploie pour exprimer une qualité : *Alexandre, roi de Macédoine*; *Pharamond*, *chef des Francs*; *roi*, qualifiant *Alexandre*, et *chef*, qualifiant *Pharamond*, sont considérés comme adjectifs. Dans ce cas, le substantif n'est précédé ni de l'article ni de l'adjectif déterminatif.

Les adjectifs peuvent de même devenir substantifs quand ils cessent d'exprimer une qualité pour désigner les objets de nos pensées : Le *vrai* doit être l'objet de nos recherches; le *bon* est préférable au *beau*; *vrai*, *bon*, *beau*, sont des substantifs, parce qu'ils expriment des objets dont l'esprit s'occupe. Les adjectifs pris substantivement doivent être précédés de l'article ou d'un adjectif déterminatif.

Degrés de signification dans les adjectifs.

Les objets peuvent être qualifiés, ou *absolument*, c'est-à-dire, sans aucun rapport à d'autres objets, ou *relativement*, c'est-à-dire par rapport à d'autres objets.

Il y a trois degrés de signification : le *positif*, le *comparatif* et le *superlatif*.

Nous n'avons pas, comme dans le latin, de terminaisons particulières qui indiquent ces différents degrés; mais nous y suppléons par l'emploi de quelques adverbes devant l'adjectif.

Le *positif* marque simplement la qualité du substantif. *César était* vaillant, *le soleil est* brillant; *vaillant* et *brillant* sont au positif.

Lorsque l'on compare un objet avec un autre, il peut en résulter un rapport d'égalité, ou un rapport de supériorité, ou un rapport d'infériorité; ce qui forme trois sortes *de comparatifs*.

Le rapport d'*égalité* se marque par les adverbes *autant....que*, *aussi....que*, etc. *César était* aussi *brave* qu'*Alexandre l'avait été; si nous étions plus proches des étoiles, elles nous paraîtraient* aussi *brillantes* que *le soleil; aux équinoxes, les nuits sont* aussi *longues* que *les jours*.

Le rapport de *supériorité* se marque en mettant l'adverbe *plus* avant l'adjectif, et la conjonction *que* après : *Le soleil est* plus *brillant* que *la lune*.

Le rapport d'*infériorité* se marque en mettant les adverbes *moins*, *pas aussi*, *pas autant*, avant l'adjectif, et la conjonction *que* après : *L'état des lettres fut* moins *brillant sous Louis XV* qu'*il ne l'avait été sous Louis XIV; ne fut pas* aussi *brillant*, etc., qu'*il l'avait été*, etc.

Nous avons trois *comparatifs* qui s'expriment en un seul mot : *meilleur*, au lieu de *plus bon*, qui ne se dit point; *moindre*, au lieu de *plus petit*; *pire*, au lieu de *plus mauvais* : *La vertu est* meilleure *que la science* : *vos chagrins sont* moindres *que les miens; le remède est* pire *que le mal*.

Le troisième degré de signification est appelé *superlatif*, et il marque la qualité bonne ou mauvaise portée au plus haut degré.

Il y a deux sortes de superlatifs : Le superlatif *absolu* et le superlatif *relatif*. Le superlatif absolu exprime la qualité portée à un très-haut degré, et se forme ordinairement avec les mots *très*, *fort*, *bien* : *Cet homme est très-savant, cet ouvrage est fort estimé, c'est un homme bien malheureux*.

Nous avons quelques superlatifs qui s'expriment en un seul mot, comme : *illustrissime*, *sérénissime*, *amplissime*, *éminentissime*, etc. A l'imitation de ces mots, on fait quelquefois des superlatifs terminés de même : *savantissime*, *ignorantissime*, *fourbissime*, etc.

Le superlatif *relatif* marque la qualité avec rapport à une autre personne ou à une autre chose et se forme en mettant *le, la, les* devant les adverbes *plus, mieux, moins* : *Le lion est* le *plus courageux des animaux* ; *ce sont les hommes* les *moins sages de l'assemblée*. Les adjectifs *possessifs*, placés avant le *comparatif*, marquent aussi le superlatif relatif : Mon *meilleur ami* ; votre *plus fidèle sujet*; son *moindre souci*; nos *plus grands intérêts* ; vos *plus cruels ennemis* ; ses *plus vifs regrets* ; etc.

CHAPITRE IV.

DU PRONOM.

Le *pronom* est un mot qui se met à la place du nom, et qui dispense de le répéter chaque fois qu'on veut en rappeler l'idée (1).

Si l'on disait : En Égypte, le roi faisait jurer aux *juges* de ne point obéir au *roi*, si le *roi* exigeait des *juges* quelque chose d'injuste : la répétition du substantif *roi* et du substantif *juges*, formerait une phrase désagréable et ridicule; ce qui n'a pas lieu, si l'on dit, en se servant des pronoms *lui, il, eux* : En Égypte, le roi faisait jurer aux juges de ne point *lui* obéir, s'*il* exigeait d'eux quelque chose d'injuste.

On divise les pronoms en *personnels*, *possessifs*, *démonstratifs*, *relatifs*, *absolus*, et *indéfinis*.

---

(1) *Pronom*, du latin *pro nomine*, au lieu du nom.

Pronoms personnels.

Les pronoms *personnels* sont ceux qui désignent les personnes (1).

Il y a trois personnes : la première est celle qui parle; la seconde est celle à qui l'on parle, et la troisième est celle de qui l'on parle.

Ces pronoms sont :

Pour la première personne : *je, me, moi, nous.* } des deux
Pour la seconde personne : *tu, te, toi, vous.* } genres.

Pour la troisième personne: { *il, ils, elle, elles, lui, eux, le, la, les, leur, se, soi, en, y.*

Le, la, les, pronoms personnels, précèdent toujours un verbe : *je le prie, je la respecte, je les préviens.*

Le, la, les, articles, précèdent toujours un substantif : *le livre, la plume, les encriers.*

Se, soi, sont appelés aussi *pronoms réfléchis*, parce qu'ils marquent le rapport d'une personne ou d'une chose à elle-même : Il *se* flatte, il *se* propose. Les pronoms *me, te, se, nous, vous,* deviennent également des pronoms réfléchis quand ils sont précédés immédiatement d'un pronom de la même personne, comme : je *me* flatte, tu *te* proposes, nous *nous* engageons, vous *vous* trompez

---

(1) *Personne,* du latin *persona, personnage, rôle.* Ce mot *persona* signifiait le masque des acteurs dramatiques, et ceux-ci étaient appelés *personati*, parce que leur masque était l'image du *personnage* qu'ils représentaient. Le pronom indique donc le rôle que chaque personne ou chaque chose joue dans le discours.

Pronoms possessifs.

Les pronoms *possessifs* sont ceux qui, en rappelant l'idée d'un nom, marquent la possession de quelque chose.

Ce sont :

SINGULIER.		PLURIEL.	
Masculin.	*Féminin.*	*Masculin.*	*Féminin.*
Le mien.	La mienne.	Les miens.	Les miennes.
Le tien.	La tienne.	Les tiens.	Les tiennes.
Le sien.	La sienne.	Les siens.	Les siennes.
		Des deux genres.	
Le nôtre.	La nôtre.	Les nôtres.	
Le vôtre.	La vôtre.	Les vôtres.	
Le leur.	La leur.	Les leurs.	

Remarque. Les mots *mon*, *ton*, *son*, *ma*, *ta*, *sa*, *mes*, etc., sont regardés mal à propos comme des pronoms possessifs. Ces mots sont toujours joints à un nom; et il n'y a de véritables pronoms que les mots qui tiennent la place des noms.

Pronoms démonstratifs.

Les pronoms *démonstratifs* servent à montrer, à indiquer l'objet dont il s'agit dans le discours. Ce sont :

SINGULIER.		PLURIEL.	
Masculin.	*Féminin.*	*Masculin.*	*Féminin.*
Celui.	Celle.	Ceux.	Celles.
Celui-ci.	Celle-ci.	Ceux-ci.	Celles-ci.
Celui-là.	Celle-là.	Ceux-là.	Celles-là.
Ce, ceci, cela.			

Ce, placé devant un nom, est adjectif démonstratif : *ce tableau*, *ce piano*. Placé devant le verbe *être* ou devant les pronoms relatifs *qui*, *que*, *quoi*, *dont*, il est pronom démonstratif : *Ce sont les Phéniciens qui ont inventé l'art d'écrire ; ce qui plaît*; *ce à quoi je m'occupe*; *ce dont je vous ai parlé*.

Pronoms relatifs.

Les pronoms *relatifs* sont ceux qui ont rapport à un objet dont on a déjà parlé, et qui a été désigné par un nom ou par un autre pronom, qu'on appelle *antécédent*. Comme, quand je dis, « *Dieu*, qui *a créé le monde*, » *qui* se rapporte à *Dieu*; « *le monde* que *Dieu a créé*, » *que* se rapporte à *monde* : *Dieu* est l'*antécédent* du pronom relatif *qui* ; *monde* est l'*antécédent* du pronom relatif *que*.

Les pronoms relatifs sont : *qui*, *que*, *quoi*, *dont*, *où*, *lequel*, *laquelle*, *lesquels*, *lesquelles*.

On dit *duquel* pour *de lequel* : *Le moyen* duquel *il s'est servi*. On dit *auquel* pour *à lequel* : *Je m'adresserai* auquel *il vous plaira*. On dit *auxquels* pour *à lesquels* : *Les amis* auxquels *il s'est adressé*.

On se sert de *dont*, au lieu de *duquel*, *de laquelle*, *desquels* et *desquelles* : Dieu *dont* nous admirons les œuvres ; la nature *dont* nous ignorons les secrets ; les pays *dont* nous n'avons point de connaissance ; les affaires dont vous m'avez rendu compte.

Quoi est aussi un pronom relatif des deux genres et des deux nombres : c'est un vice à *quoi* il est sujet : ce sont des choses à *quoi* vous ne prenez pas garde.

Où se met pour *auquel*, dans *lequel*, etc. Exemples : L'état *où* je suis, le lieu *où* je vais, le siècle *où* nous vivons, le bonheur *où* vous aspirez.

Pronoms absolus.

Les pronoms *absolus* sont ceux qui n'ont rapport à aucun nom déterminé. Ils sont surtout d'usage dans les phrases interrogatives. Ils diffèrent des pronoms relatifs en ce qu'ils n'ont point d'antécédent. Ces pronoms sont : *qui, que, quoi, où.*

Qui doute que le jeune homme qui cultive la vertu ne goûte un bonheur plus solide, que celui *qui* passe sa vie dans la dissipation et les plaisirs?

Le premier *qui* est un pronom absolu, parce qu'il n'a rapport à aucun nom exprimé.

Que pouvait la valeur dans ce combat funeste? *Quoi* de plus agréable pour des parents que des enfants vertueux? Par *où* passerons-nous?

Que, qui, où sont des pronoms absolus, parce qu'ils n'ont point d'antécédent.

Le pronom *il*, devant les verbes unipersonnels, est aussi appelé pronom *absolu*, parce qu'on ne peut le remplacer par aucun nom : *il faut, il importe*, etc.

Pronoms indéfinis.

Les pronoms *indéfinis* sont ceux qui désignent une personne ou une chose d'une manière vague et indéterminée; comme *on, quiconque, chacun, pas un, qui que ce soit, quelqu'un, autrui, l'un, l'autre, l'un et l'autre, personne, rien.*

Quiconque *a médité les ouvrages de Cicéron doit savoir en quoi consiste la véritable éloquence.*

Rien *ne doit nous empêcher de dire la vérité.*

Ne faites pas à autrui *ce que vous ne voudriez pas qu'on vous fît.*

Les adjectifs indéfinis *aucun*, *nul*, *plusieurs*, *tel*, sont considérés comme pronoms indéfinis quand ils ne sont pas suivis immédiatement d'un substantif.

Aucun *n'est venu*; nul *ne sera excepté;* plusieurs *sont trompés en voulant tromper les autres*; tel *qui rit vendredi, dimanche pleurera.*

CHAPITRE V.

DU VERBE.

Le *verbe* est un mot qui exprime l'affirmation. Ainsi, quand on dit : *la vertu est aimable*, le mot *vertu* exprime le sujet auquel on affirme que convient la qualité d'*aimable*, et le verbe *est* forme cette affirmation; et quand on dit : *le vice n'est pas aimable*, on affirme que la qualité d'*aimable* ne convient pas au vice (1).

Il n'y a réellement qu'un verbe, savoir, le verbe *être*, parce qu'il n'y a que lui qui marque l'affirmation. Il pourrait suffire pour exprimer tous les jugements de notre esprit. Mais il y a un grand nombre d'autres verbes qui servent à varier et à abréger le discours. Ainsi tout mot qui renferme en lui-même le sens du verbe *être* et d'un attribut, est un verbe. Dans cette phrase : *Dieu voit ce que nous faisons et entend ce que nous disons*, les mots *voit*, *faisons*, *entend* et *disons* sont des verbes qui renferment le sens du verbe *être* et d'un attribut; car c'est la même chose que si je disais : *Dieu est voyant ce que nous sommes faisant, et il est entendant ce que nous sommes disant.*

---

(1) *Verbe*, du latin *verbum*, *parole*, *mot*. C'est le mot par excellence, le mot qui donne la vie au discours.

Quand le verbe se présente sous sa forme simple, c'est-à-dire, quand il exprime seulement l'existence sans aucune détermination d'attribut, comme : *Dieu est clément*, *Aristide était juste*, *Démosthène fut éloquent*, on l'appelle verbe *substantif*, parce qu'alors il subsiste par lui-même.

Lorsqu'il se présente sous une forme composée, c'est-à-dire, lorsqu'il exprime tout à la fois un attribut déterminé joint à l'idée de l'existence, comme *je lis*, *j'écris*, on le nomme verbe *attributif* ou *adjectif*.

Du Sujet.

Le sujet d'un verbe est l'objet dont on affirme ou dont on nie quelque chose. C'est l'être que l'on veut qualifier. Il répond à la question *qui est-ce qui?* pour les personnes, et à la question *qu'est-ce qui?* pour les choses : *Cadmus fonda la ville de Thèbes*, *Charlemagne mourut l'an* 814, *la modestie est le plus bel ornement d'une jeune personne*. Qui est-ce qui fonda Thèbes? *Cadmus*; qui est-ce qui mourut en 814? *Charlemagne*; qu'est-ce qui est le plus bel ornement d'une jeune personne? la *modestie*; *Cadmus*, *Charlemagne*, *modestie*, sont donc les sujets des verbes *fonder*, *mourir*, *être*.

Les sujets des verbes sont ordinairement ou des noms ou des pronoms.

Les pronoms que l'on emploie pour servir de *sujets* aux verbes, sont les pronoms personnels *je*, *tu*, *il*, *elle*, *nous*, *vous*, *ils*, *elles*. On connaît même qu'un mot est un verbe, quand on peut le faire précéder de ces pronoms ; comme : *j'écris*, *tu lis*, *il ou elle étudie*, *nous travaillons*, *vous parlez*, *ils ou elles sortent*

Du complément.

On appelle *complément* ou *régime* du verbe, le nom ou le pronom qui est l'objet de l'action exprimée par le verbe. En général, on entend par complément tout ce qui *achève*, *complète* l'idée commencée par un autre mot : *Alexandre a vaincu Darius à Arbelles ; Tarquin fut chassé de Rome ; Clémence Isaure institua l'académie des jeux floraux à Toulouse : Darius, à Arbelles* complètent l'idée commencée par le verbe *vaincre ; de Rome* complète l'idée commencée par le verbe *fut chassé ; l'académie, à Toulouse* complètent l'idée commencée par le verbe *institua* ; *des jeux floraux* complète l'idée commencée par l'*académie*.

Il y a deux sortes de compléments, l'un *direct*, l'autre *indirect*. Dans cette phrase : *Il sert bien la patrie ;* la *patrie* est le complément du verbe servir ; c'est là un complément direct ; il sert bien *qui?* ou *quoi?* Réponse, la patrie. Toutes les fois que le complément répond aux questions *qui?* ou *quoi?* il est direct. S'il ne répond qu'à l'une des questions *à qui?* ou *à quoi? de qui?* ou *de quoi?* alors, il est nécessairement indirect, comme dans ces phrases : *Je me repens de ma faute, je succombe à la douleur ;* ces mots *de ma faute, à la douleur*, sont les compléments indirects des verbes *se repentir, succomber*.

Les pronoms qui s'emploient en compléments directs sont : *le, la, les, que*.

Ceux qui s'emploient en compléments indirects sont : *lui, leur, dont, en, y*.

Me, te, se, nous, vous sont tantôt compléments directs, tantôt compléments indirects.

Un pronom est complément indirect toutes les fois

qu'il dépend d'une préposition exprimée ou sous-entendue (1).

Différentes sortes de verbes.

Les verbes *attributifs* se divisent en verbes *actifs*, *passifs*, *neutres*, *pronominaux* et *unipersonnels*.

Le verbe *actif* ou *transitif* exprime une action faite par le sujet et a un complément direct. Ainsi, dans ces exemples, *aimer Dieu*, *servir son ami*, *bâtir une maison*, les verbes *aimer*, *servir*, *bâtir* sont des verbes *actifs*, dont les compléments sont : *Dieu*, *ami*, *maison*.

On reconnait qu'un verbe est actif, quand on peut placer après lui *quelqu'un* ou *quelque chose*. *Vaincre*, *fonder* sont des verbes actifs, parce qu'on peut dire *vaincre quelqu'un*, *fonder quelque chose*.

Le verbe *passif* exprime une action que le sujet ne fait pas, mais qui est faite sur lui et sans sa participation.

Pour former le verbe passif, il faut prendre le complément du verbe actif et en faire le sujet du verbe passif. Ainsi, pour mettre au passif le verbe *vaincre* de cette phrase : *David vainquit Goliath*, dites : *Goliath fut vaincu par David*.

Le verbe *neutre* ou *intransitif* exprime ou un état, ou une action qui ne tombe pas directement sur un objet. *Languir* est un verbe neutre, parce qu'il exprime un

---

(1) *Complément* vient du latin *complere* qui signifie *achever*, *compléter*.

Régime vient aussi du latin *regere*, *régir*, *gouverner*. Un mot est donc en régime lorsqu'il est gouverné par un autre, c'est-à-dire, lorsqu'il se trouve sous l'empire, la domination d'un autre.

état; *partir* est un verbe neutre, parce qu'il exprime une action qui ne tombe pas directement sur un objet. On ne peut pas dire : *languir quelqu'un ou quelque chose, partir quelqu'un ou quelque chose.*

Le verbe neutre ne peut avoir de complément que par l'intermédiaire d'une préposition.

Le verbe *pronominal* se conjugue avec deux pronoms de la même personne, comme dans ces phrases : *Je me flatte, tu te loues, il se donne des louanges, nous nous chagrinons, vous vous ennuyez, ils se taisent.*

On distingue plusieurs sortes de verbes pronominaux : le verbe pronominal *réfléchi*, le verbe pronominal *réciproque*, le verbe pronominal *passif.*

On appelle verbes pronominaux *réfléchis* ceux qui expriment, soit l'action d'un sujet qui agit sur lui-même, comme, *se conduire, se défendre*, soit une action faite par le sujet, et qui aboutit seulement à lui, comme, *je me fais une loi*, c'est-à-dire, *je fais à moi une loi.* Dans le premier cas, les pronoms *me, te, se, nous, vous,* sont en complément direct; dans le second cas, ces pronoms sont en complément indirect

On appelle verbes pronominaux *réciproques* ceux qui expriment l'action réciproque de plusieurs sujets les uns sur les autres, comme : *Ces deux hommes se battaient et se disaient des injures; tous les hommes doivent s'entr'aider.*

On nomme verbes pronominaux *passifs* ceux qui n'expriment ni l'action d'un sujet sur lui-même, ni une action qui aboutisse au sujet, ni même une action faite par le sujet. Si l'on dit : *cette maison se loue trop cher,* l'action de *louer* ne tombe ni directement ni indirectement sur le sujet *maison,* parce que la maison ne loue pas elle, ne loue pas quelque chose *à elle;* l'action n'est pas non plus faite par le sujet, puisqu'on ne peut pas dire d'une maison qu'elle loue. Le verbe *se louer* a donc une signification passive, et la phrase équivaut à celle-ci : *cette maison est louée trop cher*.

On appelle *essentiellement pronominaux* les verbes qui ne peuvent s'employer qu'avec deux pronoms de la même personne, comme *se repentir*, *s'emparer*, *s'arroger*, etc. On ne dit pas en effet : *je repens*, *j'empare*, *j'arroge* (1).

Les verbes *unipersonnels* ne s'emploient qu'à l'infinitif et à la troisième personne du singulier, sans relation à un sujet déterminé, tels que *falloir*, *pleuvoir*, *neiger*, etc., qui font *il faut*, *il pleut*, *il neige*, etc.

Certains verbes deviennent quelquefois *unipersonnels*, comme *être*, *avoir*, *convenir*, etc., dans ces phrases.

---

(1) Les verbes *pronominaux* ne forment pas réellement une espèce particulière de verbes. L'action qu'ils expriment est la même que celle que marquent ou les verbes actifs, ou les verbes neutres, ou les verbes passifs.

La signification du verbe *promener* n'est-elle pas la même dans ces deux phrases : *Cette dame promène son enfant ; cette dame se promène ?* Dans la première, l'action tombe directement sur un objet indépendant du sujet ; dans la seconde, elle tombe directement sur le sujet même. Mais dans l'un et l'autre cas la signification est *active*.

Dans ces deux phrases : *Ce jeune homme a nui à sa sœur ; ce jeune homme s'est nui ;* la signification du verbe nuire est la même. Dans la première, l'action tombe indirectement sur un objet indépendant du sujet ; dans la seconde, elle tombe indirectement sur le sujet même. Mais dans les deux cas c'est toujours un verbe *neutre*.

Enfin dans ces deux phrases : *cette table s'est cassée ; cette table a été cassée*, la signification est également *passive*.

Il est juste que...., *il y a des hommes qui....*, *il convient de faire cela*, etc.

Ces verbes ont toujours pour sujet apparent le pronom absolu *il;* mais le véritable sujet est toujours placé après le verbe, ou sous-entendu.

On nomme verbes *auxiliaires* deux verbes qui aident à conjuguer les autres ; ce sont le verbe *être* et le verbe *avoir*.

Le verbe *être* est donc tantôt verbe *substantif* et tantôt verbe *auxiliaire*. Il est verbe *substantif*, lorsqu'il n'est point suivi du participe passé d'un autre verbe, comme dans, *je suis sincère*. Il est verbe *auxiliaire*, lorsqu'il est suivi du participe passé d'un autre verbe, comme dans, *je suis sorti*.

De même, le verbe *avoir* est tantôt verbe *actif* et tantôt verbe *auxiliaire*. Il est verbe *actif*, lorsqu'il n'accompagne point le participe passé d'un autre verbe, comme, *il a de l'esprit*. Il est verbe *auxiliaire*, lorsqu'il se trouve joint au participe passé d'un autre verbe, comme, *il a joué*, *il a perdu*.

Conjugaison des verbes.

On entend par *conjugaison* l'ensemble des formes auxquelles le verbe est soumis. La conjugaison offre dans presque toutes les langues quatre grandes formes : le *nombre*, la *personne*, le *mode* et le *temps*.

Du nombre.

Le *nombre* est la forme que prend le verbe pour exprimer si le sujet est au singulier ou au pluriel : *je lis*, *l'enfant dort ; nous lisons*, *les enfants dorment*.

De la personne.

La *personne* est la forme que prend le verbe pour exprimer si le sujet parle, si c'est à lui que l'on parle, ou si c'est de lui que l'on parle : *je reçois, tu reçois, il reçoit.*

Les pronoms *je, nous*, marquent la première personne, c'est-à-dire, celle qui parle; *tu, vous*, marquent la seconde personne, c'est-à-dire, celle à qui l'on parle; *il, elle, ils, elles*, et tout nom sujet d'un verbe, marquent la troisième personne, celle de qui l'on parle.

Du mode.

Le *mode* est la forme que prend le verbe pour exprimer les différentes manières de présenter l'affirmation.

Il y a cinq modes :

1° L'*indicatif*, qui affirme d'une manière absolue une chose positive : *Dieu existe, j'ai rempli mes devoirs, nous irons à Rome.*

2° Le *conditionnel*, qui affirme qu'une chose serait positive, si une condition était remplie : *On serait heureux, si l'on était sage.*

3° L'*impératif*, qui affirme une chose positive sous la forme du commandement ou de l'exhortation : *Priez Dieu dans le malheur.*

4° Le *subjonctif*, qui affirme une chose positive, mais en donnant à cette chose un degré de doute, d'incertitude : *Pensez-vous qu'il vienne ?*

5° L'*infinitif*, qui affirme une chose positive d'une manière générale, sans nombres ni personnes : *Être sage, c'est être modeste dans la prospérité, et calme dans l'infortune.*

L'indicatif, le conditionnel, l'impératif et *le subjonctif*, recevant différentes terminaisons, selon les différentes personnes, sont appelés modes *personnels*. *L'infinitif* est appelé mode *impersonnel* par la raison contraire.

Du temps.

L'affirmation peut être présentée comme ayant lieu au moment de la parole, comme ayant eu lieu dans un temps qui n'est plus, ou comme devant avoir lieu dans un temps où l'on n'est pas encore. De là trois temps : *le présent, le passé, le futur.*

Le temps est donc la forme que prend le verbe pour indiquer si l'action est présente, passée ou future.

Le présent n'admet qu'un temps, parce que l'instant où l'on parle ne saurait être plus ou moins présent.

Le passé et le futur se composant d'une infinité d'instants admettent plusieurs temps.

On distingue plusieurs sortes de passés : l'*imparfait*, le *passé défini*, le *passé indéfini*, le *passé antérieur* et le *plus-que-parfait*. On distingue deux futurs : le futur *simple* ou *absolu*, le futur *antérieur* ou *composé*.

Le *présent* exprime l'affirmation comme ayant lieu à l'instant de la parole : *je lis*.

L'*imparfait* exprime l'affirmation comme présente relativement à une époque passée : *je lisais, quand il est entré*. L'action de lire est bien passée, à l'égard du temps où je parle ; mais je la marque comme présente à l'égard de l'action exprimée par le verbe entrer. Ce temps peut s'appeler aussi *présent relatif*.

Le *passé défini* exprime l'affirmation comme ayant eu lieu dans un temps complétement écoulé : *je lus hier*.

Le *passé indéfini* présente l'affirmation comme ayant

eu lieu, ou dans un temps complétement écoulé, ou dans un temps dont il peut rester encore quelque partie à s'écouler : *j'ai lu hier, aujourd'hui.*

Le *passé antérieur* présente l'affirmation comme ayant eu lieu avant une autre action qui est également passée : quand *j'eus lu, j'écrivis.*

Le *plus-que-parfait* présente l'affirmation comme passée en elle-même, à l'égard d'une autre action également passée : *j'avais été malade, lorsque vous m'écrivites.* Cette phrase désigne deux temps passés, dont le premier est antérieur au second.

Le *futur absolu* exprime l'affirmation comme devant avoir lieu dans un temps où l'on n'est pas encore : *je lirai demain.*

Le *futur antérieur* exprime l'affirmation comme devant avoir lieu avant une autre action qui n'est pas encore arrivée : *quand j'aurai lu, j'écrirai.*

L'*indicatif* comprend donc huit temps qui expriment les trois époques.

Le *conditionnel* en comprend trois : un *présent* et deux *passés.*

L'*impératif* n'en contient qu'un : *le présent.*

Le *subjonctif* en renferme quatre : le *présent* ou *futur*, l'*imparfait*, le *passé*, le *plus-que-parfait.*

L'*infinitif* en a quatre : le *présent*, le *passé*, le *participe présent*, le *participe passé.*

Les temps des verbes se divisent en temps *simples* et en temps *composés.*

Les temps simples sont ceux qui n'empruntent point un des temps du verbe *avoir* ou du verbe *être* ; comme, *je chante, j'unissais, j'apercevrai, je répondrais,* etc.

Les temps composés sont ceux qui se forment en empruntant un des temps du verbe *avoir* ou du verbe *être* ; comme, *j'ai aimé*, *je suis tombé*, etc.

Les temps des verbes se divisent encore en temps *primitifs* et en temps *dérivés*.

Les temps *primitifs* sont ceux qui servent à former les autres temps. On en compte cinq : le *présent de l'infinitif*, le *participe présent*, le *participe passé*, le *présent de l'indicatif* et le *passé défini*.

Les temps *dérivés* sont ceux qui se forment des temps primitifs.

Écrire ou réciter les différents modes d'un verbe avec tous les temps, les nombres et les personnes, cela s'appelle conjuguer.

Il y a quatre conjugaisons différentes, que l'on distingue par la terminaison du présent de l'infinitif.

La première conjugaison a le présent de l'infinitif terminé en *er*, comme, *chanter*.

La seconde a le présent de l'infinitif terminé en *ir*, comme, *unir*.

La troisième a le présent de l'infinitif terminé en *oir*, comme, *apercevoir*.

La quatrième a le présent de l'infinitif terminé en *re*, comme *répandre*.

Nous commencerons par les deux verbes *avoir* et *être*, qui servent à conjuguer les autres verbes dans leurs temps composés.

Verbe auxiliaire AVOIR.

INDICATIF.

PRÉSENT.

Sing. J'ai.
Tu as (1).
Il *ou* elle a.

Plur. Nous avons.
Vous avez.
Ils *ou* elles ont.

---

(1) Toutes les secondes personnes du singulier ont une *s* à la fin, excepté

IMPARFAIT.

J'avais.
Tu avais.
Il *ou* elle avait.
Nous avions.
Vous aviez.
Ils *ou* elles avaient.

PASSÉ DÉFINI.

J'eus.
Tu eus.
Il *ou* elle eut.
Nous eûmes.
Vous eûtes.
Ils *ou* elles eurent.

PASSÉ INDÉFINI.

J'ai eu.
Tu as eu.
Il *ou* elle a eu.
Nous avons eu.
Vous avez eu.
Ils *ou* elles ont eu.

PASSÉ ANTÉRIEUR.

J'eus eu.
Tu eus eu.
Il *ou* elle eut eu.
Nous eûmes eu.
Vous eûtes eu.
Ils *ou* elles eurent eu.

PLUS-QUE-PARFAIT.

J'avais eu.
Tu avais eu.
Il *ou* elle avait eu.
Nous avions eu.
Vous aviez eu.
Ils *ou* elles avaient eu.

FUTUR.

J'aurai.
Tu auras.
Il *ou* elle aura.
Nous aurons.
Vous aurez.
Ils *ou* elles auront.

FUTUR ANTÉRIEUR.

J'aurai eu.
Tu auras eu.
Il *ou* elle aura eu.
Nous aurons eu.
Vous aurez eu.
Ils *ou* elles auront eu.

CONDITIONNEL.

PRÉSENT.

J'aurais.
Tu aurais.
Il *ou* elle aurait.
Nous aurions.
Vous auriez.
Ils *ou* elles auraient.

PASSÉ.

J'aurais eu.
Tu aurais eu.
Il *ou* elle aurait eu.
Nous aurions eu.
Vous auriez eu.
Ils *ou* elles auraient eu.

SECOND CONDITIONNEL PASSÉ.

J'eusse
Tu eusses
Il *ou* elle eût.
Nous eussions
Vous eussiez
Ils *ou* elles eussent
} eu.

à l'impératif des verbes de la première conjugaison et de ceux de la seconde, qui se terminent au présent de l'indicatif par un *e* muet ; comme *j'ouvre*, je *cueille*, je *souffre*.

IMPÉRATIF.

(Point de première personne du singulier ni de troisième pour les deux nombres.)

Aie.
Ayons.
Ayez.

SUBJONCTIF.

PRÉSENT *ou* FUTUR.

Que j'aie.
Que tu aies.
Qu'il *ou* qu'elle ait.
Que nous ayons.
Que vous ayez.
Qu'ils *ou* qu'elles aient.

IMPARFAIT.

Que j'eusse.
Que tu eusses.
Qu'il *ou* qu'elle eût.
Que nous eussions.
Que vous eussiez.
Qu'ils *ou* qu'elles eussent.

PASSÉ.

Que j'aie eu.
Que tu aies eu.
Qu'il *ou* qu'elle ait eu.
Que nous ayons eu.
Que vous ayez eu.
Qu'ils *ou* qu'elles aient eu.

PLUS-QUE-PARFAIT.

Que j'eusse eu.
Que tu eusses eu.
Qu'il *ou* qu'elle eût eu.
Que nous eussions eu.
Que vous eussiez eu.
Qu'ils *ou* qu'elles eussent eu.

INFINITIF.

PRÉSENT.

Avoir.

PASSÉ.

Avoir eu.

PARTICIPE.

PRÉSENT.

Ayant.

PASSÉ.

Eu (1), ayant eu.

Verbe auxiliaire ÊTRE.

INDICATIF.

PRÉSENT.

Je suis.
Tu es.
Il *ou* elle est.
Nous sommes.
Vous êtes.
Ils *ou* elles sont.

IMPARFAIT.

J'étais.
Tu étais.
Il *ou* elle était.
Nous étions.
Vous étiez.
Ils *ou* elles étaient.

---

(1) Lorsque le verbe *avoir* est actif, le participe *eu* reçoit le genre et le nombre : *eu, eue, eus, eues.*

PASSÉ DÉFINI.

Je fus.
Tu fus.
Il *ou* elle fut.
Nous fûmes.
Vous fûtes.
Ils *ou* elles furent.

PASSÉ INDÉFINI

J'ai été.
Tu as été.
Il *ou* elle a été.
Nous avons été.
Vous avez été.
Ils *ou* elles ont été.

PASSÉ ANTÉRIEUR.

J'eus été.
Tu eus été.
Il *ou* elle eut été.
Nous eûmes été.
Vous eûtes été.
Ils *ou* elles eurent été.

PLUS-QUE PARFAIT.

J'avais été.
Tu avais été.
Il *ou* elle avait été.
Nous avions été.
Vous aviez été.
Ils *ou* elles avaient été.

FUTUR.

Je serai.
Tu seras.
Il *ou* elle sera.
Nous serons.
Vous serez.
Ils *ou* elles seront.

FUTUR ANTÉRIEUR

J'aurai été.
Tu auras été.
Il *ou* elle aura été.
Nous aurons été.
Vous aurez été.
Ils *ou* elles auront été.

CONDITIONNEL.

PRÉSENT.

Je serais.
Tu serais.
Il *ou* elle serait.
Nous serions.
Vous seriez.
Ils *ou* elles seraient.

PASSÉ.

J'aurais été.
Tu aurais été.
Il *ou* elle aurait été.
Nous aurions été.
Vous auriez été.
Ils *ou* elles auraient été.

SECOND CONDITIONNEL PASSÉ.

J'eusse } été.
Tu eusses } été.
Il *ou* elle eût } été.
Nous eussions } été.
Vous eussiez } été.
Ils *ou* elles eussent } été.

IMPÉRATIF.

(Point de première personne du singulier ni de troisième pour les deux nombres.)

Sois.
Soyons.
Soyez.

SUBJONCTIF.

PRÉSENT *OU* FUTUR.

Que je sois.
Que tu sois.
Qu'il *ou* qu'elle soit.
Que nous soyons.
Que vous soyez.
Qu'ils *ou* qu'elles soient.

IMPARFAIT.

Que je fusse.
Que tu fusses.
Qu'il *ou* qu'elle fût.
Que nous fussions.
Que vous fussiez.
Qu'ils *ou* qu'elles fussent.

PASSÉ.

Que j'aie été.
Que tu aies été.
Qu'il *ou* qu'elle ait été.
Que nous ayons été.
Que vous ayez été.
Qu'ils *ou* qu'elles aient été.

PLUS-QUE-PARFAIT.

Que j'eusse été.
Que tu eusses été.
Qu'il *ou* qu'elle eût été.
Que nous eussions été.
Que vous eussiez été.
Qu'ils *ou* qu'elles eussent été.

INFINITIF.

PRÉSENT.

Être.

PASSÉ.

Avoir été.

PARTICIPE.

PRÉSENT.

Étant.

PASSÉ.

Été, ayant été.

PREMIÈRE CONJUGAISON,

En ER.

INDICATIF.

PRÉSENT.

Je chant *e*.
Tu chant *es*.
Il *ou* elle chant *e*.
Nous chant *ons*.
Vous chant *ez*.
Ils *ou* elles chant *ent*.

IMPARFAIT.

Je chant *ais*.
Tu chant *ais*.
Il *ou* elle chant *ait*.
Nous chant *ions*.
Vous chant *iez*.
Ils *ou* elles chant *aient*.

PASSÉ DÉFINI.

Je chant *ai*.
Tu chant *as*.
Il *ou* elle chant *a*.
Nous chant *âmes*.
Vous chant *âtes*.
Ils *ou* elles chant *èrent*.

PASSÉ INDÉFINI.

J'ai
Tu as
Il *ou* elle a
Nous avons
Vous avez
Ils *ou* elles ont
} chanté.

PASSÉ ANTÉRIEUR.

J'eus
Tu eus
Il *ou* elle eut
Nous eûmes
Vous eûtes
Ils *ou* elles eurent (1)
} chanté.

PLUS-QUE-PARFAIT.

J'avais
Tu avais
Il *ou* elle avait
Nous avions
Vous aviez
Ils *ou* elles avaient
} chanté.

FUTUR.

Je chant *erai*.
Tu chant *eras*.
Il *ou* elle chant *era*.
Nous chant *erons*.
Vous chant *erez*.
Ils *ou* elles chant *eront*.

FUTUR ANTÉRIEUR.

J'aurai
Tu auras
Il *ou* elle aura
Nous aurons
Vous aurez
Ils *ou* elles auront
} chanté.

CONDITIONNEL.

PRÉSENT.

Je chant *erais*.
Tu chant *erais*.
Il *ou* elle chant *erait*.
Nous chant *erions*.
Vous chant *eriez*.
Ils *ou* elles chant *eraient*.

PASSÉ.

J'aurais
Tu aurais
Il *ou* elle aurait
Nous aurions
Vous auriez
Ils *ou* elles auraient
} chanté.

SECOND CONDITIONNEL PASSÉ.

J'eusse
Tu eusses
Il *ou* elle eût
Nous eussions
Vous eussiez
Ils *ou* elles eussent
} chanté.

IMPÉRATIF.

(*Point de première personne du singulier ni de troisième pour les deux nombres.*)

Chant *e*.
Chant *ons*.
Chant *ez*.

SUBJONCTIF.

PRÉSENT *ou* FUTUR.

Que je chant *e*.
Que tu chant *es*.
Qu'il *ou* qu'elle chant *e*.
Que nous chant *ions*
Que vous chant *iez*.
Qu'ils *ou* qu'elles chant *ent*.

IMPARFAIT.

Que je chant *asse*.
Que tu chant *asses*.
Qu'il *ou* qu'elle chant *ât*.
Que nous chant *assions*.
Que vous chant *assiez*.
Qu'ils *ou* qu'elles chant *assent*.

---

(1) Il y a un quatrième passé, dont on se sert rarement ; le voici :

J'ai eu
Tu as eu
Il *ou* elle a eu
} chanté.

Nous avons eu
Vous avez eu
Ils *ou* elles ont eu
} chanté.

PASSÉ.

Que j'aie
Que tu aies
Qu'il *ou* qu'elle ait
Que nous ayons
Que vous ayez
Qu'ils *ou* qu'elles aient
} chanté.

PLUS-QUE-PARFAIT.

Que j'eusse
Que tu eusses
Qu'il *ou* qu'elle eût
Que nous eussions
Que vous eussiez
Qu'ils *ou* qu'elles eussent
} chanté.

INFINITIF.

PRÉSENT.

Chanter.

PASSÉ.

Avoir chanté.

PARTICIPE.

PRÉSENT.

Chantant.

PASSÉ.

Chanté, chantée, ayant chanté.

Conjuguez de même tous les verbes dont l'infinitif se termine en *er*, tels que, *aimer, estimer, jouer, brûler, remuer, rapporter, achever, mener, peser, enlever, adorer, manger, partager, appeler, amonceler,* etc.

Observations sur les verbes de la première conjugaison.

1° Dans les verbes en *ger*, le *g* doit toujours être suivi d'un *e* muet devant les voyelles *a*, *o*, comme, je *mangeai*, nous *mangeons*, et non, je *mangai*, nous *mangons*.

2° Dans les verbes terminés en *eler*, comme *appeler, amonceler*, etc., la lettre *l* se double lorsqu'elle est suivie d'un *e* muet, comme : j'*appelle*, j'*amoncelle*, je *chancelle*, je *nivelle*; j'*appellerai*, j'*amoncellerai*, je *chancellerai*, je *nivellerai*, etc. L'Académie ne double pas la consonne *l* dans les verbes : *bourreler, congeler, celer, déceler, geler, harceler, peler*. Il vaudrait mieux soumettre ces verbes à la règle générale.

3° Dans les verbes terminés en *eter*, comme, *jeter*,

cacheter, la lettre *t* se double dans les temps où elle est suivie d'un *e* muet, comme, je *jette*, je *cachette*; je *jetterai*, je *cachetterai*; je *jetterais*, je *cachetterais*; etc. L'Académie ne double pas la consonne *t* dans *acheter*, *becqueter*. Il vaudrait mieux encore supprimer cette exception.

Remarque. Lorsque l'*e* qui précède les consonnes *l*, *t*, est un *é* fermé, ces deux consonnes ne doivent pas se doubler. Ainsi dans les verbes *révéler*, *empiéter*, l'avant-dernier *é* étant fermé, on doit écrire : je *révèle*, j'*empiète*.

4° Dans les verbes terminés au participe présent par *yant*, comme *essayant*, *employant*, *fuyant*, *voyant*, *croyant*, on met un *i* après l'*y* dans les deux premières personnes plurielles de l'imparfait de l'indicatif et du présent du subjonctif. Ainsi, écrivez : Nous *essayions*, nous *employions*, nous *fuyions*, vous *voyiez*, vous *croyiez*.

De plus, l'*y* se change en *i* simple devant un *e* muet, de quelque conjugaison que soit le verbe : J'*effraie*, tu *appuies*, ils *voient*, j'*emploierais*, *qu'ils croient*, etc.

5° Dans les verbes terminés au participe présent par *iant*, comme, *priant*, *criant*, *riant*, etc., l'*i* se double aux deux premières personnes plurielles de l'imparfait de l'indicatif et du présent du subjonctif. Ainsi, on écrit : nous *priions*, vous *priiez*, nous *riions*, etc.

6° Dans les verbes *achever*, *enlever*, *amener*, *dépecer*, *peser*, *mener*, et autres semblables, dont le pénultième *e* n'est pas accentué au présent de l'infinitif, il faut mettre un accent grave dans tous les temps où l'*e* qui le suit est un *e* muet final ; car il ne peut pas y avoir deux *e* muets à la fin des mots, parce qu'avant la chute du son il faut un appui à la voix. Ainsi, écrivez : j'*achève*, tu *enlèves*, il *amène*, ils *dépècent*, il *pèse*, qu'ils *mènent*, etc. Remarquez qu'il n'y a qu'à la fin des mots qu'on ne puisse pas mettre deux *e* muets de suite; car on en trouve bien deux de suite dans *redemander*, *redevenir*, *recevoir*, etc.

7° Dans les verbes dont le pénultième *é* est fermé, comme, *espérer*, *aliéner*, etc., cet *é* devient ouvert lorsque après la consonne suivante il y a un *e* muet. Exemples : j'*espère*, j'*espèrerai*; ils *aliènent*, ils *alièneront*, etc.

On fait exception pour les verbes en *éger*, comme, *abréger*, *protéger*, *alléger*, *assiéger*, qui conservent toujours l'accent aigu sur l'avant-dernier *é*.

8° Dans les verbes terminés à l'infinitif par *cer*, comme *menacer*, *effacer*, *agacer*, on met une cédille sous le *c*, devant les voyelles *a* et *o*, pour lui donner une prononciation douce : Je *menaçais*, nous *effaçons*, ils *agaçaient*.

9° Les verbes terminés à l'infinitif par *éer*, comme *créer*, *suppléer*, *agréer*, prennent deux *e* de suite aux trois personnes du singulier du présent de l'indicatif et du présent du subjonctif, à la troisième personne plurielle de ces deux temps, à la seconde personne du singulier de l'impératif, à toutes les personnes du futur et à toutes celles du présent du conditionnel. Le participe passé masculin de ces verbes prend deux *e*, *créé*, *agréé*; le participe passé féminin en prend trois : *une proposition agréée*.

SECONDE CONJUGAISON,

En IR.

INDICATIF	
PRÉSENT.	Il *ou* elle un *it*.
J'un *is*.	Nous uniss *ons*.
Tu un *is*.	Vous uniss *ez*.
	Ils *ou* elles uniss *ent*.

IMPARFAIT.

J'uniss *ais*.
Tu uniss *ais*.
Il *ou* elle uniss *ait*.
Nous uniss *ions*.
Vous uniss *iez*.
Ils *ou* elles uniss *aient*.

PASSÉ DÉFINI.

J'un *is*.
Tu un *is*.
Il *ou* elle un *it*.
Nous un *îmes*.
Vous un *îtes*.
Ils *ou* elles un *irent*.

PASSÉ INDÉFINI.

J'ai | Tu as | Il *ou* elle a | Nous avons | Vous avez | Ils *ou* elles ont } uni.

PASSÉ ANTÉRIEUR.

J'eus | Tu eus | Il *ou* elle eut | Nous eûmes | Vous eûtes | Ils *ou* elles eurent (1) } uni.

PLUS-QUE-PARFAIT.

J'avais | Tu avais | Il *ou* elle avait | Nous avions | Vous aviez | Ils *ou* elles avaient } uni.

FUTUR.

J'uni *rai*.
Tu uni *ras*.
Il *ou* elle uni *ra*.
Nous uni *rons*.
Vous uni *rez*.
Ils *ou* elles uni *ront*.

FUTUR ANTÉRIEUR.

J'aurai | Tu auras | Il *ou* elle aura | Nous aurons | Vous aurez | Ils *ou* elles auront } uni.

CONDITIONNEL

PRÉSENT.

J'uni *rais*.
Tu uni *rais*.
Il *ou* elle uni *rait*.
Nous uni *rions*.
Vous uni *riez*.
Ils *ou* elles uni *raient*.

PASSÉ.

J'aurais | Tu aurais | Il *ou* elle aurait | Nous aurions | Vous auriez | Ils *ou* elles auraient } uni.

SECOND CONDITIONNEL PASSÉ.

J'eusse | Tu eusses | Il *ou* elle eût | Nous eussions | Vous eussiez | Ils *ou* elles eussent } uni.

---

(1) Il y a un quatrième passé, dont on se sert rarement ; le voici :

J'ai eu | Tu as eu | Il *ou* elle a eu } uni. | Nous avons eu | Vous avez eu | Ils *ou* elles ont eu } uni.

IMPÉRATIF.

(Point de première personne du sing. ni de troisième pour les deux nombres).

Unis.
Uniss *ons*.
Uniss *ez*.

SUBJONCTIF.

PRÉSENT *ou* FUTUR.

Que j'uniss *e*.
Que tu uniss *es*.
Qu'il *ou* qu'elle uniss *e*.
Que nous uniss *ions*.
Que vous uniss *iez*.
Qu'ils *ou* qu'elles uniss *ent*.

IMPARFAIT.

Que j'un *isse*.
Que tu un *isses*.
Qu'il *ou* qu'elle un *ît*.
Que nous un *issions*.
Que vous un *issiez*.
Qu'ils *ou* qu'elles un *issent*.

PASSÉ.

Que j'aie
Que tu aies
Qu'il *ou* qu'elle ait
Que nous ayons
Que vous ayez
Qu'ils ou qu'elles aient } uni.

PLUS-QUE-PARFAIT.

Que j'eusse
Que tu eusses
Qu'il *ou* qu'elle eût
Que nous eussions
Que vous eussiez
Qu'ils *ou* qu'elles eussent } uni.

INFINITIF.

PRÉSENT.

Un *ir*.

PASSÉ.

Avoir uni.

PARTICIPE.

PRÉSENT.

Uniss *ant*.

PASSÉ.

Uni, unie, ayant uni.

Ainsi se conjuguent tous les verbes qui ont l'infinitif terminé en *ir;* comme *nourrir, finir, avertir, guérir, ensevelir, punir, adoucir, haïr, fleurir, flétrir, fléchir, jaillir, vomir, saisir, vernir, pétrir,* etc.

Observations sur les verbes de la seconde conjugaison.

1° Le verbe *bénir* a deux participes passés; *bénit, bénite,* pour les choses consacrées par les prières des prêtres : du pain *bénit*, de l'eau *bénite*, un cierge *bénit*, une chandelle *bénite;* et *béni, bénie,* pour toutes les autres significations de ce verbe : un peuple *béni* de Dieu ; les âmes *bénies* de Dieu sont toujours heureuses.

2° *Haïr* est de deux syllabes à l'infinitif, et s'écrit avec deux points sur l'*ï* : il retient la même prononciation et la même orthographe dans tous les temps, excepté dans les trois personnes singulières du présent de l'indicatif et dans la seconde personne singulière de l'impératif, où il n'est que d'une syllabe, et où il s'écrit sans les deux points : je *hais*, tu *hais*, il *hait*, *hais* qu'on prononce je *hès*, tu *hès*, il *hèt*, *hès*.

Les deux personnes plurielles du passé défini, nous *haïmes*, vous *haïtes*, et la troisième personne du singulier de l'imparfait du subjonctif, qu'il *haït*, ne prennent pas l'accent circonflexe, à cause du tréma.

3° *Fleurir*, quand il signifie pousser de la fleur, ou être en fleur, fait à l'imparfait de l'indicatif et au participe présent, *fleurissait*, *fleurissant*. Mais quand on s'en sert au figuré, en parlant des arts, des sciences, des empires, etc., il fait *florissait* à l'imparfait de l'indicatif, et *florissant* au participe présent ; exemples : Alors la poésie, l'éloquence *florissaient* ; cet empire *florissait* ; tel auteur *florissait* dans ce siècle-là.

TROISIÈME CONJUGAISON,

En OIR.

INDICATIF.

PRÉSENT.

J'aperç *ois*.
Tu aperç *ois*.
Il *ou* elle aperç *oit*.
Nous apercev *ons*.
Vous apercev *ez*.
Ils *ou* elles aperçoi *vent*.

IMPARFAIT.

J'apercev *ais*.
Tu apercev *ais*.
Il *ou* elle apercev *ait*.
Nous apercev *ions*.
Vous apercev *iez*.
Ils *ou* elles apercev *aient*.

PASSÉ DÉFINI.

J'aperç *us*.
Tu aperç *us*.
Il *ou* elle aperç *ut*.
Nous aperç *ûmes*.
Vous aperç *ûtes*.
Ils *ou* elles aperç *urent*.

PASSÉ INDÉFINI.

J'ai
Tu as
Il *ou* elle a
Nous avons
Vous avez
Ils *ou* elles ont
} aperçu.

PASSÉ ANTÉRIEUR.

J'eus
Tu eus
Il *ou* elle eut
Nous eûmes
Vous eûtes
Ils *ou* elles eurent (1)
} aperçu.

PLUS-QUE-PARFAIT.

J'avais
Tu avais
Il *ou* elle avait
Nous avions
Vous aviez
Ils *ou* elles avaient
} aperçu.

FUTUR

J'apercev *rai*.
Tu apercev *ras*.
Il *ou* elle apercev *ra*.
Nous apercev *rons*
Vous apercev *rez*.
Ils *ou* elles apercev *ront*

FUTUR ANTÉRIEUR.

J'aurai
Tu auras
Il *ou* elle aura
Nous aurons
Vous aurez
Ils *ou* elles auront
} aperçu.

CONDITIONNEL.

PRÉSENT.

J'apercev *rais*.
Tu apercev *rais*.
Il *ou* elle apercev *rait*.
Nous apercev *rions*.
Vous apercev *riez*.
Ils *ou* elles apercev *raient*.

PASSÉ.

J'aurais
Tu aurais
Il *ou* elle aurait
Nous aurions
Vous auriez
Ils *ou* elles auraient
} aperçu.

SECOND CONDITIONNEL PASSÉ.

J'eusse
Tu eusses
Il *ou* elle eût
Nous eussions
Vous eussiez
Ils *ou* elles eussent
} aperçu.

IMPÉRATIF.

(Point de première personne du sing. ni de troisième pour les deux nombres).

Aperç *ois*.
Apercev *ons*.
Apercev *ez*.

SUBJONCTIF.

PRÉSENT *ou* FUTUR.

Que j'aperç *oive*.
Que tu aperç *oives*.
Qu'il *ou* qu'elle aperç *oive*.

---

(1) Il y a un quatrième passé, dont on se sert rarement ; le voici :

J'ai eu
Tu as eu
Il *ou* elle a eu
} aperçu.

Nous avons eu
Vous avez eu
Ils *ou* elles ont eu
} aperçu.

Que nous apercev *ions*.
Que vous apercev *iez*.
Qu'ils *ou* qu'elles aperç *oivent*.

IMPARFAIT.

Que j'aperç *usse*.
Que tu aperç *usses*.
Qu'il *ou* qu'elle aperç *ût*.
Que nous aperç *ussions*.
Que vous aperç *ussiez*.
Qu'ils *ou* qu'elles aperç *ussent*

PASSÉ.

Que j'aie
Que tu aies
Qu'il *ou* qu'elle ait
Que nous ayons
Que vous ayez
Qu'ils *ou* qu'elles aient
} aperçu.

PLUS-QUE-PARFAIT.

Que j'eusse
Que tu eusses
Qu'il *ou* qu'elle eût
Que nous eussions
Que vous eussiez
Qu'ils *ou* qu'elles eussent
} aperçu.

INFINITIF.

PRÉSENT.

Apercev *oir*.

PASSÉ.

Avoir aperçu.

PARTICIPE.

PRÉSENT.

Apercev *ant*.

PASSÉ.

Aperçu, aperçue, ayant aperçu.

Ainsi se conjuguent *recevoir*, *concevoir*, *percevoir*, *devoir*, *redevoir*, etc.

Observations sur les verbes de la troisième conjugaison.

1° Parmi les verbes de cette conjugaison, ceux qui sont terminés en *evoir* sont les seuls qui se conjuguent sur *apercevoir*. Les autres verbes en *oir*, tels que *pouvoir*, *savoir*, *mouvoir*, etc., sont irréguliers.

2° On met un accent circonflexe, au masculin singulier, sur *dû*, *redû*, participes passés des verbes *devoir*, *redevoir*.

QUATRIÈME CONJUGAISON,

En RE.

INDICATIF.

PRÉSENT.

Je répands.
Tu répands.
Il *ou* elle répand.
Nous répand *ons*.
Vous répand *ez*.
Ils *ou* elles répand *ent*.

IMPARFAIT.

Je répand *ais*.
Tu répand *ais*.
Il *ou* elle répand *ait*.
Nous répand *ions*.
Vous répand *iez*.
Ils *ou* elles répand *aient*.

PASSÉ DÉFINI.

Je répand *is*.
Tu répand *is*.
Il *ou* elle répand *it*.
Nous répand *îmes*.
Vous répand *îtes*.
Ils *ou* elles répand *irent*.

PASSÉ INDÉFINI.

J'ai
Tu as
Il *ou* elle a
Nous avons
Vous avez
Ils *ou* elles ont
} répandu.

PASSÉ ANTÉRIEUR.

J'eus
Tu eus
Il *ou* elle eut
Nous eûmes
Vous eûtes
Ils *ou* elles eurent (1)
} répandu

PLUS-QUE-PARFAIT.

J'avais
Tu avais
Il *ou* elle avait
Nous avions
Vous aviez
Ils *ou* elles avaient
} répandu.

FUTUR.

Je répand *rai*.
Tu répand *ras*.
Il *ou* elle répand *ra*.
Nous répand *rons*.
Vous répand *rez*.
Ils *ou* elles répand *ront*.

FUTUR ANTÉRIEUR.

J'aurai
Tu auras
Il *ou* elle aura
Nous aurons
Vous aurez
Ils *ou* elles auront
} répandu

(1) Il y a un quatrième passé, dont on se sert rarement ; le voici :

J'ai eu
Tu as eu
Il *ou* elle a eu
} répandu.

Nous avons eu
Vous avez eu
Ils *ou* elles ont eu
} répandu.

CONDITIONNEL.

PRÉSENT.

Je répand *rais*.
Tu répand *rais*.
Il *ou* elle répand *rait*.
Nous répand *rions*.
Vous répand *riez*.
Ils *ou* elles répand *raient*.

PASSÉ.

J'aurais
Tu aurais
Il *ou* elle aurait
Nous aurions
Vous auriez
Ils *ou* elles auraient } répandu.

SECOND CONDITIONNEL PASSÉ.

J'eusse
Tu eusses
Il *ou* elle eût
Nous eussions
Vous eussiez
Ils *ou* elles eussent } répandu.

IMPÉRATIF.

(*Point de première personne du sing., ni de troisième pour les deux nombres.*)

Répands.
Répand *ons*.
Répand *ez*.

SUBJONCTIF.

PRÉSENT *ou* FUTUR.

Que je répand *e*.
Que tu répand *es*.
Qu'il *ou* qu'elle répand *e*.
Que nous répand *ions*.
Que vous répand *iez*.
Qu'ils *ou* qu'elles répand *ent*.

IMPARFAIT.

Que je répand *isse*.
Que tu répand *isses*.
Qu'il *ou* qu'elle répand *ît*.
Que nous répand *issions*.
Que vous répand *issiez*.
Qu'ils *ou* qu'elles répand *issent*.

PASSÉ.

Que j'aie
Que tu aies
Qu'il *ou* qu'elle ait
Que nous ayons
Que vous ayez
Qu'ils *ou* qu'elles aient } répandu.

PLUS-QUE-PARFAIT.

Que j'eusse
Que tu eusses
Qu'il *ou* qu'elle eût
Que nous eussions
Que vous eussiez
Qu'ils *ou* qu'elles eussent } répandu.

INFINITIF.

PRÉSENT.

Répand *re*.

PASSÉ.

Avoir répandu.

PARTICIPE.

PRÉSENT.

Répand *ant*.

PASSÉ.

Répandu, répandue, ayant répandu.

Conjuguez de même *rendre*, *attendre*, *défendre*, *dé-*

pendre, *détendre*, *entendre*, *étendre*, *épandre*, *fendre*, *vendre*. *confondre*, *répondre*, *tondre*, *perdre*, *tordre*, *mordre*, etc.

Observations sur les verbes de la quatrième conjugaison.

1° Les verbes en *ire* se distinguent des verbes en *ir*, en ce que les premiers ont le participe passé terminé par *it* : *construire*, *construit*; *écrire*, *écrit*; etc. Excepté, *circoncire*, *lire*, *luire*, *nuire*, *reluire*, *rire*, *suffire*.

2° *Boire*, *croire* et ses composés *accroire*, *décroire*, *mécroire*, sont les seuls verbes qui se terminent en *oire*. Tous les autres verbes de cette terminaison s'écrivent sans *e* muet.

3° Les verbes de cette conjugaison terminés par *indre* ou par *soudre*, comme *craindre*, *absoudre*, remplacent, aux trois personnes du singulier du présent de l'indicatif *ds*, *ds*, *d*, par *s*, *s*, *t* : je *crains*, tu *crains*, il *craint*; j'*absous*, tu *absous*, il *absout*.

FORMATION DES TEMPS DÉRIVÉS.

Le présent de l'infinitif forme deux temps : le *futur absolu* et le *conditionnel présent*.

Le participe présent en forme trois : *les trois personnes plurielles du présent de l'indicatif*, l'*imparfait de l'indicatif* et le *présent du subjonctif*.

Le participe passé forme tous les temps *composés*.

Le présent de l'indicatif forme l'*impératif*.

Le passé défini forme l'*imparfait du subjonctif*.

Présent de l'indicatif.

Les trois personnes plurielles du présent de l'indicatif se forment du participe présent en changeant *ant* en *ons* pour la première personne; *ant* en *ez* pour la seconde ; *ant* en *ent* pour la troisième.

Première conjugaison.		*Troisième conjugaison.*	
Chantant	Nous *chantons*. Vous *chantez*. Ils *chantent*.	*Voyant*	Nous *voyons*. Vous *voyez*. Ils *voient*.
Deuxième conjugaison.		*Quatrième conjugaison.*	
Finissant	Nous *finissons*. Vous *finissez*. Ils *finissent*.	*Répandant*	Nous *répandons*. Vous *répandez*. Ils *répandent*.

Exceptions :

Allant,	Ils *vont*.	*Mouvant*,	Ils *meuvent*.
Acquérant,	Ils *acquièrent*.	*Pouvant*,	Ils *peuvent*.
Mourant,	Ils *meurent*.	*Voulant*,	Ils *veulent*.
Tenant,	Ils *tiennent*.	*Étant*,	Nous *sommes*. Vous *êtes*. Ils *sont*.
Venant,	Ils *viennent*.		
Ayant,	Nous *avons*. Vous *avez*. Ils *ont*.	*Buvant*,	Ils *boivent*.
		Disant,	Vous *dites*.
Échéant,	Ils *échoient* ou *échéent*.	*Faisant*,	Vous *faites*. Ils *font*.
Sachant,	Nous *savons*. Vous *savez*. Ils *savent*.	*Prenant*,	Ils prennent.

Les verbes de la troisième conjugaison terminés en *evoir*, changent, à la troisième personne plurielle *evant* en *oivent : apercevant*, ils *aperçoivent*; *recevant*, ils *reçoivent*, etc.

Imparfait de l'indicatif.

L'imparfait de l'indicatif se forme du participe présent en changeant *ant* en *ais*, *ais*, *ait*, *ions*, *iez*, *aient*.

Première conjugaison.

Chantant, Je *chantais*. Tu *chantais*. Il *chantait*. Nous *chantions*. Vous *chantiez*. Ils *chantaient*.

Deuxième conjugaison.

Unissant, J'*unissais*. Tu *unissais*. Il *unissait*. Nous *unissions*. Vous *unissiez*. Ils *unissaient*.

Troisième conjugaison.

Apercevant, J'*apercevais*. Tu *apercevais*. Il *apercevait*. Nous *apercevions*. Vous *aperceviez*. Ils *apercevaient*.

Quatrième conjugaison.

Entendant, J'*entendais*. Tu *entendais*. Il *entendait*. Nous *entendions*. Vous *entendiez*. Ils *entendaient*.

Il n'y a que deux exceptions :

Ayant, J'*avais*. Tu *avais*. Il *avait*. Nous *avions*. Vous *aviez*. Ils *avaient*.

Sachant, Je *savais*. Tu *savais*. Il *savait*. Nous *savions*. Vous *saviez*. Ils *savaient*.

Futur absolu.

Le futur absolu se forme du présent de l'infinitif, en changeant *r*, *oir* ou *re* en *rai*, *ras*, *ra*, *rons*, *rez*, *ront*.

Première conjugaison.

Chanter, Je *chanterai*. Tu *chanteras*. Il *chantera*. Nous *chanterons*. Vous *chanterez*. Ils *chanteront*.

Deuxième conjugaison.

Unir, J'*unirai*. Tu *uniras*. Il *unira*. Nous *unirons*. Vous *unirez*. Ils *uniront*.

Troisième conjugaison.

Recevoir, Je *recevrai*. Tu *recevras*. Il *recevra*. Nous *recevrons* Vous *recevrez*. Ils *recevront*.

Quatrième conjugaison.

Entendre, J'*entendrai*. Tu *entendras*. Il *entendra*. Nous *entendrons*. Vous *entendrez* Ils *entendront*.

Exceptions :

Aller,	J'*irai*.	*Falloir*,	Il *faudra*.
Envoyer,	J'*enverrai*.	*Pouvoir*,	Je *pourrai*.
Acquérir,	J'*acquerrai*.	*S'asseoir*	Je *m'assiérai* ou *m'asseierai*.
Courir,	Je *courrai*.		
Cueillir,	Je *cueillerai*.		
Mourir,	Je *mourrai*.	*Savoir*,	Je *saurai*.
Tenir,	Je *tiendrai*.	*Valoir*,	Je *vaudrai*.
Tressaillir,	Je *tressaillerai*.	*Voir*,	Je *verrai*.
Venir,	Je *viendrai*.	*Vouloir*,	Je *voudrai*.
Déchoir,	Je *décherrai*.	*Être*,	Je *serai*.
Échoir,	Il *écherra*.	*Faire*,	Je *ferai*.

Conditionnel présent.

Le conditionnel présent se forme du présent de l'infinitif en changeant *r*, *oir* ou *re* en *rais*, *rais*, *rait*, *rions*, *riez*, *raient*.

Première conjugaison.

Chanter, Je *chanterais*. Tu *chanterais*. Il *chanterait*. Nous *chanterions*. Vous *chanteriez*. Ils *chanteraient*.

Deuxième conjugaison.

Unir, J'*unirais*. Tu *unirais*. Il *unirait*. Nous *unirions*. Vous *uniriez*. Ils *uniraient*.

Troisième conjugaison.

Recevoir, Je *recevrais*. Tu *recevrais*. Il *recevrait*. Nous *recevrions*. Vous *recevriez*. Ils *recevraient*.

Quatrième conjugaison.

Entendre, J'*entendrais*. Tu *entendrais*. Il *entendrait*. Nous *entendrions* Vous *entendriez*. Ils *entendraient*.

Les exceptions sont les mêmes que celles du futur absolu.

Impératif.

L'impératif se forme du présent de l'indicatif par la suppression des pronoms sujets : *je*, *nous*, *vous*.

Première conjugaison.

indicatif présent.	impératif.
Je *chante*,	*chante*.
Nous *chantons*,	*chantons*.
Vous *chantez*,	*chantez*.

Deuxième conjugaison.

indicatif présent.	impératif.
J'*unis*,	*unis*.
Nous *unissons*,	*unissons*.
Vous *unissez*,	*unissez*.

Troisième conjugaison.

indicatif présent.	impératif.
Je *reçois*,	*reçois*.
Nous *recevons*,	*recevons*
Vous *recevez*,	*recevez*.

Quatrième conjugaison.

indicatif présent.	impératif.
J'*entends*,	*entends*.
Nous *entendons*,	*entendons*.
Vous *entendez*,	*entendez*.

Quatre verbes sont exceptés : *avoir*, *savoir*, *être*, *aller*.

indicatif présent.	impératif.
J'*ai*,	*aie*.
Nous *avons*,	*ayons*.
Vous *avez*,	*ayez*.
Je *sais*,	*sache*.
Nous *savons*,	*sachons*.
Vous *savez*,	*sachez*.

indicatif présent.	impératif.
Je *suis*,	*sois*.
Nous *sommes*,	*soyons*.
Vous *êtes*,	*soyez*.
Je *vais*,	*va*.

(Les deux personnes plurielles se forment régulièrement).

L'impératif *va*, prend une *s*, quand il est suivi du pronom relatif *y*, comme, *vas-y*. Mais, si après ce pronom il y a un verbe, *va* s'écrit sans *s* : *va y donner ordre*.

Dans le verbe pronominal *s'en aller*, écrivez à l'impératif *va-t'en*, et non *va-t-en*. Ce n'est point ici le *t* euphonique, c'est le pronom personnel *te*, dont l'*e* se trouve supprimé par l'élision. Car, au pluriel, on dit : *allez-vous-en*.

Dans les verbes de la première conjugaison, et dans ceux de la seconde où le présent de l'indicatif finit par un *e* muet, tels que *j'ouvre*, *je souffre*, la seconde personne singulière de l'impératif prend une *s euphonique* après l'*e* muet, quand cette personne est suivie des pronoms *en*, *y*. On dit : *porte un livre*, *ouvre à ton frère*.

Mais on doit dire : *portes-en à ton frère · apportes-y des livres; je veux entrer dans cette chambre, ouvres-en la porte; tu as fait une faute, souffres-en la peine.* Cependant, si *en* était préposition, le verbe ne prendrait point *s* : *donne en cette occasion des preuves de ton zèle.*

Le verbe *pouvoir* n'a point d'impératif.

Le verbe *vouloir* n'est usité, à l'impératif, qu'à la deuxième personne plurielle, par civilité. Il fait alors *veuillez* et signifie : *ayez la bonté, la complaisance de; veuillez permettre que je me retire; veuillez me faire le plaisir de.*

Présent du subjonctif.

Le présent du subjonctif se forme du participe présent en changeant *ant* en *e, es, e, ions, iez, ent.*

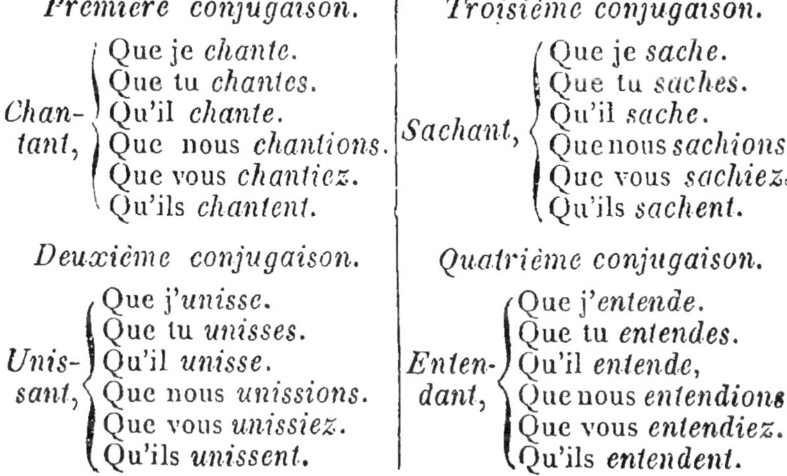

Première conjugaison.		*Troisième conjugaison.*	
Chantant,	Que je *chante.*	*Sachant,*	Que je *sache.*
	Que tu *chantes.*		Que tu *saches.*
	Qu'il *chante.*		Qu'il *sache.*
	Que nous *chantions.*		Que nous *sachions.*
	Que vous *chantiez.*		Que vous *sachiez.*
	Qu'ils *chantent.*		Qu'ils *sachent.*
Deuxième conjugaison.		*Quatrième conjugaison.*	
Unissant,	Que j'*unisse.*	*Entendant,*	Que j'*entende.*
	Que tu *unisses.*		Que tu *entendes.*
	Qu'il *unisse.*		Qu'il *entende,*
	Que nous *unissions.*		Que nous *entendions.*
	Que vous *unissiez.*		Que vous *entendiez.*
	Qu'ils *unissent.*		Qu'ils *entendent.*

Exceptions :

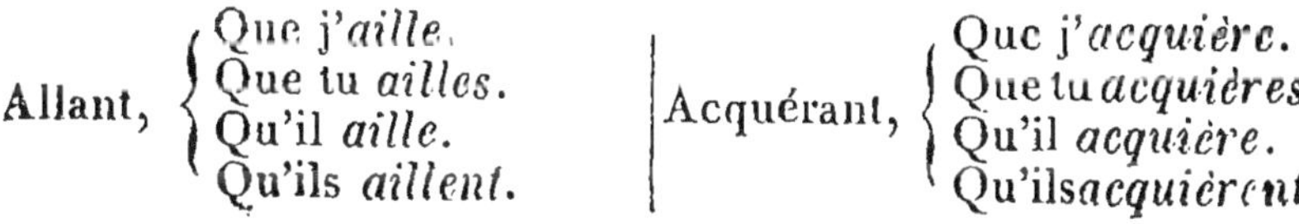

Allant,	Que j'*aille.*	Acquérant,	Que j'*acquière.*
	Que tu *ailles.*		Que tu *acquières*
	Qu'il *aille.*		Qu'il *acquière.*
	Qu'ils *aillent.*		Qu'ils *acquièrent*

Mourant,	Que je *meure.* Que tu *meures.* Qu'il *meure.* Qu'ils *meurent.*	Voulant,	Que je *veuille.* Que tu *veuilles.* Qu'il *veuille.* Qu'ils *veuillent.*
Tenant,	Que je *tienne.* Que tu *tiennes* Qu'il *tienne.* Qu'ils *tiennent.*	*Buvant,*	Que je *boive.* Que tu *boives.* Qu'il *boive.* Qu'ils *boivent.*
Venant,	Que je *vienne.* Que tu *viennes.* Qu'il *vienne.* Qu'ils *viennent.*	*Étant,*	Que je *sois.* Que tu *sois.* Qu'il *soit.* Que nous *soyons.* Que vous *soyez.* Qu'ils *soient.*
Mouvant,	Que je *meuve.* Que tu *meuves.* Qu'il *meuve.* Qu'ils *meuvent.*		
Pouvant.	Que je *puisse.* Que tu *puisses.* Qu'il *puisse.* Que nous *puissions* Que vous *puissiez.* Qu'ils *puissent.*	*Faisant,*	Que je *fasse.* Que tu *fasses.* Qu'il *fasse.* Que nous *fassions.* Que vous *fassiez.* Qu'ils *fassent.*
Valant.	Que je *vaille.* Que tu *vailles,* Qu'il *vaille.* Qu'ils *vaillent.*	*Prenant,*	Que je *prenne.* Que tu *prennes.* Qu'il *prenne.* Qu'ils *prennent.*

Les verbes de la troisième conjugaison, terminés en *evoir,* changent *evant* en *oive, oives, oive, oivent : apercevant* que j'*aperçoive,* que tu *aperçoives,* qu'il *aperçoive,* qu'ils *aperçoivent; devant* que je *doive,* que tu *doives,* qu'il *doive,* qu'ils *doivent.*

La première et la seconde personne du pluriel du présent du subjonctif, sont semblables à la première et à la seconde personne du pluriel de l'imparfait de l'indicatif. Excepté : *avoir,* qui fait à l'imparfait de l'indicatif nous *avions,* vous *aviez,* et au présent du subjonctif, que nous *ayons,* que vous *ayez* ; *être,* qui fait à l'imparfait de l'indicatif, nous *étions,* vous *étiez,* et au présent du subjonctif, que nous *soyons*, que vous *soyez*; *pouvoir*, qui fait à l'imparfait de l'indicatif, nous *pouvions*, vous *pouviez*, et au présent du subjonctif, que nous *puissions*, que vous *puissiez*; *faire*, dont l'imparfait de l'indicatif est, nous *faisions*, vous *faisiez*, et dont le présent du subjonctif est que nous *fassions*, que vous *fassiez*.

Le verbe *prévaloir* se conjugue comme le verbe *valoir*, excepté au présent du subjonctif où il fait régulièrement: que je *prévale*, que tu *prévales*, qu'il *prévale*, que nous *prévalions*, que vous *prévaliez*, qu'ils *prévalent*.

Imparfait du subjonctif.

L'imparfait du subjonctif se forme du passé défini :

Première conjugaison. En changeant *ai* en *asse* pour la première personne du singulier, en ajoutant *ses* pour la seconde, et en changeant *a*, *âmes*, *âtes*, *èrent*, en *ât*, *assions*, *assiez*, *assent*.

J'*aimai*,	Que j'*aimasse*.
Tu *aimas*,	Que tu *aimasses*.
Il *aima*,	Qu'il *aimât*.
Nous *aimâmes*,	Que nous *aimassions*.
Vous *aimâtes*,	Que vous *aimassiez*.
Ils *aimèrent*,	Qu'ils *aimassent*.

Deuxième conjugaison. En ajoutant *se*, *ses*, pour les deux premières personnes du singulier, et en changeant *îmes*, *îtes*, *irent* en *issions*, *issiez*, *issent*.

La troisième personne du singulier est semblable dans les deux temps. Mais, à l'imparfait du subjonctif, on met un accent circonflexe sur la voyelle qui précède le *t* final.

Je *finis*,	Que je *finisse*.
Tu *finis*,	Que tu *finisses*.
Il *finit*,	Qu'il *finît*.
Nous *finîmes*,	Que nous *finissions*.
Vous *finîtes*,	Que vous *finissiez*.
Ils *finirent*,	Qu'ils *finissent*.

La formation pour l'imparfait du subjonctif, dans les deux autres conjugaisons, est la même que la précédente.

Troisième conjugaison.

Je *reçus*,	Que je *reçusse*.
Tu *reçus*,	Que tu *reçusses*.
Il *reçut*,	Qu'il *reçût*.
Nous *reçûmes*,	Que nous *reçussions*.
Vous *reçûtes*,	Que vous *reçussiez*.
Ils *reçurent*,	Qu'ils *reçussent*.

Quatrième conjugaison.

J'*entendis*,	Que j'*entendisse*.
Tu *entendis*,	Que tu *entendisses*.
Il *entendit*,	Qu'il *entendît*.
Nous *entendîmes*,	Que nous *entendissions*.
Vous *entendîtes*,	Que vous *entendissiez*.
Ils *entendirent*,	Qu'ils *entendissent*.

Formation des temps composés.

Tous les temps composés se forment du participe passé du verbe que l'on conjugue, en y joignant un des temps du verbe *avoir* ou du verbe *être*.

Le passé indéfini prend le présent de l'indicatif de ces verbes :

J'ai chanté, *Je suis venu.*

Le passé antérieur prend le passé défini :

J'eus chanté, *Je fus venu.*

Le plus-que-parfait prend l'imparfait de l'indicatif :

J'avais chanté, *J'étais venu.*

Le futur antérieur prend le futur absolu :

J'aurai chanté, *Je serai venu.*

Le conditionnel passé prend le présent du conditionnel :

J'aurais chanté, *Je serais venu.*

Le second conditionnel passé prend l'imparfait du subjonctif :

J'eusse chanté, *Je fusse venu.*

Le passé du subjonctif prend le présent du subjonctif :

Que j'aie chanté, *Que je sois venu.*

Le plus-que-parfait prend l'imparfait du subjonctif :

Que j'eusse chanté, *Que je fusse venu.*

Le passé de l'infinitif prend le présent de l'infinitif :

Avoir chanté, *Être venu.*

Au participe passé de l'infinitif on ajoute le participe présent :

Ayant chanté, *Étant venu.*

Verbes irréguliers.

Les verbes *irréguliers* ou *anomaux* sont ceux auxquels les terminaisons du verbe qui leur sert de modèle ne conviennent point dans tous les temps primitifs ou dans tous les temps dérivés.

Les irrégularités ne peuvent exister que dans les temps simples.

Verbes défectifs.

On appelle verbes *defectifs*, ceux auxquels il manque certains temps ou certaines personnes que l'usage n'admet point. Tel est le verbe *choir* qui n'est usité qu'au présent de l'infinitif et au participe passé. Le verbe *dis-*

traire est défectif, parce qu'il n'a pas de passé défini. Les verbes *unipersonnels* sont regardés comme défectifs.

Lorsqu'un temps primitif manque, les temps qui en dérivent manquent également. Ainsi *distraire* qui n'a point de passé défini, n'a pas non plus d'imparfait du subjonctif. Il y a quelques exceptions : *Falloir* n'a pas de participe présent ; cependant il est employé à l'imparfait de l'indicatif et au présent du subjonctif : il *fallait*, qu'il *faille*.

Exercice sur la formation des temps des verbes.

INDICATIF.

PRÉSENT.

(*Temps primitif au singulier : il sert à former l'impératif par la suppression des pronoms* je, nous, vous.)

J'instruis.
Tu instruis.
Il *ou* elle instruit.

(*Temps dérivé au pluriel : il se forme du participe présent en changeant* ant *en* ons, ez, ent.)

Nous instruisons.
Vous instruisez.
Ils *ou* elles instruisent.

IMPARFAIT.

(*Temps dérivé, qui se forme du participe présent en changeant* ant *en* ais.)

J'instruisais.
Tu instruisais.
Il *ou* elle instruisait.
Nous instruisions.
Vous instruisiez.
Ils *ou* elles instruisaient.

PASSÉ DÉFINI.

(*Temps primitif, qui sert à former l'imparfait du subjonctif, en changeant* ai *en* asse, *pour la première conjugaison, et en ajoutant* se *pour les trois autres.*)

J'instruisis.
Tu instruisis.
Il *ou* elle instruisit.
Nous instruisîmes.
Vous instruisîtes.
Ils *ou* elles instruisirent.

PASSÉ INDÉFINI.

(*Temps composé, qui se forme du participe passé du verbe que l'on conjugue, et du présent de l'indicatif du verbe* avoir *ou du verbe* être.

J'ai
Tu as
Il *ou* elle a
Nous avons
Vous avez
Ils *ou* elles ont } instruit.

PASSÉ ANTÉRIEUR.

(*Temps composé, qui se forme du participe passé du verbe que l'on conjugue, et du passé défini du verbe* avoir *ou du verbe* être.)

J'eus
Tu eus
Il *ou* elle eut
Nous eûmes
Vous eûtes
Ils *ou* elles eurent } instruit.

PLUS-QUE-PARFAIT.

(*Temps composé, qui se forme du participe passé du verbe que l'on conjugue et de l'imparfait de l'indicatif du verbe* avoir *ou du verbe* être.)

J'avais
Tu avais
Il *ou* elle avait
Nous avions
Vous aviez
Ils *ou* elles avaient } instruit.

FUTUR.

(*Temps dérivé, qui se forme du présent de l'infinitif par le changement de* r, re, *ou* oir en rai.)

J'instruirai.
Tu instruiras.
Il *ou* elle instruira.
Nous instruirons.
Vous instruirez.
Ils *ou* elles instruiront.

FUTUR ANTÉRIEUR.

(*Temps composé, qui se forme du participe passé du verbe que l'on conjugue et du futur du verbe* avoir *ou du verbe* être.)

J'aurai
Tu auras
Il *ou* elle aura
Nous aurons
Vous aurez
Ils *ou* elles auront } instruit.

CONDITIONNEL.

PRÉSENT.

(*Temps dérivé, qui se forme du présent de l'infinitif par le changement de* r, re, *ou* oir *en* rais.)

J'instruirais.
Tu instruirais.
Il *ou* elle instruirait.
Nous instruirions.
Vous instruiriez.
Ils *ou* elles instruiraient.

PASSÉ.

(*Temps composé, qui se forme du participe passé du verbe que l'on conjugue et du conditionnel présent du verbe* avoir *ou du verbe* être.)

J'aurais
Tu aurais
Il *ou* elle aurait
Nous aurions
Vous auriez
Ils *ou* elles auraient } instruit.

SECOND CONDITIONNEL PASSÉ.

(*Temps composé, qui se forme du participe passé du verbe que l'on conjugue et de l'imparfait du subjonctif du verbe* avoir *ou du verbe* être.)

J'eusse
Tu eusses
Il *ou* elle eût
Nous eussions
Vous eussiez
Ils *ou* elles eussent
} instruit.

IMPÉRATIF.

(*Point de première personne du singulier ni de troisième pour les deux nombres.*)

(*Temps dérivé, qui se forme du présent de l'indicatif par la suppression des pronoms* je, nous, vous.)

Instruis.
Instruisons.
Instruisez.

SUBJONCTIF.

PRÉSENT OU FUTUR.

(*Temps dérivé, qui se forme du participe présent en changeant* ant *en un* e *muet.*)

Que j'instruise.
Que tu instruises.
Qu'il *ou* qu'elle instruise.
Que nous instruisions.
Que vous instruisiez.
Qu'ils *ou* qu'elles instruisent.

IMPARFAIT.

(*Temps dérivé, qui se forme du passé défini en changeant* ai *en* asse *pour la première conjugaison, et en ajoutant* se *pour les trois autres.*)

Que j'instruisisse.
Que tu instruisisses.
Qu'il *ou* qu'elle instruisît.
Que nous instruisissions.
Que vous instruisissiez.
Qu'ils *ou* qu'elles instruisissent.

PASSÉ.

(*Temps composé, qui se forme du participe passé du verbe que l'on conjugue et du présent du subjonctif du verbe* avoir *ou du verbe* être.)

Que j'aie
Que tu aies
Qu'il *ou* qu'elle ait
Que nous ayons
Que vous ayez
Qu'ils *ou* qu'elles aient
} instruit.

PLUS-QUE-PARFAIT.

(*Temps composé, qui se forme du participe passé du verbe que l'on conjugue et de l'imparfait du subjonctif du verbe* avoir *ou du verbe* être.)

Que j'eusse
Que tu eusses
Qu'il *ou* qu'elle eût
Que nous eussions
Que vous eussiez
Qu'ils *ou* quelles eussent
} instruit.

INFINITIF.

PRÉSENT.

(*Temps primitif, qui sert à former le futur par le changement de* r, re, *ou* oir *en* rai, *et le conditionnel par le changement* de r, re *ou* oir *en* rais.)

Instruire.

PASSÉ.

(*Temps composé, qui se forme du participe passé du verbe que l'on conjugue et du présent de l'infinitif du verbe* avoir *ou du verbe* être.)

Avoir instruit.

PARTICIPE.

PRÉSENT.

(*Temps primitif, qui sert à former l'imparfait de l'indicaitf par le changement de* ant *en* ais, *le présent du subjonctif par le changement de* ant *en un* e *muet, et les trois personnes plurielles du présent de l'indicatif par le changement de* ant *en* ons, ez, ent.)

Instruisant.

PASSÉ.

(*Temps primitif, qui sert à former tous les temps composés.*)

Instruit, instruite, ayant instruit.

TEMPS PRIMITIFS

DES VERBES IRRÉGULIERS.

PRÉSENT de L'INFINITIF.	PARTICIPE PRÉSENT.	PARTICIPE PASSÉ.	PRÉSENT de L'INDICATIF.	PASSÉ DÉFINI.
PREMIÈRE CONJUGAISON.				
Aller.	Allant.	Allé.	Je vais.	J'allai.
Envoyer	Envoyant.	Envoyé.	J'envoie.	J'envoyai.
SECONDE CONJUGAISON.				
Acquérir.	Acquérant.	Acquis.	J'acquiers.	J'acquis.
Bouillir.	Bouillant.	Bouilli.	Je bous.	Je bouillis.
Courir.	Courant.	Couru.	Je cours.	Je courus.
Cueillir.	Cueillant.	Cueilli.	Je cueille.	Je cueillis.
Dormir.	Dormant.	Dormi.	Je dors.	Je dormis.
Faillir.	Faillant.	Failli.	Je faux.	Je faillis.
Fuir.	Fuyant.	Fui.	Je fuis.	Je fuis.
Mentir.	Mentant.	Menti.	Je mens.	Je mentis.
Mourir.	Mourant.	Mort.	Je meurs.	Je mourus.
Offrir.	Offrant.	Offert.	J'offre.	J'offris.
Ouvrir.	Ouvrant.	Ouvert.	J'ouvre.	J'ouvris.
Partir.	Partant.	Parti.	Je pars.	Je partis.
Sentir.	Sentant.	Senti.	Je sens.	Je sentis.
Sortir.	Sortant.	Sorti.	Je sors.	Je sortis.
Tenir.	Tenant.	Tenu.	Je tiens.	Je tins.
Tressaillir.	Tressaillant.	Tressailli.	Je tressaille.	Je tressaillis.
Venir.	Venant.	Venu.	Je viens.	Je vins.
Vêtir.	Vêtant.	Vêtu.	Je vêts.	Je vêtis.
TROISIÈME CONJUGAISON.				
Choir.				
Déchoir.		Déchu.	Je déchois.	Je déchus.
Échoir.	Échéant.	Échu.	Il échoit.	J'échus.
Falloir.		Fallu.	Il faut.	Il fallut.
Mouvoir.	Mouvant.	Mû.	Je meus.	Je mus.
Pleuvoir.	Pleuvant.	Plu.	Il pleut.	Il plut.
Pourvoir.	Pourvoyant.	Pourvu.	Je pourvois.	Je pourvus.
Pouvoir.	Pouvant.	Pu.	Je puis.	Je pus.
Savoir.	Sachant.	Su.	Je sais.	Je sus.
S'asseoir.	S'asseyant.	Assis.	Je m'assieds.	Je m'assis.
Surseoir.		Sursis.	Je surseois.	Je sursis.
Valoir.	Valant.	Valu.	Je vaux.	Je valus.
Voir.	Voyant.	Vu.	Je vois.	Je vis.
Vouloir.	Voulant.	Voulu.	Je veux.	Je voulus.

QUATRIÈME CONJUGAISON.

PRÉSENT de L'INFINITIF.	PARTICIPE PRÉSENT.	PARTICIPE PASSÉ.	PRÉSENT de L'INDICATIF.	PASSÉ DÉFINI.
Absoudre.	Absolvant.	Absous, te.	J'absous.	
Battre.	Battant.	Battu.	Je bats.	Je battis.
Boire.	Buvant.	Bu.	Je bois.	Je bus.
Braire.			Il brait.	
Bruire.	Bruyant.			
Circoncire.	Circoncisant.	Circoncis.	Je circoncis.	Je circoncis.
Clore, clorre		Clos.	Je clos.	
Conclure.	Concluant.	Conclu.	Je conclus.	Je conclus.
Confire.	Confisant.	Confit.	Je confis.	Je confis.
Coudre.	Cousant.	Cousu.	Je couds.	Je cousis.
Croire.	Croyant.	Cru.	Je crois.	Je crus.
Croître.	Croissant.	Crû.	Je croîs.	Je crus.
Dire.	Disant.	Dit.	Je dis.	Je dis.
Éclore.		Éclos.	Il éclot.	
Écrire.	Écrivant.	Écrit.	J'écris.	J'écrivis.
Exclure.	Excluant.	Exclu.	J'exclus.	J'exclus.
Faire.	Faisant.	Fait.	Je fais.	Je fis.
Joindre.	Joignant.	Joint.	Je joins.	Je joignis.
Lire.	Lisant.	Lu.	Je lis.	Je lus.
Luire.	Luisant.	Lui.	Je luis.	
Maudire.	Maudissant.	Maudit.	Je maudis.	Je maudis.
Mettre.	Mettant.	Mis.	Je mets.	Je mis.
Moudre.	Moulant.	Moulu.	Je mouds.	Je moulus.
Naître.	Naissant.	Né.	Je nais.	Je naquis.
Nuire.	Nuisant.	Nui.	Je nuis.	Je nuisis.
Prendre.	Prenant.	Pris.	Je prends.	Je pris.
Répondre.	Répondant.	Répondu.	Je réponds.	Je répondis.
Résoudre.	Résolvant.	Résolu, résous	Je résous.	Je résolus.
Rire.	Riant.	Ri.	Je ris.	Je ris.
Rompre.	Rompant.	Rompu.	Je romps.	Je rompis.
Suffire.	Suffisant.	Suffi.	Je suffis.	Je suffis.
Suivre.	Suivant.	Suivi.	Je suis.	Je suivis.
Traire.	Trayant.	Trait.	Je trais.	
Vaincre.	Vainquant.	Vaincu.	Je vaincs.	Je vainquis.
Vivre.	Vivant.	Vécu.	Je vis.	Je vécus.

Nous ne marquons pas les verbes *composés*, parce qu'ils suivent la conjugaison de leurs *simples*; par exemple, les composés *promettre*, *admettre*, etc., se conjuguent comme le verbe simple *mettre*. Au moyen de cette table et des règles que nous avons données sur la formation des temps, il n'y a point de verbe qu'on ne puisse conjuguer.

VEBBES PASSIFS.

Il n'y a qu'une seule conjugaison pour tous les verbes passifs ; elle se fait avec l'auxiliaire *être* dans tous ses temps, et le participe passé du verbe qu'on veut conjuguer.

Conjugaison des verbes passifs.

INDICATIF.

PRÉSENT.

Je suis Tu es Il *ou* elle est	aimé *ou* aimée.
Nous sommes Vous êtes Ils *ou* elles sont	aimés *ou* aimées.

IMPARFAIT.

J'étais Tu étais Il *ou* elle était	aimé *ou* aimée.
Nous étions Vous étiez Ils *ou* elles étaient	aimés *ou* aimées.

PASSÉ DÉFINI.

Je fus Tu fus Il *ou* elle fut	aimé *ou* aimée.
Nous fûmes Vous fûtes Ils *ou* elles furent	aimés *ou* aimées.

PASSÉ INDÉFINI.

J'ai été Tu as été Il *ou* elle a été	aimé *ou* aimée.
Nous avons été Vous avez été Ils *ou* elles ont été	aimés *ou* aimées.

PASSÉ ANTÉRIEUR.

J'eus été Tu eus été Il *ou* elle eut été	aimé *ou* aimée.
Nous eûmes été Vous eûtes été Ils *ou* elles eurent été.	aimés *ou* aimées.

PLUS-QUE-PARFAIT.

J'avais été Tu avais été Il *ou* elle avait été	aimé *ou* aimée.
Nous avions été Vous aviez été Ils *ou* elles avaient été.	aimés *ou* aimées.

FUTUR.

Je serai Tu seras Il *ou* elle sera	aimé *ou* aimée.
Nous serons Vous serez Ils *ou* elles seront	aimés *ou* aimées.

FUTUR ANTÉRIEUR.

J'aurai été Tu auras été Il *ou* elle aura été	aimé *ou* aimée.
Nous aurons été Vous aurez été Ils *ou* elles auront été.	aimés *ou* aimées.

CONDITIONNEL.

PRÉSENT.

Je serais Tu serais Il *ou* elle serait	aimé *ou* aimée.
Nous serions Vous seriez Ils *ou* elles seraient	aimés *ou* aimées.

PASSÉ.

J'aurais été Tu aurais été Il *ou* elle aurait été	aimé *ou* aimée.
Nous aurions été Vous auriez été Ils *ou* elles auraient été	aimés *ou* aimées.

SECOND CONDITIONNEL PASSÉ.

J'eusse été Tu eusses été Il *ou* elle eût été	aimé *ou* aimée.
Nous eussions été Vous eussiez été Ils *ou* elles eussent été	aimés *ou* aimées.

IMPÉRATIF.

(*Point de première personne du sing. ni de troisième pour les deux nombres.*)

Sois	aimé *ou* aimée.
Soyons Soyez	aimés *ou* aimées.

SUBJONCTIF.

PRÉSENT OU FUTUR.

Que je sois Que tu sois Qu'il *ou* qu'elle soit	aimé ou aimée.
Que nous soyons Que vous soyez Qu'ils *ou* qu'elles soient	aimés *ou* aimées.

IMPARFAIT.

Que je fusse Que tu fusses Qu'il *ou* qu'elle fût	aimé *ou* aimée.
Que nous fussions Que vous fussiez Qu'ils *ou* qu'elles fussent	aimés *ou* aimées.

PASSÉ.

Que j'aie été Que tu aies été Qu'il *ou* qu'elle ait été	aimé *ou* aimée.
Que nous ayons été Que vous ayez été Qu'ils *ou* qu'elles aient été	aimés *ou* aimées.

PLUS-QUE-PARFAIT.

Que j'eusse été Que tu eusses été Qu'il *ou* qu'elle eût été	aimé *ou* aimée.
Que nous eussions été Que vous eussiez été Qu'ils *ou* qu'elles eussent été	aimés *ou* aimées.

INFINITIF.

PRÉSENT.

Être aimé *ou* aimée.

PASSÉ.

Avoir été aimé *ou* aimée.

PARTICIPE.

PRÉSENT.

Étant aimé *ou* aimee.

PASSÉ.

Ayant été aimé *ou* aimée.

Ainsi se conjuguent *être béni*, *être aperçu*, *être répandu*, etc.

VERBES NEUTRES ou INTRANSITIFS.

La plupart des verbes neutres ou intransitifs se conjuguent, comme les verbes transitifs, avec l'auxiliaire *avoir : je dors, j'ai dormi, j'avais dormi, j'aurais dormi*, etc.

Mais il y a des verbes intransitifs qui se conjuguent, dans leurs temps composés, avec l'auxiliaire *être* : comme, *venir*, *arriver*, *tomber*, etc.

Conjugaison des Verbes neutres ou *intransitifs qui prennent l'auxiliaire* être.

INDICATIF.

PRÉSENT.

Je sors.
Tu sors.
Il *ou* elle sort.
Nous sort *ons*.
Vous sort *ez*.
Ils *ou* elles sort *ent*.

IMPARFAIT.

Je sort *ais*.
Tu sort *ais*.
Il *ou* elle sort *ait*.
Nous sort *ions*.
Vous sort *iez*.
Ils *ou* elles sort *aient*.

PASSÉ DÉFINI.

Je sort *is*.
Tu sort *is*.
Il *ou* elle sort *it*.
Nous sort *îmes*.
Vous sort *îtes*.
Ils *ou* elles sort *irent*.

PASSÉ INDÉFINI.

Je suis / Tu es / Il *ou* elle est } sorti *ou* sortie.
Nous sommes / Vous êtes / Ils *ou* elles sont } sortis *ou* sorties

PASSÉ ANTÉRIEUR.

Je fus / Tu fus / Il *ou* elle fut } sorti *ou* sortie.
Nous fûmes / Vous fûtes / Ils *ou* elles furent } sortis *ou* sorties

PLUS-QUE-PARFAIT.

J'étais / Tu étais / Il *ou* elle était } sorti *ou* sortie

Nous étions Vous étiez Ils *ou* elles étaient	sortis *ou* sorties.

FUTUR.

Je sorti *rai*.
Tu sorti *ras*.
Il *ou* elle sorti *ra*.
Nous sorti *rons*.
Vous sorti *rez*.
Ils *ou* elles sorti *ront*.

FUTUR ANTÉRIEUR

Je serai Tu seras Il *ou* elle sera	sorti *ou* sortie.
Nous serons Vous serez Ils *ou* elles seront	sortis *ou* sorties.

CONDITIONNEL.

PRÉSENT.

Je sorti *rais*.
Tu sorti *rais*.
Il *ou* elle sorti *rait*.
Nous sorti *rions*.
Vous sorti *riez*.
Ils *ou* elles sorti *raient*.

PASSÉ.

Je serais Tu serais Il *ou* elle serait	sorti *ou* sortie.
Nous serions Vous seriez Ils *ou* elles seraient	sortis *ou* sorties.

SECOND CONDITIONNEL PASSÉ.

Je fusse Tu fusses Il *ou* elle fût	sorti *ou* sortie.
Nous fussions Vous fussiez Ils *ou* elles fussent	sortis *ou* sorties.

IMPÉRATIF.

(Point de première personne du sing. ni de troisième pour les deux nombres.)

Sors.
Sort *ons*.
Sort *ez*.

SUBJONCTIF.

PRÉSENT OU FUTUR.

Que je sort *e*.
Que tu sort *es*.
Qu'il *ou* qu'elle sort *e*.
Que nous sort *ions*.
Que vous sort *iez*.
Qu'ils *ou* qu'elles sort *ent*.

IMPARFAIT.

Que je sort *isse*.
Que tu sort *isses*.
Qu'il *ou* qu'elle sort *ît*.
Que nous sort *issions*.
Que vous sort *issiez*.
Qu'ils *ou* qu'elles sort *issent*.

PASSÉ.

Que je sois Que tu sois Qu'il *ou* qu'elle soit	sorti *ou* sortie.
Que nous soyons Que vous soyez Qu'ils *ou* qu'elles soient.	sortis *ou* sorties.

PLUS-QUE-PARFAIT.

Que je fusse Que tu fusses Qu'il *ou* qu'elle fût	sorti *ou* sortie.
Que nous fussions Que vous fussiez Qu'ils *ou* qu'elles fussent.	sortis *ou* sorties.

INFINITIF.	PARTICIPE.
PRÉSENT.	PRÉSENT.
Sortir.	Sort *ant*.
PASSÉ.	PASSÉ.
Être sorti *ou* sortie.	Sorti, sortie, étant sorti.

Conjuguez de même les verbes *aller*, *arriver*, *mourir*, *naître*, *partir*, *rester*, *venir* et ses composés, *devenir*, *survenir*, *revenir*, *parvenir*, etc.

VERBES PRONOMINAUX.

Les verbes pronominaux se conjuguent, dans tous leurs temps, avec deux pronoms de la même personne.

Ils prennent, dans leurs temps composés, l'auxiliaire *être* au lieu de l'auxiliaire *avoir* : *Je me suis conduit*, *nous nous sommes flattés*, signifient *j'ai conduit moi*, *nous avons flatté nous*. L'action qu'ils expriment étant, ainsi que nous l'avons déjà remarqué, la même que celle des verbes *actifs* ou des verbes *neutres*, ils auraient dû prendre le même auxiliaire que ces derniers. C'est par *euphonie* que l'on a substitué le verbe *être* au verbe *avoir*.

Conjugaison des verbes pronominaux.

INDICATIF.	
PRÉSENT.	IMPARFAIT.
Je me conduis.	Je me conduisais.
Tu te conduis.	Tu te conduisais.
Il *ou* elle se conduit.	Il *ou* elle se conduisait.
Nous nous conduisons.	Nous nous conduisions.
Vous vous conduisez.	Vous vous conduisiez.
Ils *ou* elles se conduisent.	Ils *ou* elles se conduisaient.

PASSÉ DÉFINI.

Je me conduisis.
Tu te conduisis.
Il *ou* elle se conduisit.
Nous nous conduisîmes.
Vous vous conduisîtes.
Ils *ou* elles se conduisirent.

PASSÉ INDÉFINI.

Je me suis	conduit
Tu t'es	*ou*
Il *ou* elle s'est	conduite.
Nous nous sommes	conduits
Vous vous êtes	*ou*
Ils *ou* elles se sont	conduites.

PASSÉ ANTÉRIEUR.

Je me fus	conduit
Tu te fus	*ou*
Il *ou* elle se fut	conduite.
Nous nous fûmes	
Vous vous fûtes	conduits
Ils *ou* elles se furent	*ou* conduites.

PLUS-QUE-PARFAIT.

Je m'étais	conduit
Tu t'étais	*ou*
Il *ou* elle s'était	conduite.
Nous nous étions	
Vous vous étiez	conduits
Ils *ou* elles s'étaient	*ou* conduites.

FUTUR.

Je me conduirai.
Tu te conduiras.
Il *ou* elle se conduira.
Nous nous conduirons.
Vous vous conduirez.
Ils *ou* elles se conduiront.

FUTUR ANTÉRIEUR.

Je me serai	conduit
Tu te seras	*ou*
Il *ou* elle se sera	conduite.
Nous nous serons	conduits
Vous vous serez	*ou*
Ils *ou* elles se seront	conduites.

CONDITIONNEL.

PRÉSENT.

Je me conduirais.
Tu te conduirais.
Il *ou* elle se conduirait.
Nous nous conduirions.
Vous vous conduiriez.
Ils *ou* elles se conduiraient.

PASSÉ.

Je me serais	conduit
Tu te serais	*ou*
Il *ou* elle se serait	conduite.
Nous nous serions	conduits
Vous vous seriez	*ou*
Ils *ou* elles se seraient	conduites.

SECOND CONDITIONNEL PASSÉ.

Je me fusse	conduit
Tu te fusses	*ou*
Il *ou* elle se fût	conduite.
Nous nous fussions	conduits
Vous vous fussiez	*ou*
Ils *ou* elles se fussent.	conduites.

IMPÉRATIF.

(*Point de première personne du sing. ni de troisième pour les deux nombres.*)

Conduis-toi.
Conduisons-nous.
Conduisez-vous.

SUBJONCTIF.

PRÉSENT OU FUTUR.

Que je me conduise.
Que tu te conduises.
Qu'il *ou* qu'elle se conduise.
Que nous nous conduisions.
Que vous vous conduisiez.
Qu'ils *ou* qu'elles se conduisent.

IMPARFAIT.

Que je me conduisisse.
Que tu te conduisisses.
Qu'il *ou* qu'elle se conduisît.
Que nous nous conduisissions.
Que vous vous conduisissiez.
Qu'ils *ou* qu'elles se conduisissent.

PASSÉ.

Que je me sois
Que tu te sois
Qu'il *ou* qu'elle se soit
} conduit *ou* conduite.

Que nous nous soyons
Que vous vous soyez
Qu'ils *ou* qu'elles se soient
} conduits *ou* conduites.

PLUS-QUE-PARFAIT.

Que je me fusse
Que tu te fusses
Qu'il *ou* qu'elle se fût
} conduit *ou* conduite.

Que nous nous fussions
Que vous vous fussiez
Qu'ils *ou* qu'elles se fussent
} conduits *ou* conduites.

INFINITIF.

PRÉSENT.

Se conduire.

PASSÉ.

S'être conduit *ou* conduite.

PARTICIPE.

PRÉSENT.

Se conduisant.

PASSÉ.

Conduit, s'étant conduit *ou* conduite.

Conjuguez de même, *s'écrier*, *s'apitoyer*, *s'en aller*, *se repentir*, *s'abstenir*, *s'enorgueillir*, *s'asseoir*, *se taire*, *se déplaire*.

Dans la conjugaison du verbe *s'en aller*, il faut toujours placer le mot *en* avant le verbe *être*, dans tous les temps qui admettent ce verbe auxiliaire. Ainsi dites : *je m'*en *suis allé*, *je m'*en *étais allé*, *s'*en *étant allé*, etc.

VERBES UNIPERSONNELS.

Le verbe *unipersonnel* se conjugue comme les autres verbes, excepté qu'il n'a que la 3e personne du singulier.

Conjugaison des verbes unipersonnels.

INDICATIF.

PRÉSENT.

Il faut.

IMPARFAIT.

Il fallait.

PASSÉ DÉFINI.

Il fallut.

PASSÉ INDÉFINI.

Il a fallu.

PASSÉ ANTÉRIEUR.

Il eut fallu.

PLUS-QUE-PARFAIT.

Il avait fallu.

FUTUR.

Il faudra.

FUTUR ANTÉRIEUR.

Il aura fallu.

CONDITIONNEL.

PRÉSENT.

Il faudrait.

PASSÉ.

Il aurait fallu.

SECOND CONDITIONNEL PASSÉ.

Il eût fallu.

SUBJONCTIF.

PRÉSENT OU FUTUR.

Qu'il faille.

IMPARFAIT.

Qu'il fallût.

PASSÉ.

Qu'il ait fallu.

PLUS-QUE-PARFAIT.

Qu'il eût fallu.

INFINITIF.

PRÉSENT.

Falloir.

PARTICIPE.

PASSÉ.

Ayant fallu.

Première remarque. Plusieurs verbes s'emploient quelquefois *unipersonnellement.* Ainsi, le verbe *avoir* est employé unipersonnellement dans cette phrase : *Il y a bien loin d'ici là*; et le verbe *arriver*, dans cette autre : *Il arrive souvent que.*

Deuxième remarque. Le mot *il* ne marque un verbe *unipersonnel* que lorsqu'on ne peut pas mettre un nom à sa place; car lorsqu'en parlant d'un enfant, on dit, *il joue*, ce n'est pas un unipersonnel, parce qu'à la place du mot *il* on peut mettre *l'enfant*, et dire : *l'enfant joue*

VERBES CONJUGUÉS INTERROGATIVEMENT.

Les verbes se conjuguent interrogativement en plaçant le pronom sujet après le verbe, et en l'y joignant par un trait d'union. Dans les temps composés on met le trait d'union entre l'auxiliaire et le sujet. Tous les temps n'admettent pas la forme interrogative; tels sont : *l'impératif*, les temps du *subjonctif* et ceux de *l'infinitif*.

INDICATIF. PRÉSENT.

Verbe actif.	*Verbe passif.*	*Verbe neutre.*	*Verbe pronominal.*	*Verbe unipersonnel.*
Chanté-je?	Suis-je	Péris-je?	Me vois-je?	
Chantes-tu?	Es-tu	Péris-tu?	Te vois-tu?	
Chante-t-il?	Est-il aimé?	Périt-il?	Se voit-il?	Faut-il?
Chantons-nous?	Sommes-nous	Périssons-nous?	Nous voyons-nous?	
Chantez-vous?	Êtes-vous	Périssez-vous?	Vous voyez-vous?	
Chantent-ils?	Sont-ils aimés?	Périssent-ils?	Se voient-ils?	

IMPARFAIT.

Verbe actif.	*Verbe passif.*	*Verbe neutre.*	*Verbe pronominal.*	*Verbe unipersonnel.*
Chantais-je?	Étais-je	Périssais-je?	Me voyais-je?	
Chantais-tu?	Étais-tu	Périssais-tu?	Te voyais-tu?	
Chantait-il?	Était-il aimé?	Périssait-il?	Se voyait-il?	Fallait-il?
Chantions-nous?	Étions-nous	Périssions-nous?	Nous voyions-nous?	
Chantiez-vous?	Étiez-vous	Périssiez-vous?	Vous voyiez-vous?	
Chantaient-ils?	Étaient-ils aimés?	Périssaient-ils?	Se voyaient-ils?	

PASSÉ DÉFINI.

Chantai-je?	Fus-je	Péris-je?	Me vis-je?	
Chantas-tu?	Fus-tu	Péris-tu?	Te vis-tu?	
Chanta-t-il?	Fut-il aimé?	Périt-il?	Se vit-il?	Fallut-il?
Chantâmes-nous?	Fûmes-nous	Pérîmes-nous?	Nous vîmes-nous?	
Chantâtes-vous?	Fûtes-vous	Pérîtes-vous?	Vous vîtes-vous?	
Chantèrent-ils?	Furent-ils aimés?	Périrent-ils?	Se virent ils?	

PASSÉ INDÉFINI.

Ai-je	Ai-je été	Ai-je	Me suis-je	
As-tu	As-tu été	As-tu	T'es-tu	
A-t-il	A-t-il été aimé?	A-t-il	S'est-il vu?	A-t-il fallu?
Avons-nous chanté?	Avons-nous été	Avons-nous péri?	Nous sommes-nous	
Avez-vous	Avez-vous été	Avez-vous	Vous êtes-vous	
Ont-ils	Ont-ils été aimés?	Ont-ils	Se sont-ils vus?	

PASSÉ ANTÉRIEUR.

Eus-je	Eus-je été	Eus-je	Me fus-je	
Eus-tu	Eus-tu été	Eus-tu	Te fus-tu	
Eut-il	Eut-il été aimé?	Eut-il	Se fut-il vu?	Eut-il fallu?
Eûmes nous chanté?	Eûmes-nous été	Eûmes-nous péri?	Nous fûmes-nous	
Eûtes-vous	Eûtes-vous été	Eûtes-vous	Vous fûtes-vous	
Eurent-ils	Eurent-ils été aimés?	Eurent-ils	Se furent-ils vus?	

PLUS-QUE-PARFAIT.

Avais-je	Avais-je été	Avais-je	M'étais-je	
Avais-tu	Avais-tu été	Avais-tu	T'étais-tu	
Avait-il	Avait-il été aimé?	Avait-il	S'était-il vu?	Avait-il fallu?
Avions-nous chanté?	Avions-nous été	Avions-nous péri?	Nous étions-nous	
Aviez-vous	Aviez-vous été	Aviez-vous	Vous étiez-vous	
Avaient-ils	Avaient-ils été aimés?	Avaient-ils	S'étaient-ils vus?	

FUTUR.

Chanterai-je?	Serai-je	Périrai-je?	Me verrai-je?	
Chanteras-tu?	Seras-tu	Périras-tu?	Te verras-tu?	
Chantera-t-il?	Sera-t-il aimé?	Périra-t-il?	Se verra-t-il?	Faudra-t-il?
Chanterons-nous?	Serons-nous	Périrons-nous?	Nous verrons-nous?	
Chanterez-vous?	Serez-vous	Périrez-vous?	Vous verrez-vous?	
Chanteront-ils?	Seront-ils aimés?	Périront-ils?	Se verront-ils?	

FUTUR ANTÉRIEUR.

Aurai-je	Aurai-je été	Aurai-je	Me serai-je	
Auras-tu	Auras-tu été	Auras-tu	Te seras-tu	
Aura-t-il	Aura-t-il été aimé?	Aura-t-il	Se sera-t-il vu?	Aura-t-il fallu?
Aurons-nous chanté?	Aurons-nous été	Aurons-nous péri?	Nous serons-nous	
Aurez-vous	Aurez-vous été	Aurez-vous	Vous serez-vous	
Auront-ils	Auront-ils été aimés?	Auront-ils	Se seront-ils vus?	

CONDITIONNEL. PRÉSENT.

Chanterais-je?	Serais-je	Périrais-je?	Me verrais-je?	
Chanterais-tu?	Serais-tu	Périrais-tu?	Te verrais-tu?	
Chanterait-il?	Serait-il aimé?	Périrait-il?	Se verrait-il?	Faudrait-il?
Chanterions-nous?	Serions-nous	Péririons-nous?	Nous verrions-nous?	
Chanteriez-vous?	Seriez-vous	Péririez-vous?	Vous verriez-vous?	
Chanteraient-ils?	Seraient-ils aimés?	Périraient-ils?	Se verraient-ils?	

PASSÉ.

Aurais-je	Aurais-je été	Aurais-je	Me serais-je	
Aurais-tu	Aurais-tu été	Aurais-tu	Te serais-tu	
Aurait-il	Aurait-il été aimé?	Aurait-il	Se serait-il vu?	Aurait-il fallu?
Aurions-nous chanté?	Aurions-nous été	Aurions-nous péri?	Nous serions-nous	
Auriez-vous	Auriez-vous été	Auriez-vous	Vous seriez-vous	
Auraient-ils	Auraient-ils été aimés?	Auraient-ils	Se seraient-ils vus?	

SECOND CONDITIONNEL PASSÉ.

Eussé-je	Eussé-je été	Eussé-je	Me fussé-je	
Eusses-tu	Eusses-tu été	Eusses-tu	Te fusses-tu	
Eût-il	Eût-il été aimé?	Eût-il	Se fût-il vu?	Eût-il fallu?
Eussions-nous chanté?	Eussions-nous été	Eussions-nous péri?	Nous fussions-nous	
Eussiez-vous	Eussiez-vous été	Eussiez-vous	Vous fussiez-vous	
Eussent-ils	Eussent-ils été aimés?	Eussent-ils	Se fussent-ils vus?	

L'usage ne permet pas toujours l'interrogation à la première personne du singulier du présent de l'indicatif, pour les verbes qui n'ont qu'une syllabe, à ce temps et à cette personne, parce que la prononciation en serait rude et désagréable. On ne dit pas : *cours-je? sens-je? dors-je?* etc. Il faut prendre un autre tour et dire *est-ce que je cours? est-ce que je sens? est-ce que je dors?*

Lorsque le pronom *je* se trouve après un verbe qui se termine par un *e* muet, ce qui a lieu, à la première personne du singulier du présent de l'indicatif, pour les verbes de la première conjugaison et pour quelques-uns de la seconde; à la première personne du singulier du second conditionnel passé, il faut mettre un accent aigu sur cet *é* et dire : *chanté-je? eussé-je chanté?* — On dit aussi par manière de souhait : *puissé-je?*

Quand le verbe qui précède *il*, *elle*, *on*, finit par une voyelle, on ajoute un *t euphonique*, qu'on met entre deux tirets. Cela arrive :

1° à la troisième personne du singulier du présent de l'indicatif dans les verbes de la première conjugaison et dans quelques-uns de la seconde : *chante-t-il? cueille-t-elle?*

2° à la troisième personne du singulier du passé défini pour les verbes de la première conjugaison : *chanta-t-il?*

3° à la troisième personne du singulier du passé indéfini : *a-t-elle parlé?*

4° à la troisième personne du singulier du futur absolu : *viendra-t-on?*

5° à la troisième personne du singulier du futur antérieur : *aura-t-il écrit?*

Quand on doute si l'on doit écrire *chanté-je* ou *chan-*

tai-je, il faut faire disparaître la forme interrogative. Si l'on amène *je chante*, c'est le présent de l'indicatif; si l'on amène *je chantai*, c'est le passé défini.

Dans les verbes pronominaux, conjugués interrogativement, le premier pronom est le complément du verbe; le second, en est le sujet.

CHAPITRE VI.

LE PARTICIPE.

Le *participe* est un mot qui tient de la nature du verbe et de celle de l'adjectif. Il tient du verbe en ce qu'il en a la signification et le complément, comme dans cette phrase : en *faisant* son devoir, il a *fait* des fautes; il tient de l'adjectif en ce qu'il peut qualifier une personne ou une chose, comme : *vieillard honoré*, *fille adorée*, *enfants charmants*.

Chaque verbe a deux participes, qui se trouvent dans l'infinitif; l'un, qu'on nomme participe *présent*, est toujours terminé en *ant*, comme dans *faisant*, *écrivant*, et toujours invariable, c'est-à-dire, qu'il ne prend ni genre ni nombre, quel que soit le nom auquel il se rapporte; l'autre, qu'on nomme participe *passé* et qui est variable, a plusieurs terminaisons, comme : *chanté*, *uni*, *répondu*, *mis*, *ouvert*, *teint*, *joint*, *mort*, etc. (1).

CHAPITRE VII.

LA PRÉPOSITION.

La préposition est un mot invariable qui sert à marquer un rapport entre deux objets (2).

---

(1) *Participe*, du latin *particeps*, participant, prenant part à, tenant en partie de.

(2) *Préposition*, du latin *præ*, devant, *ponere*, placer, mettre.

Le mot qui suit la préposition en est le complément. Ainsi dans ces phrases : la *puissance de Dieu ; voyager en Russie ; travailler pour vivre ; de, en, pour,* sont des prépositions suivies des compléments *Dieu, Russie vivre*.

La préposition ne signifie rien par elle-même, mais avec son complément, avant lequel elle est toujours placée (1), elle exprime la relation qui existe entre ce complément et ce qui précède. Elle forme avec son complément, un *complément indirect.*

La même préposition s'emploie pour indiquer plusieurs rapports différents. Nous allons donner un tableau des prépositions. Il fera connaître les principaux rapports que chacune d'elles exprime.

Prépositions	RAPPORTS.	EXEMPLES.
À	La place ou le lieu.	Attacher à la muraille; vivre à Paris; aller à Rome.
	Le temps.	Se lever à six heures ; on l'attend à tout moment.
	La matière.	Bâtir à chaux et à ciment; faire brûler à petit feu.
	La manière.	Arracher brin à brin ; prier à mains jointes ; avoir un habit à la mode.
	La cause, le motif.	Dire quelque chose à bonne intention.

(1) Il y a quelques exceptions : les prépositions *après, durant, voici, voilà,* suivent quelquefois leur complément : quelque temps *après*, pour *après quelque temps;* sa vie *durant*, pour *durant sa vie;* le *voici*, pour *voici lui;* la *voilà*, pour *voilà elle*

Prépositions	RAPPORTS.	EXEMPLES.
À	Le but, l'usage, la destination.	Inviter à dîner; moulin à papier ; un sac à ouvrage.
	L'instrument.	Travailler à l'aiguille ; se battre à l'épée.
	La distance.	Il y a cinq cents lieues de Paris à Saint-Pétersbourg.
	La propriété, l'attribution.	Ce livre est à Clémence ; je donnerai un prix à Augustine.
À cause de	Le motif.	À cause de lui ; à cause de cela.
Après	Le lieu	Après ce vestibule est un magnifique salon.
	Le temps.	Après la vocation d'Abraham.
	L'ordre.	Après l'or, l'argent est le plus précieux des métaux.
	Le but.	Il soupire après la retraite.
	L'imitation.	Un tableau d'après Raphaël.
Attendu, vu	La cause.	Attendu son âge ; vu ses grands services.
Auprès de	Le lieu.	Sa maison est auprès de la mienne.
	La comparaison.	La terre n'est qu'un point auprès du reste de l'univers.
Autour de	La situation.	Autour d'une maison ; autour de la table.
Avant	Le temps.	Avant l'ère chrétienne.
	L'ordre.	Il faut mettre ce chapitre avant l'autre.
Avec	L'union.	Il faut s'efforcer de bien vivre avec tout le monde.
	La matière.	Carreler avec de la brique.
	L'instrument.	Écrire avec une plume.

Prépositions	RAPPORTS.	EXEMPLES.
Avec	La manière.	Parler avec justesse; se conduire avec prudence.
	L'opposition.	Il s'est battu avec son rival.
	La différence.	Distinguer l'ami d'avec le flatteur.
Chez	Le lieu.	Être chez un ami.
Contre	L'opposition.	Lutter contre la mauvaise fortune.
	Le lieu.	Être assis contre un arbre.
Dans	Le lieu.	Être dans un jardin.
	Le temps.	Il arrivera dans trois jours.
	L'état, la situation.	Il est dans l'attente, dans la disgrâce, dans la joie.
	Le but.	Il l'a fait dans l'intention de vous plaire.
	La conformité.	Cela est vrai dans les principes d'Aristote.
De	Le lieu.	Venir de Lyon; arriver de Naples.
	Le temps.	Il est parti de jour; il est arrivé de nuit.
	La matière.	Une table de marbre; un trait de courage.
	La propriété ou la relation.	Le livre de Victor; le fils de mon oncle.
	Le sujet.	Parlons de cette affaire.
	La cause, le motif.	Je suis charmé de sa fortune.
De là, au delà, de delà, par delà	Le lieu.	De là les monts; au delà du Rhône; il est de delà les monts; c'est dix lieues par delà Rome.
Depuis	Le temps.	On compte 753 ans depuis la fondation de Rome jusqu'à J.-C.
	Le lieu.	Depuis Paris jusqu'à Orléans.

Prépositions	RAPPORTS.	EXEMPLES.
Depuis	L'ordre.	Tous les auteurs qui ont écrit depuis lui.
Derrière	Le lieu.	Il était assis derrière vous.
Dès	Le lieu.	Rivière navigable dès sa source.
	Le temps.	Dès l'enfance.
Devant	Le lieu.	Regarder devant soi.
	L'ordre.	Il marche devant moi.
	La présence.	Ne dites rien devant lui.
Durant	Le temps.	Durant toute sa vie.
En	Le lieu.	Voyager en Italie.
	Le temps.	En hiver ; il arrivera en huit jours.
	L'état, la maniere d'être.	Être en santé ; une vigne en fleur ; agir en maître.
	Le but, le motif.	Il a eu une pension en considération de ses services ; mettre en dépôt.
	La conformité.	En bonne philosophie, en bonne justice.
En deçà de, par deçà, de deçà	Le lieu.	En deçà de la rivière ; de deçà la rivière ; par deçà la rivière.
Entre	Le lieu.	Étampes est entre Paris et Orléans.
	Le temps.	Entre le printemps et l'automne.
	Le nombre, l'assemblage.	Il a été trouvé entre les morts ; entre toutes les merveilles de la nature.
	L'opposition.	Il y a querelle entre ces deux hommes.
	L'union.	Il n'y a de véritable amitié qu'entre égaux.

Prépositions	RAPPORTS.	EXEMPLES.
Envers, à l'égard de	Le but, l'objet. L'opposition.	Charitable envers les pauvres; à l'égard de ce que vous disiez. Je vous servirai envers et contre tous.
Environ	Le temps. La distance, l'étendue. Le nombre.	Il y a environ dix ans. Il y a environ soixante lieues de Paris à Bruxelles. Il y a environ 300 fr. dans ce sac.
Excepté, hormis, hors	La séparation, l'exclusion.	Il travaille toute la semaine, excepté le dimanche; *hormis* vous et moi; il est hors de danger.
Jusque	Le lieu. Le temps. L'excès.	Depuis Paris jusqu'à Rome. Depuis Pâque jusqu'à la Pentecôte. Il aime jusqu'à ses ennemis.
Loin de	Le lieu. Le temps. L'opposition.	Loin de la ville. Nous sommes encore loin de Noël. Loin de chercher à me plaire, il fait tout ce qui peut m'indisposer contre lui.
Le long de	Le lieu. Le temps.	Tout le long de la prairie. Tout le long de l'année.
Malgré	L'opposition, l'obstacle.	Il est parti malgré la rigueur du temps, malgré moi.
Moyennant, au moyen de	La cause. Le moyen.	J'en viendrai à bout, moyennant la grâce de Dieu; au moyen de la lettre que vous écrivez, nous reussirons.

Prépositions	RAPPORTS.	EXEMPLES.
Nonobstant	L'opposition.	Il s'est opiniâtré nonobstant toutes les remontrances de ses amis.
Outre	Le lieu.	Les pays d'outre-mer.
	L'union.	Outre la somme de 1,000 fr., il a encore reçu une bague.
Par	Le lieu.	Cela se fait par toute la terre.
	Le temps.	Il faut labourer la vigne par le beau temps.
	La cause.	L'église de Sainte-Geneviève a été construite par Soufflot.
	Le motif.	Donner quelque chose par charité.
	Le moyen.	Il a obtenu cela par ses prières.
	La manière.	Faire quelque chose par inadvertance.
	L'ordre.	Commencer par un bout, finir par l'autre.
	La division.	Recevoir une rente par quartiers.
	L'endroit.	Il l'a mené par la main; prenez ce couteau par le manche.
	Le mouvement, le passage.	On passe par Orléans pour venir de Bordeaux à Paris.
Par devers	La possession.	Retenir des papiers par devers soi.
	La citation ou la comparution.	Par-devers moi; se pourvoir par-devers le juge.
Parmi	Le nombre, l'assemblage.	Il se mêla parmi eux; parmi de grandes vertus, il y a souvent quelques défauts.

Prépositions	RAPPORTS.	EXEMPLES.
Pendant	Le temps.	Pendant l'hiver; pendant la guerre.
Pour	Le motif, la fin, la destination.	Dieu a créé toute chose pour sa gloire; il est estimé pour ses bonnes qualités; étudier pour son instruction.
	L'échange.	Il a donné son cheval pour 1,000 fr.
	La substitution.	Jouez pour moi; il a pour lit des planches.
	L'état, la qualité.	Ils l'ont laissé pour mort sur la place; tenez-moi pour un méchant homme, si, etc.
	L'opposition.	La haine qu'il a pour lui.
	Le parti, l'engagement, l'intérêt.	Ce prince s'est déclaré pour l'empereur; tous les honnêtes gens sont pour vous; plaider pour quelqu'un.
Près de	Le lieu.	Être logé près de l'église.
	Le temps.	Il y a près de deux heures.
	Le nombre.	Son armée était de près de 100,000 hommes.
Proche de	Le lieu.	Les maisons qui sont situées proche de la rivière.
Quant à	Séparation, destination.	Je suis prêt quant à ce point-là; quant à lui, il agira bien.
Sans	La séparation, l'exclusion.	C'est un homme sans jugement; les soldats sans leurs officiers.
Sauf	La restriction, l'exception.	Sauf erreur de calcul; il lui a cédé tous ses biens, sauf une terre.
Selon	La conformité.	Selon vos ordres.
	La proportion.	Il sera payé selon qu'il travaillera.

Prépositions	RAPPORTS.	EXEMPLES.
Suivant	La conformité.	Suivant le cours ordinaire de la nature.
Sous	Le lieu.	Mettre un tapis sous les pieds.
	Le temps.	Sous les rois de la première race.
	La dépendance.	Les peuples qui sont sous la domination de ce prince.
Sur	Le lieu.	Les villes qui sont sur la Seine ; avoir son chapeau sur la tête.
	Le temps.	Sur la fin de l'hiver.
	L'instrument.	S'appuyer sur un bâton.
	L'objet, la matière.	Mettre des impositions sur les marchandises ; il travaille sur l'or.
	Le motif.	J'ai fait cela sur votre parole.
Touchant, Concernant.	Le sujet.	Il m'a entretenu touchant vos affaires ; j'ai à vous dire plusieurs choses concernant vos intérêts.
Vers	Le lieu.	L'aiguille de la boussole se tourne toujours vers le nord.
	Le temps.	Vers le milieu du xve siècle.
Vis-à-vis	La situation.	Il demeure vis-à-vis de moi
Voici, voilà	L'indication.	Voici les services que je lui ai rendus ; voilà ma récompense.

Les prépositions sont *simples* ou *composées* ; simples, lorsqu'elles s'expriment en un seul mot, comme, *avec*, *sans*, *par*, *pour*, etc. ; composées, quand elles s'expriment en plusieurs mots, comme, *auprès de*, *au travers de*, *loin de*, etc.

Remarque. — On distingue la préposition *en* du pronom relatif *en*, en ce que la préposition a un complément, comme : *voyager en France, agir en homme sensé*; et que le pronom n'a point de complément et signifie *de lui, d'elle, d'eux, de ceci, de cela : je vous en félicite*, je vous félicite de cela.

CHAPITRE VIII.

L'ADVERBE.

L'adverbe est un mot invariable que l'on joint à un verbe ou à un adjectif pour en exprimer quelque modification, quelque circonstance. Ainsi, quand on dit : *cet enfant parle distinctement*, par ce mot *distinctement* on fait entendre qu'il parle d'une manière plutôt que d'une autre; quand on dit : *cet homme est* médiocrement *riche*, ce mot *médiocrement* modifie l'adjectif *riche*, exprime de quelle manière l'homme dont on parle est riche

Ce mot porte le nom d'*adverbe*, parce que, dans la phrase, il se trouve ordinairement placé auprès du verbe. Il ne peut jamais modifier qu'un adjectif, un verbe, ou bien un autre adverbe (1).

L'adverbe équivaut à une préposition suivie de son complément. Quand on dit : se conduire *sagement*, travailler *constamment*, c'est comme si l'on disait, se conduire *avec sagesse*, travailler *avec constance*. L'adverbe a donc par lui-même un sens complet. Cependant certains adverbes, tels que *antérieurement*, *conformément*, etc., sont quelquefois suivis d'un complément : *ma de-*

(1) *Adverbe*, du latin *ad*, auprès, *verbum*, verbe; auprès du verbe.

mande a été faite antérieurement à la vôtre; il faut vivre conformément à son état.

Il y a plusieurs sortes d'adverbes :

1° Les adverbes de *manière*, c'est-à-dire, qui expriment la manière dont les choses se font ; comme, *sagement, poliment, modestement, inconsidérément*, etc.

2° Les adverbes d'*ordre : Premièrement, secondement, d'abord, ensuite, auparavant.* Exemples : *D'abord* il faut éviter le mal, *ensuite* il faut faire le bien.

3° Les adverbes de *lieu;* comme, *où, ici, ici-bas, là, deçà, au-delà, dessus, partout, auprès, loin, dedans, dehors, ailleurs*, etc. Exemples : *Où* êtes-vous? Je suis *ici*, je vais *là*.

4° Les adverbes de *temps : Hier, avant-hier, aujourd'hui, demain, après-demain, autrefois, tôt, bientôt, tantôt, souvent, toujours, alors, dès lors, jusqu'ici, jusqu'alors, jamais*, etc. Exemple : *Cet enfant joue* toujours *et ne s'applique* jamais.

5° Les adverbes de *quantité : Beaucoup, bien, que, peu, guère, assez, trop, tant, combien, très, même, si*, etc. Exemple : *Il parle* beaucoup *et réfléchit* peu.

6° Les adverbes de *comparaison : plus, moins, aussi, autant*, etc. Exemples : *Plus* sage, *aussi* sage, *moins* sage que vous.

Certains adjectifs sont quelquefois employés comme adverbes. On dit : *chanter* juste, *parler* bas, *voir* clair, *frapper* fort, *rester* court, *sentir* bon, *coûter* cher, etc.

Quelques adverbes deviennent quelquefois substantifs. Exemples : *Je me plains du* trop ; *le* peu *de plaisir que j'y prends ; le* moins *que vous puissiez faire, c'est de l'aller trouver.*

Les adverbes sont *simples* ou *composés*; simples, lorsqu'ils s'expriment en un seul mot, comme, *plus, utile-*

ment, hier; composés, quand ils s'expriment en plusieurs mots, comme, *à contre-sens, à contre-temps, mal à propos, tout à coup, tout d'un coup, coup sur coup, tout à fait, tour à tour, peu à peu, à peu près, de temps en temps, tout à l'heure, sens dessus dessous, sens devant derrière, pêle-mêle, à l'amiable.*

On distingue l'adverbe de lieu *y* du pronom relatif *y*, en ce que l'adverbe signifie *là* et que le pronom relatif est mis pour *à ceci, à cela : J'y vais*, c'est-à-dire, *je vais là ; j'y songerai,* c'est-à-dire, *je songerai à cela.*

La plupart des adjectifs ont chacun leur adverbe, qui se forme : 1° Du masculin, en y ajoutant *ment,* lorsqu'ils se terminent au masculin par une voyelle : *Utile, utilement; vrai, vraiment; ingénu, ingénument; aisé, aisément; poli, poliment.* Mais *impuni fait impunément. Aveuglément* et *opiniâtrément* prennent un accent aigu sur l'avant-dernier *é*.

2° Du féminin, quand l'adjectif se termine au masculin par une consonne : *Doux, douce, doucement; bon, bonne, bonnement; franc, franche, franchement; civil, civile, civilement.* Mais *gentil* fait *gentiment.*

Les adjectifs *lent, lente, présent, présente,* suivent cette règle, et font *lentement, présentement.* Mais les autres adjectifs terminés en *ent* et en *ant,* changent les deux dernières lettres *nt* en *mment : Prudent, prudemment, élégant, élégamment.*

L'adverbe et la préposition diffèrent l'un de l'autre, en ce que la préposition a toujours un complément exprimé ou sous-entendu, et que l'adverbe n'en est pas susceptible. Exemples : *Il est arrivé* avant *moi... Vous creusez trop* avant. Dans la première phrase, *avant* est une préposition suivie de son complément *moi;* dans la seconde, c'est un adverbe de lieu.

CHAPITRE IX.

LA CONJONCTION.

La *conjonction* est un mot *invariable*, qui sert à lier un mot à un autre mot, une proposition à une autre proposition. Par exemple, quand on dit : Je ferai votre bonheur, *si* vous savez en jouir; *si* est une conjonction qui unit la seconde proposition, *vous* savez *en jouir*, avec la première, *je ferai votre bonheur* (1)

L'emploi des conjonctions ne consiste pas seulement à lier; placées entre deux propositions, elles présentent à l'esprit une idée de doute, d'opposition, d'intention, de conclusion, etc. Elles forment plusieurs classes, savoir : les *copulatives*, les *adversatives*, les *disjonctives*, les *explicatives*, les *circonstancielles*, les *conditionnelles*, les *causatives*, les *transitives*.

Les conjonctions *copulatives* sont celles qui ont pour objet l'union des propositions, ou pour affirmer cette union, ou pour la nier, ou pour l'écarter. On comprend dans cette classe : *et*, *que*, *ni*, *aussi*, etc.

Les conjonctions *adversatives* sont celles qui marquent une opposition entre une proposition qui précède et celle qui la suit. Telles sont les conjonctions : *mais*, *quoique*, *encore que*, *bien que*, *néanmoins*, *toutefois*, *cependant*, *pourtant*, etc.

Les conjonctions *disjonctives*, sont celles qui servent à *disjoindre*, à séparer, désunir des propositions incompatibles, entre lesquelles on propose un choix, comme *ou*, *soit*.

Les conjonctions *explicatives* s'emploient pour don-

(1) *Conjonction*, du latin *conjungere*, joindre, unir, mettre ensemble.

ner une *explication* claire et détaillée de l'objet. Les conjonctions suivantes sont de cette espèce : *savoir*, *c'est-à-dire, comme*, etc.

Les conjonctions *circonstancielles* servent de lien à deux propositions dont l'une dépend de l'autre par quelque circonstance de temps ou d'ordre. Telles sont : *lorsque, quand, tandis que, durant que, pendant que, tant que, comme, dès que, avant que, après que, depuis que, jusqu'à ce que*, etc.

Les conjonctions *conditionnelles* expriment la *condition* moyennant laquelle une proposition peut se joindre à une autre; comme : *si, sinon, à moins que, en cas que, pourvu que, à condition que, supposé que, si ce n'est que, sans quoi*, etc.

Les conjonctions *causatives* servent à expliquer la *cause*, le *motif* de quelque chose.

Nous en avons un bon nombre : *car, comme, puisque, vu que, attendu que, parce que, à cause que, d'autant que, dès que, pourquoi, c'est pourquoi, afin de, afin que, de peur que, de crainte que, de sorte que, en sorte que*, etc.

Les conjonctions *transitives* sont celles au moyen desquelles on passe d'une proposition à une autre qui en dépend. Telles sont : *or, donc, par conséquent, en effet, au reste, du reste, à propos, ainsi, aussi, de sorte que, de plus, d'ailleurs, outre que, encore*, etc.

Les conjonctions *déterminatives* sont celles qui lient ensemble deux propositions dont la seconde sert à déterminer le sens de la première, comme dans cette phrase : *Je crois que vous êtes juste*. Nous avons ici deux propositions dont la première, *je crois*, est indéterminée. Qu'est-ce que je *crois?* La seconde proposition répond à cette question, et *détermine* le sens de la précédente.

La conjonction *que* sert à joindre la proposition *déterminative* à la première, et c'est pour cela qu'elle prend aussi le nom de conjonction *déterminative*.

La conjonction copulative *que* est la plus usitée de toutes les conjonctions. On la distingue du pronom relatif *que*, en ce qu'elle ne peut pas se changer en *lequel, laquelle*.

Les conjonctions sont *simples* ou *composées* ; simples, lorsqu'elles s'expriment en un seul mot, comme, *mais, si, ou* ; composées, quand elles s'expriment en plusieurs mots, comme, *tandis que*, *à moins que*, *pourvu que*, etc.

CHAPITRE X.

L'INTERJECTION.

L'*interjection* est un mot invariable qui exprime un mouvement, un sentiment de l'âme, comme, *la joie, la douleur*, *la crainte*, *la surprise*, etc. (1).

Ah ! Bon ! pour marquer la joie.

Aïe ! Ah ! Hélas ! Ouf ! pour marquer la douleur.

Ha ! pour marquer la surprise.

Fi ! Fi donc ! pour marquer l'aversion.

Oh ! Ah ! pour marquer l'admiration.

Holà ! Hé ! pour appeler.

Chut ! Paix ! pour imposer silence.

Hé bien ! pour interroger.

Particules.

On appelle *particules* (petites parties) quelques parties élémentaires qui entrent dans la composition de

(1) *Interjection*, du latin *interjicere*, jeter entre, entremêler. Cette partie du discours est en effet *jetée*, *semée*, pour ainsi dire, avec les autres sans se lier avec aucune.

certains mots, pour y ajouter une idée accessoire. Quelques particules se placent avant les mots, avec lesquels elles demeurent entièrement liées. Telles sont les particules *a*, *en*, *ré* ou *re*, etc., dans la première syllabe des verbes suivants, *a*guerrir, *a*méliorer, *en*courager, *en*dormir, *é*brancher, *é*denter, *ré*former, *re*bâtir, *etc.* D'autres se placent après les mots et s'y joignent entièrement, ou s'y attachent par des tirets. Telles sont les particules démonstratives *là* et *ci*, dans : voi*ci*, voi*là*; ce*ci*, ce*la*; celui-*ci*, celui-*là*; cet homme-*ci*, cet homme-*là*. Quelques-unes s'emploient seules, et sans être attachées à d'autres mots : telle est la particule explétive *y*, dans l'unipersonnel *il y a*, etc.

REMARQUES PARTICULIÈRES

SUR LES LETTRES ET SUR LA PRONONCIATION.

L'articulation de chaque lettre tire son nom de la partie de la voix qui a le plus de part à cette articulation.

Ainsi : B, F, P, V, produits par les lèvres, sont des lettres *labiales* ; D, T, produits par les dents de la mâchoire supérieure, sont des lettres *dentales* ; M, N, produits par le nez, sont des lettres *nasales*; L, Q, R, produits par la langue, sont des lettres *linguales* ; G, H, K, produits par la gorge, sont des lettres *gutturales* ; C, J, S, X, Z, qui ne peuvent être articulés que par le rapprochement de la langue et du palais, sont des lettres *sifflantes*.

Les voyelles n'étant pour ainsi dire que l'effet du souffle, ne donnent pas lieu à l'articulation.

A, première lettre de notre alphabet, et la première des voyelles, ne se prononce pas dans *août*, *aoriste*, *Saône*, *taon*. Il se prononce dans *aoûter* (terme de jardinage)

AI a le son de l'*e* muet dans le participe présent *faisant*, et dans l'imparfait je *faisais*; et celui de l'*a* dans *douairière*.

B est la seconde lettre de l'alphabet et la première des consonnes. On la prononce *bé*, suivant l'appellation ancienne et usuelle, et *be*, suivant la méthode moderne. C'est une lettre *labiale*. Le *b* ne se double en français que dans les mots *abbé*, *rabbin*, *sabbat*, et leurs dérivés.

Il se prononce dans *radoub* et *rumb*.

C est la troisième lettre de l'alphabet et la deuxième des consonnes. On la nomme *cé*, suivant l'appellation ancienne et usuelle, et *ce*, suivant la méthode moderne.

C'est une lettre *sifflante*.

Il se prononce comme le *k* devant *a*, *o*, *u*, *cabinet*, *copie*, *curieux*; mais devant *e* et *i* il se prononce comme l'*s*, *ciment*, *céder*; on le prononce de la même manière devant *a*, *o*, *u*, quand il a une cédille ou petit *c*, au-dessous, comme dans les mots *façade*, *façon*, *reçu*.

Lorsque *c* doit se faire entendre devant une consonne ou à la fin d'un mot, on le prononce comme *k* : *accès*, *Cnéïus*, *crédit*, *trictrac*, *sec*, *bloc*.

Il se prononce d'une manière fortement accentuée à la fin de presque tous les monosyllabes, comme dans *bec*, *choc*, *froc*, *pic*, *roc*, *soc*, etc., et à la fin de quelques polysyllabes, tels que *bissac*, *Enoc*, *arsenic*, *Lamec*, etc

Dans les mots où cette lettre finale est précédée d'une consonne nasale, tels que *banc*, *blanc*, *jonc*, etc., elle ne se prononce pas.

On ne la prononce pas non plus dans *almanach*, *arc-boutant*, *broc*, *clerc*, *cotignac*, *cric*, *croc*, *estomac*, *lacs*, *porc*, *tabac*, *marc* (poids); mais elle sonne dans *échec*, *Marc* (nom d'homme), et dans *croc*, mot du langage familier servant à exprimer le bruit que les choses sèches et dures font sous la dent quand on les mange : *cela fait croc sous la dent*; elle sonne aussi dans *croc-en-jambe*.

Dans les mots *correct*, *exact* et *direct*, on prononce tout à la fois le *c* et le *t*; dans *aspect*, *respect*, *suspect*, on supprime généralement le *t* pour ne faire entendre que le *c*; mais le *c* disparaît aussi dans la prononciation de ces mots, au pluriel.

L'usage avait prescrit autrefois la transformation du *c* en *g* dans les mots *Claude*, *second* et ses dérivés, *secret* et *secrétaire*; mais les personnes qui se piquent de bien parler, ne se sont jamais conformées à cette prononciation, surtout pour le premier et les deux derniers.

C a le son de *ch* dans *vermicelle* et *violoncelle*, parce que ces mots viennent de l'italien, et qu'on a voulu conserver la prononciation primitive.

Ch se prononce comme *k* dans :

Abimélech,	Antiochus,	Chalcis,	Chinaladan,
Achab,	Archange,	Chaldée,	Chio,
Achéüs,	Archélaüs,	Cham,	Chiragre,
Achaïe,	Archéologie,	Chanaan,	Chirographie,
Achaz,	Archétype,	Chaos,	Chirologie,
Achéens,	Archydamie,	Charès,	Chiromancie,
Achéloüs,	Archiépiscopal,	Charilaüs,	Chœur,
Achillas,	Archiloque,	Charon,	Chorége,
Achimélech,	Archon,	Chélion,	Chorégraphie,
Achmet,	Archonte,	Chélidoine,	Chorévêque,
Achon,	Bacchide,	Chéops,	Choriste,
Achoris,	Belzachara,	Chéréa,	Chorographie,
Anacharsis,	Catéchumène,	Chéréas,	Choroïde,
Anachorète,	Calchas,	Chéronée,	Chorus,
Anachronisme,	Chabrias,	Chersonèse,	Conchyologie,
Anchilops,	Chalcédoine,	Chilon,	Conchytes,

Chromatique,	Ichthyologie,	Melchisédech,	Réchiaire,
Chronique,	Issachar,	Michel-Ange,	Sennachérib,
Chronologie,	Jéchonias,	Michol,	Sésach,
Écho,	Jéricho,	Misach,	Sichem,
Élimélech,	Joachas,	Nabuchodonosor	Sichimistes,
Énoch,	Lacharès,	Nachor,	Sidrach,
Eucharistie,	Lachésis,	Néchao,	Tachas,
Eutychès,	Lachis,	Ochosias,	Tycho-Brahé,
Ézéchias,	Lamachus,	Ochus,	Uchoréas,
Ézéchiel,	Lysimachie,	Orchestre,	Zacharias,
Hochstett,	Machabée,	Polysperchon,	Zacharie.
Ichneumon,	Machanidas,	Pulchérie,	
Ichonographie,	Melchior,	Rachis,	

L'usage a excepté *Achéron*, *Achille*, *Anchise*, *Antioche*, *Archimède*, *Chypre*, *Colchide*, *Machiavel*, *Mardochée*, *Rachel*, *Sichée*, etc., qui se prononcent comme *ch* dans *cher*.

D, quatrième lettre de l'alphabet, est la troisième des consonnes. On la nomme *Dé*, suivant l'appellation ancienne et usuelle, et *De*, suivant la méthode moderne. C'est une lettre *dentale*.

Le *d* conserve toujours sa prononciation naturelle au milieu des mots, soit devant une consonne, soit devant une voyelle.

A la fin des mots, il est muet quand il n'est suivi d'aucun autre mot, ou quand celui qui vient après lui commence par une consonne. Il faut en excepter les mots étrangers que la langue française a adoptés sans y rien changer, tels que les noms propres *Ahmed*, *Aod*, *David*, *Galaad*, etc. Mais quand le mot qui suit le *d* final commence par une voyelle ou par une *h* muette, le *d* se prononce comme un *t*; *grand homme*, *froid extrême*, de *fond en comble;* prononcez comme s'il y avait *grant, froit, font* (avec un *t*).

E, cinquième lettre de l'alphabet et la seconde de nos voyelles, a le son de l'*a* dans *indemnité, indemniser, solennel* et ses dérivés, *hennir, hennissement.* On prononce *indamnité, indamniser, solanel, hanir, hanissement.*

En, dans *enivrant, enivrement, enivrer, enorgueillir,* se prononce comme la première syllabe du verbe *entrer.*

F, sixième lettre de l'alphabet et la quatrième des consonnes, se prononce *effe*, suivant la prononciation ancienne et usuelle, et *fe*, suivant la méthode moderne. C'est une lettre *labiale.*

Quand cette lettre est à la fin d'un mot, elle se prononce presque toujours, même devant une consonne; *une soif ardente, une soif brûlante.*

Cependant on ne la fait pas sentir dans *cerf, cerf-volant, chef-d'œuvre, clef, œuf frais, œuf dur, nerf de bœuf, bœuf gras, bœuf salé*, et dans les pluriels *bœufs, nerfs, œufs.* Elle sonne dans *bœuf à la mode, chef, chef-lieu, serf*, esclave.

F, dans la liaison avec le mot suivant, a la propriété de se changer quelquefois en *v;* ainsi l'on prononce *neuv ans, neuv heures*, etc.

G, septième lettre de l'alphabet est la cinquième des consonnes. On la nomme *Gé*, suivant l'appellation ancienne et usuelle, et *ge*, suivant la méthode moderne. C'est une lettre *gutturale.* Devant *a, o, u*, il se prononce dur; devant *e, i*, il s'amollit et se prononce comme *j.* La différence de ces deux prononciations se remarque dans le mot *gage.*

Très-peu de mots finissent par un *q*. Il est toujours

nul dans *calembourg, coing, étang, faubourg, hareng, legs, poing, seing, signet, Regnard*, poëte français. Dans *bourg*, il se prononce comme *k*, *bourk*; et dans *joug*, on le fait sentir un peu et comme *gue*, même devant une consonne.

Quand le *g* final se lie avec un mot commençant par une voyelle, il prend le son du *k* : un *rang éminent*, prononcez un *ran-kéminent*; un *sang échauffé*, dites un *san-kéchauffé*.

Quand les mots terminés par *g* se trouvent au pluriel, cette lettre disparaît dans la prononciation : ainsi l'on prononce : des *étan zépuisés*, des *ran zélevés*.

Il se prononce comme *c* au commencement de *gangrène*. *Geu* se prononce comme *ju* dans *gageure* (gajure).

G avec N forme une prononciation mouillée, comme dans ces mots : *agneau, digne, incognito, signal*. Il faut en excepter quelques mots dérivés du grec ou du latin, où il a la prononciation plus dure et plus sèche, comme dans *agnat, agnation, agnatique, diagnostic, diagnostique, Gnide, gnome, gnomonique, gnostiques, igné, ignition, inexpugnable, Progné, regnicole, stagnant, stagnation*.

H, huitième lettre de notre alphabet et la sixième des consonnes, est une lettre *gutturale*.

Elle est aspirée dans les mots suivants et leurs dérivés.

Hâbler,	Haine,	Halbrené,	Hallebarde,
Hache,	Haïr,	Hâle,	Hallebreda,
Hagard,	Haire,	Halener,	Halo,
Haie,	Halage,	Haleter,	Haloir,
Haillons,	Halbran	Halle,	Halot

Halotechnie,
Halte,
Halurgie,
Hamac,
Hameau,
Hampe,
Han,
Hanap,
Hanche,
Hangar,
Hanneton,
Hansière,
Hanter,
Happe,
Happelourde,
Happer,
Haquenée,
Haquet,
Harangue,
Haras,
Harasser,
Harceler,
Harde,
Hardes,
Hardi,
Hareng,
Hargneux,
Haricot,
Haridelle,
Harnais,
Haro,
Harpailler (se),
Harpe,
Harpé,
Harper,
Harpie,
Harpon,
Hart,
Hasard,
Hase,
Haste,
Hasté,
Hâter,
Hâteur,
Hâtier,
Hâtiveau,
Haubans,
Haubert,
Hausse-col,
Hausser,
Haussière,
Haut,
Haut-à-bas,
Haut-à-haut,
Hautain,
Hautbois,
Hautesse,
Hauteur,
Hauturier,
Hâve,
Havir,
Havre,
Havre-sac,
Heaume,
Héler,
Hennir,
Héraut,
Hère,
Hérisser,
Hérisson,
Hernutes,
Héron,
Héros,
Herser,
Hêtre,
Heurter,
Hibou,
Hic,
Hideux,
Hie,
Hiérarchie,
Hisser,
Hobereau,
Hoc,
Hoca,
Hoche,
Hochepied,
Hochepot,
Hochequeue,
Hochet,
Hollander,
Homard,
Honchets,
Hongroyeur,
Honte,
Hoquet,
Hoqueton,
Horde,
Horion,
Hors,
Hotte,
Houblon,
Houe,
Houille,
Houlan,
Houlette,
Houleux,
Houper,
Houppe,
Houppelande,
Hourailler,
Hourder,
Hourque,
Hourra,
Hourvari,
Houseaux,
Houspiller,
Housse,
Housser,
Houx,
Hoyau,
Huard,
Hublot,
Huche,
Hucher,
Huée.
Huguenot,
Huguenote,
Huitaine,
Hulotte,
Humer,
Hune,
Huppe,
Hure,
Hurler,
Hussard,
Hutte.

Quoique la lettre *h* soit aspirée dans *héros*, elle ne l'est pas dans *héroïsme*, *héroïne*, *héroïque*. On dit : l'*héroïsme de la vertu* ; l'*héroïne de Domrémy*. — Elle est aspirée dans la *Henriade*, poëme de Voltaire, à la gloire de Henri IV.

I, neuvième lettre de l'alphabet, occupe la troisième place parmi les voyelles.

Cette lettre ne se prononce pas dans *moignon*, *oignon*, *poignant*, *poignard*, *poignée*, mais elle sert à mouiller le *g*. Elle ne se prononce pas non plus dans *Michel Montaigne* ; dites *Michel Montagne*.

J, dixième lettre de l'alphabet, septième des consonnes, est une lettre *sifflante*.

On la nomme *ji*, suivant l'appellation ancienne et usuelle, et *je*, suivant la méthode moderne.

K, onzième lettre de l'alphabet, la huitième des consonnes, est une lettre *gutturale*.

On la nomme *ka*, suivant l'appellation ancienne et usuelle, et *ke*, suivant la méthode moderne.

Elle ne s'emploie guère que dans les noms propres et dans des mots tirés des langues étrangères.

L, douzième lettre de l'alphabet et la neuvième des consonnes, est une lettre *linguale*. On la nomme *elle*, suivant l'appellation ancienne, et *le*, d'après la nouvelle.

Lorsqu'elle est double, et qu'elle est précédée de *ai*, *ei*, *oui*, elle se prononce mouillée, comme dans ces mots : *travailler*, *maille*, *bailler*, *veiller*, *recueillir*, *fouiller*, *grenouille*. Elle se prononce de même dans quelques mots où elle n'est précédée que d'un *i*, comme dans *fille*, *quille*, *briller*.

La même prononciation est suivie dans les mots qui finissent en *ail*, *eil*, *ueil*, *ouil*, comme *travail*, *réveil*, *cercueil*, *ail*, *fenouil;* et dans quelques autres qui ne finissent que par *il*, comme *péril*, *mil*, lorsqu'il signifie *millet*.

Dans quelques mots comme *vil*, *subtil*, *puéril*, etc., on fait sonner l'*l*; on ne la prononce pas dans *baril*, *chenil*, *coutil*, *fusil*, *gentil*, *gril*, *outil*, *persil*, *soûl* (adjectif), *sourcil*. Elle est mouillée dans *gentilhomme;* on écrit au pluriel *gentilshommes*, et l'on prononce *gentishommes*.

M, treizième lettre de l'alphabet et la dixième consonne, se prononce *emme*, d'après l'ancienne appellation, et *me*, suivant la nouvelle. C'est une lettre *nasale*.

Lorsqu'elle se trouve à la fin d'un mot, elle prend presque toujours le son de *n*, comme dans *nom*, *renom*, *faim*, *parfum*, que l'on prononce *non*, *renon*, *parfun*. Il faut excepter de cette règle l'interjection *hom*, et un assez grand nombre de noms propres appartenant à des langues étrangères, et dans lesquels l'*m* conserve sa véritable prononciation, tels que *Sem*, *Cham*, *Abraham*, *Jérusalem*, *Roterdam*, *Stockholm*, *Amsterdam*, etc. Elle se prononce comme *n* dans *Adam* (*Adan*). Au milieu d'un mot devant *b*, *p*, et à la fin d'une syllabe, elle prend également la prononciation de l'*n*, comme dans *combler*, *combiner*, *assembler*, *compagnie*, *champ*, *exempt*, etc. Il n'en est pas de même lorsqu'elle est suivie d'une *n;* elle doit alors se faire sentir, comme dans *Agamemnon*, *amnistie*, *indemniser*, *Memnon*, *Mnémosyne*, *somnifère*, etc.

Lorsque cette lettre est redoublée dans les mots composés de la particule *en*, la première se prononce comme *n;* ainsi *emmener*, *emmaillotter*, etc., se prononcent comme si l'on écrivait *en mener*, *en maillotter*. Hors de là elle retient sa prononciation ordinaire, comme dans *immédiatement, immense, comminatoire*, etc.

Elle est nulle dans *damner* et ses dérivés, ainsi que dans *automne;* mais elle se prononce dans *automnal*.

N, quatorzième lettre de l'alphabet et la onzième consonne, se prononce *enne*, d'après l'appellation ancienne, et *ne*, suivant la nouvelle. C'est une lettre *nasale*.

A la fin d'une syllabe ou d'un mot elle produit un son nasal, comme dans *ban, bon, bien, chacun, encan, indice, ondée*, etc.

Elle se prononce avec ou sans nasalité dans *examen, hymen*, et se fait sentir à la fin des mots *amen, Eden*.

O, quinzième lettre de l'alphabet et la quatrième des voyelles, ne se prononce pas dans les mots *paon, faon, Laon, bœuf, cœur, sœur, mœurs, œil, Œdipe.*

Oi se prononce *è* dans *roide*, et *ré* dans *roidir, roideur;* aussi plusieurs écrivent-ils *raide, raidir, raideur*.

Dans le haut style on prononce *roade*.

Ouate, ouater, se prononcent *ouète, ouéter*.

P, seizième lettre de l'alphabet et la douzième consonne, se prononce *pé*, suivant l'appellation ancienne, et *pe*, suivant la nouvelle. C'est une lettre *labiale*.

Il est nul dans *baptême, dompter, exempt, prompt*, et les dérivés; mais il se fait entendre dans *exemption*.

Le *p* final ne sonne pas dans notre langue, excepté dans *cap, Gap, jalap, julep*.

Q, dix-septième lettre de l'alphabet et la treizième consonne, se prononce *ku*, suivant l'appellation ancienne, et *ke* suivant la nouvelle. C'est une lettre *linguale*.

Il est nul dans *coq d'Inde*, quoiqu'il sonne dans *coq*.

Il se fait sentir dans l'adjectif numéral *cinq*, non suivi d'un substantif, ou placé devant une voyelle ou une *h* muette.

Qu a le son de *coua* dans *aquarelle*, *aqua-tinta*, *aquatique*, *équateur*, *équation*, *in-quarto*, *quadragenaire*, *quadragésime*, *quadrangulaire*, *quadrature*, *quadrupède*, *quadruple*. *Quaker* se prononce *couacre*.

Il a le son de *cu* dans *à quia*, *équestre*, *équitation*, *liquéfaction*, *questeur*, *Quinte-Curce*, *Quintilien*, *quintuple*, *quirinal*.

Il se prononce comme *k* dans *liquéfier*, *quidam* (*kidan*), *quiproquo*.

R, dix-huitième lettre de l'alphabet et quatorzième consonne, se prononce *erre*, suivant l'ancienne appellation, et *re*, d'après la nouvelle. C'est une lettre *linguale*.

Elle ne se fait pas sentir à la fin des substantifs et des adjectifs en *ier*, comme *officier*, *singulier*, que l'on prononce *officié*, *singulié*; on excepte l'adjectif *fier*. Elle ne se prononce pas non plus à la fin des verbes en *er*, comme *aller*, *chanter*, *entrer*, excepté lorsque le mot suivant commence par une voyelle ou une *h* muette, *allé-r-au combat*. Elle est également nulle à la fin de quelques autres mots, tels que *berger*, *danger*, *monsieur*, etc. Mais elle sonne dans *amer*, *cancer*, *cher*, *hiver*, *Niger*, etc.

R double se prononce comme si elle était simple, excepté dans *errer*, *abhorrer*, *concurrent*, *interrègne*, *narration*, *terreur*, *torrent*, etc.; dans la plupart des mots qui commencent par *ir* : *irrégulier*, *irrévocable*; ainsi que dans le futur et le conditionnel des verbes *acquérir*, *mourir*, *courir* et ses dérivés.

S, dix-neuvième lettre de l'alphabet et la quinzième des consonnes, se prononce *esse*, suivant l'ancienne appellation, et *se*, d'après la moderne. C'est une lettre *sifflante*.

Entre deux voyelles elle se prononce comme *z* : *mai-*

son, *poison*, *rose*, *fraise*, etc. Cependant elle conserve sa prononciation dans *antisocial*, *désuétude*, *monosyllabe*, *parasol*, *préséance*, *présupposer*, *vraisemblance*.

Dans quelques mots, tels que *transiger*, *transitoire*, elle se prononce comme *z*, quoique précédée d'une consonne. Ces exceptions ne portent que sur des mots composés.

Elle est nulle dans *Du Guesclin*, *d'Estrées*, *dès que*, *tandis que*, et dans *alors*, *avis*, *divers*, *mœurs*, *os*, à moins que le mot suivant ne commence par une voyelle.

Elle sonne dans *aloès*, *Argus*, *as*, *bibus*, *blocus*, *chorus*, *choléra-morbus*, *dervis*, *florès*, *gratis*, *ibis*, *jadis*, *laps*, *maïs*, *mars*, *oasis*, *orémus*, *ours*, *plus-que-parfait*, *rébus*, *relaps*, *Reims*, *Rubens*, *sinus*, *en sus*, *vasistas*. Elle se fait sentir dans *lis*, *sens*, mais elle est nulle dans *fleur de lis*, *sens commun*.

Elle ne se prononce pas dans le mot *Christ* lorsqu'il est précédé de celui de *Jésus*; mais elle se prononce toutes les fois que ce mot se dit seul. On ne la fait pas entendre dans le mot *antéchrist*.

Sh se prononce comme *ch* dans *Shakspeare* (Chékspire).

La locution adverbiale *entre quatre yeux*, se prononce ordinairement, par euphonie, *entre quatre-z-yeux*

T, vingtième lettre de l'alphabet et la seizième consonne, se nomme *té*, suivant l'appellation ancienne, et *te*, suivant la nouvelle. C'est une lettre *dentale*.

T final ne se prononce ordinairement que devant les mots commençant par une voyelle ou une *h* muette. cependant on le fait sentir, même devant une consonne, dans *accessit*, *brut*, *chut*, *contact*, *correct*, *déficit*, *direct*, *dot*, *échec et mat*, *exact*, *exeat*, *fat*, *granit*, *in-*

dult, *intact*, *lest*, *luth*, *net*, *rapt*, *subit*, *tact*, *transit*, *vivat*, *zénith*, et quelques autres. Il est nul dans *Jésus-Christ*, quoiqu'il se fasse entendre dans le *Christ*.

Toast, *Toaster*, se prononcent *Toste*, *Toster*.

U, vingt-et-unième lettre de l'alphabet, est la cinquième des voyelles.

Précédée de *g* (*gu*), elle a le son doux dans les mots *guise* (manière), *anguille*, *sanguin*, *sanguinaire* : on prononce *ghise*, *anghille*, etc. Mais on fait sentir l'*u* dans ces mots : *Guise* (le duc de Guise), *aiguille*, *aiguillon*, *aiguiser*, etc.

Gua se prononce *goua* dans *alguazil*.

U a le son de *o* ou de *ou* dans *club*.

Um , à la fin des mots, se prononce *ome* : *album*, *ad libitum*, *pensum*, dites, *albome*, *ad libitome*, *pensome*.

V, Vingt-deuxième lettre de l'alphabet et la dix-septième consonne, était autrefois regardée comme un *u* consonne. Mais aujourd'hui on dit un *v*, qu'on prononce *ve*, et plus généralement *vé*. C'est une lettre *labiale*.

Lorsqu'il est double il se prononce comme un *v* simple ;ainsi *Warwich*, *Westphalie*, *Wurtemberg*, se prononcent *Varvick*, *Vestphalie*, *Vurtemberg*. Cependant, *Newton*, *Law*, se prononcent *Neuton*, *Lâce*.

.*Whig*, *Whist*, *Wiskey*, *Whiski*, se prononcent *Ouigue*, *Ouiste*, *Ouiski*.

X, vingt-troisième lettre de l'alphabet et la dix-huitième des consonnes, se nomme *ics*, suivant l'appellation ancienne, et *xe*, d'après la nouvelle. C'est une lettre *sifflante*.

Il a tantôt le son de *cs* joints ensemble, comme dans *axe*, *extrême*, *taxe*; tantôt de *gz*, aussi joints ensemble, comme dans *exercice*, *Xavier*, *Xercès*; tantôt d'un *c* dur, comme dans *excepter*; tantôt celui de deux *s*, comme dans *Aix*, *Auxerre*, *Auxonne*, *Bruxelles*; tantôt enfin celui du *z*, comme dans *deuxième*, *sixième*.

A la fin des mots, tantôt il a le son de *cs* joints ensemble, comme dans *styx*, *sphinx*, *lynx*, *préfix*; tantôt il se prononce comme *s*, c'est-à-dire que, devant une voyelle, il a le son adouci du *z*, comme *baux à longues années*.

En certains mots, tels que *dix* et *six*, il ne se prononce point devant une consonne; il a le son du *z* devant une voyelle; et, quand il est final, ou qu'il est suivi d'un repos, il se prononce fortement comme *s*.

Y, vingt-quatrième lettre de l'alphabet, s'appelle ordinairement *i* grec; mais, selon la méthode moderne, on dit simplement *i*.

Y, après une voyelle, ayant le son de deux *i*, c'est une faute de prononcer *a-iant*, il faut dire *ai-iant*.

Z, vingt-cinquième et dernière lettre de l'alphabet, et dix-neuvième consonne, se nomme *zède*, suivant l'ancienne appellation, et *ze*, d'après la nouvelle. C'est une lettre *sifflante*.

Elle sonne comme *s* à la fin des noms propres : *Suèz*, *Rhodèz*, etc.

SECONDE PARTIE.

LA SYNTAXE.

La syntaxe apprend à disposer, à coordonner les différentes parties du discours. Elle règle la forme qu'exige chaque mot pour se lier avec ses voisins, et la place qu'il doit occuper (1).

Quand on veut peindre une idée par la parole, les mots que l'on emploie à cet effet forment une proposition.

On appelle *proposition* l'énonciation d'un jugement. On entend par jugement une opération de l'esprit, par laquelle celui-ci rapproche des êtres et des attributs pour décider du degré de convenance ou de disconvenance qu'il y a entre eux. Ainsi dans ces phrases : *Dieu est juste, votre repentir n'est pas sincère*, on affirme que la qualité de *juste* convient à *Dieu*, et que celle de *sincère* ne convient pas à *repentir*.

La proposition, dans son état le plus simple, se compose de trois parties, le *sujet* ou l'être qu'on veut qualifier, comme *Dieu*, *repentir*, dans les exemples précédents; l'*attribut* ou la qualité que l'on juge convenir ou ne pas convenir au sujet, comme *juste* et *sincère*; et enfin le verbe *être* qui lie l'attribut au sujet.

Il y a plusieurs espèces de propositions. Celles qu'il importe le plus de connaître sont les propositions *principales* et les propositions *incidentes*.

La proposition *principale* est celle dont dépendent les autres. Elle contient ce que l'on veut spécialement faire entendre.

---

(1) *Syntaxe* vient de deux mots grecs, *sun*, ensemble et *taxis* arrangement.

La proposition *incidente* est une proposition particulière, liée à la proposition principale, pour en déterminer ou pour en expliquer soit le sujet, soit l'attribut.

On entend par phrase une réunion de plusieurs mots formant un sens complet. La phrase diffère de la proposition en ce que celle-ci est l'énonciation d'un seul jugement, tandis que la phrase est l'ensemble des mots dont on se sert pour énoncer un ou plusieurs jugements.

Comme la même idée peut être exprimée par différents assemblages de mots, elle peut être rendue par des phrases toutes différentes. Dans cette invocation : *Descends du haut des cieux, auguste vérité*, si je fais une inversion, et que je dise, *du haut des cieux descends*, *auguste vérité*, ou bien, *auguste vérité, descends du haut des cieux*, j'aurai trois phrases différentes et je n'aurai qu'une seule proposition. Si je dis : *Philippe-Auguste gagna la bataille de Bouvines* en 1214, ou bien, *Philippe Auguste fut vainqueur à Bouvines en* 1214, j'aurai deux phrases et une seule proposition.

Les qualités propres à la phrase et à la proposition peuvent faire comprendre facilement en quoi elles diffèrent l'une de l'autre. Une phrase est *bonne* ou *mauvaise* selon que les mots qui la forment sont disposés ou non suivant les règles de la langue ; une proposition est *bonne* ou *mauvaise* selon que le jugement qu'elle énonce est conforme ou non à la vérité. Une phrase est *correcte* ou *incorrecte*, *élégante* ou *triviale*, *simple* ou *figurée* ; une proposition est *vraie* ou *fausse*, *juste* ou *injuste*, *directe* ou *indirecte*.

Construction grammaticale

La *construction grammaticale* est l'arrangement des

mots suivant les règles et l'usage d'une langue. Chaque langue a une construction qui lui est propre.

Il y a deux espèces de *constructions*, la construction *directe*, et la construction *inverse*.

La construction est *directe* lorsque tous les mots sont disposés selon l'ordre des rapports qu'ils ont entre eux. On énonce d'abord le *sujet*, ensuite le *verbe*, puis le *complément*, et enfin les *modificatifs* qui indiquent le temps, le lieu, la cause, et les autres circonstances de l'action que le verbe exprime.

Alexandre vainquit Darius à Arbelles; voilà l'ordre direct : 1° l'être dont on parle, *Alexandre*; 2° l'action faite par cet être, *vainquit*; 3° l'objet sur lequel se porte cette action, *Darius* ; 4° la circonstance de lieu, *à Arbelles*.

La construction est *inverse* lorsque l'ordre des rapports se trouve interrompu.

Il fut de ses sujets le vainqueur et le père.

Il faudrait dire, dans l'ordre naturel : *il fut le vainqueur et le père de ses sujets.*

Du devoir il est beau de ne jamais sortir, pour, *il est beau de ne jamais sortir du devoir.*

La construction se divise encore en construction *pleine* et en construction *elliptique*.

La construction est *pleine* lorsqu'elle contient tous les mots nécessaires à l'expression de la pensée ; elle est *elliptique* lorsqu'on y a retranché quelques mots qui seraient nécessaires pour la régularité de la phrase, mais que l'usage permet de supprimer. Ainsi l'on dit, la *Saint-Jean*, pour la *fête* de Saint-Jean. Quand viendra-t-il ? — *Demain* ; c'est comme si l'on disait : *il viendra* demain.

CHAPITRE PREMIER.

SYNTAXE DU SUBSTANTIF.

FONCTIONS DU SUBSTANTIF.

Le substantif a trois fonctions dans le discours : il y est, ou en *sujet*, ou en *apostrophe*, ou en *complément*.

Le substantif est en sujet, toutes les fois qu'il est l'*être* dont on affirme quelque chose. Quand on dit : *l'homme raisonne, la brute ne raisonne point*, les substantifs *homme* et *brute* sont en sujet, parce qu'on affirme de l'homme qu'il raisonne, et de la brute qu'elle ne raisonne point.

PRINCIPE GÉNÉRAL. C'est au substantif sujet que tout se rapporte dans le discours. Dans cette phrase : *un homme ambitieux ne se laisse point rebuter par les difficultés qu'il trouve sur son chemin ; il se refond, il se métamorphose, il force son naturel et l'assujettit à sa passion ;* l'adjectif *ambitieux* modifie le substantif sujet *homme*, et tout le reste modifie *un homme ambitieux*.

Le substantif est en apostrophe ou en *compellatif*, lorsqu'il est la personne ou la chose à laquelle on adresse la parole, comme : Rois, *soyez attentifs ;* peuples, *prêtez l'oreille ; répondez*, cieux et mers ; *et vous*, terre, *parlez*. On n'adresse ordinairement la parole qu'aux êtres vivants et animés. Mais, dans les transports de l'imagination, l'orateur et le poëte s'adressent à la nature entière ; ils donnent des sens, une âme, des sentiments, à tout ce qui existe.

Le substantif est en complément quand il dépend immédiatement d'un autre mot dont il complète la signification. Or, le substantif peut dépendre, ou d'un autre substantif, ou d'un adjectif, ou d'un verbe, ou d'une préposition : *La loi* de *Dieu ; promenade utile* à *la santé ;* aimer *ses parents ; loger* chez *son ami*.

Du genre de quelques substantifs.

On comptait autrefois beaucoup de substantifs qui étaient des deux genres. L'usage en a diminué le nombre.

Aide est du féminin, quand il signifie l'assistance, le secours qu'une personne donne à une autre : *aide prompte, aide assurée.* Il est encore du genre féminin, quand il exprime la personne même dont on reçoit le secours : *vous êtes toute son aide.* Mais il est des deux genres, quand on s'en sert pour désigner des personnes dont l'emploi consiste à être auprès de quelqu'un pour servir conjointement avec lui et sous lui : *un aide de camp, une aide de cuisine.*

Aigle, en termes d'armoiries et de devises, est féminin. Ainsi, on dit, *l'aigle impériale*, pour dire *les armes de l'empire.* On dit aussi, *l'aigle romaine, les aigles romaines*, pour dire *les enseignes des légions romaines*, parce qu'en haut de ces enseignes il y avait la figure d'un aigle.

Dans toute autre acception, il est masculin : un aigle *noir*; un aigle *fier* et *courageux*. *C'est un aigle*, se dit d'un homme de génie, d'un homme qui a un esprit, un talent supérieur.

Amour, masculin en prose, devient, dans les vers ou dans la prose poétique, masculin ou féminin, au gré de l'auteur. Au pluriel, il est ordinairement du féminin : *de folles amours.* On dit cependant : *l'amour maternel est de tous les amours le seul qui soit durable; peindre, sculpter de petits amours.*

Automne est des deux genres; mais, à cause de la dénomination masculine des trois autres saisons de l'année, le masculin est préférable.

Couple est du genre féminin, quand il marque seulement le nombre *deux : une couple d'œufs, une couple de boîtes de confiture, donnez-m'en une couple.*

Il ne se dit jamais des choses qui vont nécessairement ensemble, comme les souliers, les bas, les gants, etc.; on dit alors *une paire.*

Mais il est du masculin, quand il signifie deux personnes unies ensemble par mariage : *beau couple; heureux couple ;* voilà *un beau couple.*

Il s'emploie encore au masculin, en parlant des animaux, pour exprimer le mâle et la femelle. Ainsi, on dit : *un couple de perdrix, un couple de tourterelles,* pour signifier le mâle et la femelle.

Il est enfin du masculin quand on l'emploie pour désigner deux êtres animés, unis par la volonté, par un sentiment, ou par toute autre cause qui les rend propres à agir de concert : *un couple d'amis, un couple de fripons, un beau couple de chiens.*

Délice, masculin au singulier, est féminin au pluriel : *c'est* un *délice que de boire frais en été ; ces enfants font mes plus* chères *délices.*

Enfant est masculin quand on parle d'un garçon : *c'est* un bon *enfant ; voilà* un *joli enfant...* Il est féminin, quand on parle d'une fille : *voilà* une belle *enfant; vous êtes* une jolie *enfant ; c'est* la meilleure *enfant du monde ;* la pauvre *enfant !* — Au pluriel il est toujours masculin.

Exemple est toujours du masculin; *suivre de bons exemples ; cette règle est accompagnée de nombreux exemples ; un bel exemple d'écriture anglaise.*

Foudre, le feu du ciel, est du genre féminin : *la foudre est tombée.* En poésie et dans le style soutenu, ce mot est quelquefois masculin : *être frappé du foudre; expirer sous les foudres vengeurs.* On dit, au figuré, un grand *foudre de guerre*, pour signifier un général d'armée, qui a remporté plusieurs victoires, et donné des preuves d'une valeur extraordinaire. En cette acception, il est toujours masculin. On dit semblablement un *foudre d'éloquence*, pour signifier un grand orateur.

Garde est du masculin quand il signifie *gardien, conservateur*, ou quand il désigne un ou plusieurs hommes détachés de la troupe dont ils font partie : *un garde national, des gardes nationaux*. Il est du féminin quand il désigne un corps de troupes: *la garde nationale de Paris, les gardes nationales de France*. Ce mot, dans ses autres acceptions, est du féminin.

Gens veut au féminin les adjectifs qui le précèdent, et au masculin ceux qui le suivent : *quelles méchantes gens; les vieilles gens sont soupçonneux ; ce sont les meilleures gens que j'aie jamais vus.*

Lorsque *gens* est précédé d'un adjectif des deux genres, on met *tous* au masculin : *tous les honnêtes gens, tous les habiles gens.* Quand au contraire l'adjectif qui précède *gens* est féminin, on met *toutes : toutes les vieilles gens.*

On met aussi *tous* au masculin lorsque gens est suivi d'une épithète ou de quelque autre mot déterminatif : *tous les gens sensés, raisonnables, pieux; tous les gens de bien, tous les gens d'esprit et de mérite.*

Gens, suivi de la préposition *de* et d'un substantif qui désigne une profession, un état quelconque, est du genre masculin : *les gens de robe; les gens de lettres; certains gens d'affaires.*

Guide est masculin quand il indique celui ou celle qui conduit une personne : bon, fidèle, sûr *guide*. Il est féminin, quand il signifie la rêne qui sert à conduire un cheval attelé à un carrosse ou à un cabriolet : la *guide du côté doit de ce cheval s'est* rompue.

Hymne est ordinairement masculin : *Seigneur, quels hymnes sont dignes de vous ; des hymnes nationaux.* Cependant il semploie au féminin en parlant des hymnes qu'on chante dans l'église : *Entonne* une *hymne ; Santeuil a composé de* belles *hymnes*.

Manche est du masculin quand il désigne .a partie d'un instrument par laquelle on le prend pour s'en servir : le *manche d'un couteau ;* long *manche ;* court *manche ; le manche est* rompu ; *cette cognée branle* au *manche, branle dans* le *manche ; jeter* le *manche après la cognée.*

Mais il est féminin, lorsqu'il indique la partie du vêtement dans laquelle on met le bras : la *manche d'une robe, d'un habit, les manches sont trop* courtes.

Manœuvre est masculin lorsqu'il signifie un homme qui travaille de ses mains. On ne l'emploie guère qu'en parlant de ceux qui servent sous les maçons, les couvreurs. On s'en sert, au figuré et par mépris, pour désigner un homme qui exécute grossièrement et par routine un ouvrage d'art : *ce n'est qu'*un *manœuvre.*

Il est féminin, lorsqu'il exprime les mouvements qu'un général fait faire à ses troupes, ou ce qui se fait pour le gouvernement d'un vaisseau, d'une escadre : *Comme ils se virent en présence, ils firent* une *manœuvre qui leur fit gagner le vent sur les ennemis..... Les ennemis croyaient l'avoir enfermé ; mais il fit* une *manœuvre qui les déconcerta fort.*

Il se dit encore, au figuré, de la conduite bonne ou mauvaise qu'on tient dans les affaires du monde · *il a fait* une *manœuvre qui a gâté ses affaires ; il a fait là* une *etrange manœuvre.*

Œuvre est féminin, quand il signifie une action, un ouvrage : La moindre *des œuvres de la nature est plus* parfaite *que* toutes celles *de l'art ; selon la Genèse, l'œuvre de la création fut* achevée *en six jours ; les chrétiens disent que l'œuvre de la rédemption fut* accomplie *sur la croix*. Dans le style soutenu, il est quelquefois masculin au singulier : *un si grand œuvre, ce saint œuvre, un œuvre de génie*.

Œuvre se dit souvent des productions de l'esprit, des ouvrages en prose ou en vers ; et, dans cette acception, il n'est d'usage qu'au pluriel, si ce n'est en poésie : *œuvres inédites ; ses œuvres ne sont pas encore imprimées*.

On se sert, au masculin, du mot *œuvre*, en parlant d'estampes, pour dire le recueil de toutes les estampes d'un même graveur : *avoir* tout *l'œuvre de Callot*... Il se dit aussi des ouvrages de musiciens : le premier, le second *œuvre de Sacchini*.

Orgue est masculin au singulier : un bon *orgue* ; *l'orgue d'une telle église est* excellent ; *un orgue* portatif. Mais le mot *orgues*, au pluriel, est du féminin : *il y a de* bonnes *orgues en tel endroit ; des orgues* portatives.

Parallèle est un substantif féminin, lorsqu'il signifie une ligne parallèle à une autre : *tirer* une *parallèle*.

Il est masculin, lorsqu'il désigne un cercle parallèle à l'équateur : *tous ceux qui sont sous* le *même parallèle ont la même latitude, ont les jours et les nuits de la même longueur*. Il est encore masculin, lorsqu'il exprime la comparaison de deux choses ou de deux personnes entre elles : un *juste parallèle ; faire* le *parallèle de Corneille avec Racine, d'Alexandre et de César*.

Période est féminin lorsqu'on s'en sert pour exprimer la révolution ou le cours que fait un astre pour revenir au point d'où il était parti : *le soleil fait* sa *période en trois cent soixante-cinq jours et près de six heures ; la lune fait* sa *période en vingt-neuf jours et demi. Période* a le même genre, lorsqu'il se dit de la révolution d'une fièvre qui revient en certains temps réglés : *la fièvre quarte et toutes les autres fièvres intermittentes ont leurs périodes* réglées. Enfin, *période* est encore du féminin, quand il signifie la portion d'un discours, arrangée dans un certain ordre, et composée de plusieurs membres, qui, pris ensemble, renferment un sens complet : *période* longue ; *période* courte ; *période* nombreuse ; *période bien* arrondie.

Mais *période* est masculin, lorsqu'il est pris au figuré pour exprimer le plus haut point auquel une chose puisse arriver, ou bien lorsqu'il signifie un espace de temps vague : *Démosthènes et Cicéron ont porté l'éloquence à* son *plus* haut *période*..... ; *dans* un certain *période de temps* ; *dans* le dernier *période de sa vie.*

Personne est féminin lorsqu'il signifie un homme ou une femme : *c'est* la *personne du monde qui reçoit le mieux ses amis ; des personnes* constituées *en dignité ; des personnes fort* éclairées.

Mais, lorsque le mot *personne* signifie *nul*, *pas un, qui que ce soit*, il est masculin singulier, et toujours précédé ou suivi d'une négation, à moins que la phrase ne soit interrogative : *personne ne sera assez* audacieux ; *il n'y a personne si peu* instruit *des affaires*, *qui ne sache*....., etc.

Quelque chose, signifiant *une chose*, est du genre masculin : *on m'a dit quelque chose qui est fort plaisant ; quelque chose de merveilleux*. Il est du féminin quand il veut dire *quelle que soit la chose : quelque chose qu'il ait dite, on ne l'a pas cru.*

Du nombre de quelques substantifs.

Les noms propres, quand ils ne servent qu'à distinguer les personnes par leur nom de famille, ne prennent point la marque du pluriel : *Les deux Corneille se sont distingués dans la république des lettres ; il est peu de magistrats aussi anciens dans la robe que les Nicolaï et les Lamoignon ; c'est ainsi que se sont conduits les plus grands capitaines, tels que les Scipion, les Turenne, les Maurice*, etc.

Mais, quand on comprend dans ces noms toutes les personnes qui ressemblent à celles qui les ont portés, on les met au pluriel, parce qu'ils deviennent alors des noms communs : *Ces deux princes ont été les Alexandres de leur siècle ; ils sont tous braves comme des Césars* ; *tous les siècles n'enfantent pas des Homères, des Virgiles, des Racines*, etc.

Les noms propres, employés pour désigner des titres, des surnoms, applicables à tous les membres d'une même famille, prennent la marque du pluriel. Ainsi l'on écrit : *les Bourbons*, *les Stuarts*, *les Condés*, *les Guises*, parce que ces noms représentent tous les rois, tous les princes de la même origine.

Parmi les substantifs empruntés des langues étrangères, les uns prennent *s* au pluriel, d'autres s'écrivent au pluriel comme au singulier. Mais, puisque ces noms ont été admis dans notre langue, ne ferait-on pas mieux de les traiter comme tous les noms français, et d'en former le pluriel en ajoutant une *s*. On écrirait alors : *des agendas*, *des alinéas*, *des concettis*, *des erratas*, *des opéras*, *des pianos*, *des quatuors*, *des zéros* (1).

(1) L'Académie écrit avec *s*, au pluriel : des *accessits*, des

Les mots invariables, employés substantivement, ne changent pas au pluriel : les *parce que*, les *pourquoi*, les *non*, les *oui*, les *si*, les *on dit*, etc.

Substantifs composés.

1° Quand un nom est composé de deux substantifs, ils prennent tous deux la marque du pluriel : un *chef-lieu*, des *chefs-lieux*; un *chou-fleur*, des *choux-fleurs*. Excepté : des *appuis-main*, des *brèche-dents*, des *hôtels-Dieu*, qui signifient des *appuis pour la main*; qui ont *une brèche dans les dents*; des *hôtels de Dieu*.

2° Quand un nom est composé d'un substantif et d'un adjectif, l'un et l'autre prennent également le signe du pluriel : un *arc-boutant*, des *arcs-boutants*; un *chat-huant*, des *chats-huants*; un *plain-chant*, des *plains-chants* : excepté des *blanc-seings* (des seings en blanc), des *terre-pleins* (des lieux pleins de terre), des *chevau-légers*, des *grand'mères*, des *grand'messes* (1).

---

altos, des *bravos*, des *débets*, des *duos*, des *examens*, des *factotums*, des *factums*, des *folios*, des *impromptus*, des *ladys*, des *lazzis*, des *macaronis*, des *numéros*, des *opéras*, des *panoramas*, des *pensums*, des *placets*, des *quolibets*, des *récépissés*, des *reliquats*, des *sénatus-consultes*, des *spécimens*, des *tilburys*, des *trios*, des *zéros*.

Et sans *s* : des *alibi*, des *alinéa*, des *alleluia*, des *amen*, des *aparté*, des *auto-da-fé*, des *avé*, des *concetti*, des *credo*, des *crescendo*, des *déficit*, des *duplicata*, des *ecce-homo*, des *errata*, des *exeat*, des *ex-voto*, des *in-folio*, des *in-octavo*, des *in-quarto*, des *fac-simile*, des *forte-piano*, des *mezzo-termine*, des *pater*, des *post-scriptum*, des *quatuor*, des *qui-proquo*, des *solo*.

(1) Lorsqu'il entre dans le substantif composé un mot qu'on

3° Si le nom est composé de deux substantifs unis par une préposition, on ne met la marque du pluriel qu'au premier des deux substantifs : un *arc-en-ciel,* des *arcs-en-ciel* ; un *chef-d'œuvre*, des *chefs-d'œuvre* ; un *bout-d'aile*, des *bouts-d'aile*. Excepté : des *coq-à-l'âne,* des *pied-à-terre*, des *tête-à-tête*, des *pot-au-feu*.

4° S'il est composé d'un substantif joint à un verbe, à une préposition, ou à un adverbe, le substantif seul se met au pluriel, si toutefois il y a pluralité dans l'idée. Ainsi l'on écrira avec une *s* au pluriel : des *avant-coureurs*, des *contre-coups*, des *arrière-saisons*, des *passe-ports*. Mais on écrira sans mettre une *s* au pluriel, parce qu'il y a unité dans l'idée : des *abat-jour*, des *abat-vent,* des *serre-tête*, des *contre-poison*, des *réveille-matin*, des *porte-montre*. Cependant on écrit *porte-montres,* avec une *s*, pour désigner chez les horlogers, une petite armoire vitrée où ils exposent les montres.

Enfin il faut écrire avec une *s*, au singulier comme au pluriel, parce qu'il y a toujours pluralité dans l'idée : *porte-mouchettes*, *porte-clefs*, etc.

5° Quand un substantif composé ne renferme que des mots invariables de leur nature, aucun de ces mots ne prend la marque du pluriel : des *passe-partout,* des *passe-passe,* des *pince-sans-rire*.

---

n'emploie pas seul, comme *pie-grièche*, *loup-garou*, *gomme-gutte, ortie-grièche*, ce mot est considéré comme adjectif, et prend la marque du pluriel : des *pies-grièches*, des *loups-garous*, des *gommes-guttes*, des *orties-grièches*.

REMARQUES PARTICULIÈRES SUR QUELQUES SUBSTANTIFS.

Air.

Avoir l'air. Lorsque le substantif *air* s'emploie pour désigner le maintien, la contenance, la mine, l'adjectif s'accorde avec ce substantif, quel que soit le sujet du verbe : *Cette femme a l'air chagrin*, *l'air méprisant*, *l'air hautain; ils ont tous les deux l'air spirituel*, *l'air railleur*; *ils ont l'air noble.*

Avoir l'air signifie aussi, sembler, paraître ; et alors, quand le mot *air* est immédiatement suivi d'un adjectif, si cet adjectif se rapporte au sujet de la proposition, il doit s'accorder avec le sujet. Ainsi l'on dira : *Elle a l'air mal faite*, et mieux, *elle a l'air d'être mal faite ; elle a l'air toute troublée ; ils ont l'air fâchés de ce qu'ils viennent d'apprendre.*

Quand il s'agit de choses, le mot *air* ne doit pas être suivi immédiatement de l'adjectif. On ne dirait pas : *cette viande a l'air frais*, *cette pièce de monnaie a l'air faux*. Il faut prendre un autre tour et dire : *Cette viande a l'air d'être fraîche ; cette pièce de monnaie a l'air d'être fausse.*

Armistice, *amnistie.*

Armistice, suspension d'armes : *l'armistice fut de courte durée.*

Amnistie, pardon qu'un souverain accorde, principalement pour crime de rébellion et de désertion : *le roi accorda une amnistie générale.*

Campagne.

Être à la campagne, c'est habiter la campagne pendant un certain temps : *il est à la campagne ; il est allé à la campagne.*

Être en campagne, c'est être en mouvement, hors de chez soi, pour découvrir quelque chose : *il est en campagne depuis hier pour découvrir la demeure de cette personne. Mettre ses amis*, *mettre bien des gens en campagne*, les faire agir pour le succès d'une affaire.

En campagne se dit aussi du mouvement, du campement, et de l'action des troupes : *les armées sont en campagne; les troupes se mettront bientôt en campagne.*

Excuse.

Il ne faut pas dire *demander excuse;* car on ne doit demander à quelqu'un que ce qu'il peut accorder. Celui à qui nous demanderions excuse, ne pourrait point nous répondre : *je vous accorde votre excuse.* Il faut donc dire : *je vous demande pardon; je vous fais mes excuses; je vous prie d'agréer mes excuses*, etc.

Maladie.

Ne dites pas : *il a fait une forte maladie.* On ne fait pas une maladie, on ne compose pas une maladie, comme on fait une robe, comme on compose des vers ou toute autre chose. Dites : *il a eu une forte maladie.*

Nez.

Parce qu'on dit au figuré, *saigner du nez*, pour signifier manquer *de courage*, *de résolution*, quelques personnes croient qu'on ne doit pas dire, au propre, *saigner du nez*, pour marquer l'épanchement du sang par le nez. *Saigner au nez*, ne pourrait exprimer que l'action d'un chirurgien qui ferait à quelqu'un une saignée au nez, comme on fait une saignée au bras, etc. Il faut donc dire, au propre comme au figuré : *saigner du nez.*

Raillerie.

Entendre la raillerie, *entendre bien la raillerie*, c'est avoir la facilité, l'art, le talent de bien railler.

Entendre raillerie, c'est ne point s'offenser des railleries dont on est l'objet.

Rien.

Rien, employé comme complément direct, se place après le verbe dans les temps simples : *il ne fait rien.* Dans les temps composés il se met entre l'auxiliaire et le participe : *il n'a rien fait.* Mais il doit toujours précéder l'infinitif : *il ne veut rien faire.*

Rien, dans le sens de *quelque chose*, s'emploie sans négation : *y a-t-il rien de si beau?*

Rien, signifiant *nulle chose*, exige la négation : *femmes, enfants, vieillards, rien ne fut épargné.*

Témoin.

Le substantif *témoin*, qui s'emploie souvent comme adjectif, devient adverbe au commencement d'une phrase. Il se dit d'une chose qui sert à prouver ce qu'on vient d'avancer : *témoin les victoires qu'il a remportées. A témoin* s'emploie également comme adverbe et reste invariable : *je les ai pris tous à témoin; je vous prends tous à témoin.*

Terre.

Ce qui tient à la terre, ou qui y touche par quelque partie, tombe *par terre.* Un homme qui, en marchant, se laisse tomber, un arbre renversé par le vent, tombent *par terre.* Ce qui est élevé au dessus de la terre, sans y toucher, tombe *à terre.* Le fruit attaché à l'arbre, la tuile qui tombe d'un toit, tombent *à terre.*

Tout.

Tout, substantif, employé sans article, se met toujours après le verbe dans les temps simples : *il dit tout, il pense à tout.* Mais dans les temps composés, lorsqu'il est en complément direct, il se met entre l'auxiliaire et le participe : *il a tout dissipé, il a tout mangé*; et, lorsqu'il est en complément indirect, il se met après le participe : *il a pensé à tout; il s'est chargé de tout.* — *Tout*, employé comme complément direct d'un verbe au présent de l'infinitif, doit se placer devant ce verbe : *il faut tout disposer; ils veulent tout expliquer.*

Usage, user.

Usage ne doit pas s'employer pour *user.* Le premier signifie coutume, emploi d'une chose, habitude; le second se dit des choses qui durent longtemps : *cette étoffe, ce drap sont d'un bon user*, et non, d'*un bon usage; il y a des étoffes qui deviennent plus belles à l'user*, et non, *à l'usage.*

Ville.

Être à la ville, c'est n'être point à la campagne. On dit :

Monsieur est à la ville, pour marquer qu'il n'est pas à la campagne.

Être en ville, c'est n'être pas chez soi : *Monsieur est en ville*, c'est-à-dire, n'est pas chez lui.

On dit, dans ce dernier sens, *déjeuner, dîner en ville*, c'est-à-dire, dans une maison où l'on est invité.

CHAPITRE II.

SYNTAXE DE L'ARTICLE.

On emploie l'article et on le repète avant tous les substantifs communs dont la signification est déterminée, sujets ou compléments.

EXEMPLES.

La *fraude*, la *violence*, le *parjure*, les *procès*, les *guerres, ne font jamais entendre leur voix cruelle et empestée dans ce pays chéri des dieux*. (TÉLÉMAQUE.)

Je ne vous peindrai point le *tumulte et* les *cris*,
Le *sang de tout côté ruisselant dans Paris*,
Le *fils assassiné sur* le *corps de son père*,
Le *frère avec* la *sœur*, la *fille avec* la *mère*, etc.

(HENRIADE.)

Ainsi, on ne dira pas : *les empires et royaumes de l'univers ; les frères et sœurs* ; mais, *les empires et les royaumes; les frères et les sœurs*.

On répète aussi l'article avant deux adjectifs unis par *et*, lorsqu'ils ne qualifient pas le même substantif : on ne doit pas dire : *l'ancien et nouveau monde*, parce qu'il ne s'agit pas d'un monde à la fois ancien et nouveau, mais de deux mondes. C'est comme si l'on disait : *l'ancien monde et le nouveau monde*. On ne doit pas dire non plus : *les vieux et jeunes soldats ont montré le même courage*, parce que les soldats ne peuvent pas être à la fois jeunes et vieux ; mais, comme il est question de soldats dont les uns sont *jeunes* et les autres *vieux*, il faut nécessairement deux déterminatifs.

La place de l'article est toujours avant les substantifs; de façon que si les substantifs sont précédés d'un adjectif, même modifié par un adverbe, l'article doit être à la tête de ces mots, mais néanmoins après les prépositions.

EXEMPLE

La *plus belle victoire est celle que nous remportons sur nous-mêmes.*

Exception. L'adjectif *tout*, et ces titres de qualité, *monsieur*, *madame*, *monseigneur*, déplacent l'article; on le met alors entre ces mots et les substantifs. Exemples : *Mon frère est aimé de tout* le *monde; à monsieur* le *duc* ; *à madame* la *comtesse*; etc.

Du, *des*, *de la*, sont regardés comme articles partitifs, et non comme articles composés, quand ils sont employés devant des substantifs pris dans un sens indéterminé et dépendant d'un verbe ou d'une préposition : ces articles remplacent alors les adjectifs indéfinis *quelque*, *certain* : *il a des talents*, c'est-à-dire, *quelques talents*; *il a montré de la prudence*, c'est-à-dire, *une certaine prudence*; *il a du courage*, c'est-à-dire, *quelque courage*, *un certain courage*.

Suppression de l'article.

On supprime l'article :

1° Devant les noms communs, pris dans une partie indéterminée de leur signification, lorsque ces mots sont précédés de leur adjectif

EXEMPLES

Cet homme n'est pas dépourvu de *grands talents*, et non pas *des grands talents*. *J'ai vu* de *belles maisons*, et non pas *des belles maisons*. *J'ai bu* de *bon vin*, et non pas *du bon vin. J'ai mangé* de *bonne viande*, et non pas *de la bonne viande*, etc.

Mais si les noms sont employés dans un sens déterminé, il faut mettre l'article, lors même que ces noms sont précédés de leur adjectif.

EXEMPLES.

Cet homme n'est pas dépourvu des *grands talents qu exige sa place*. Le substantif *talents* a ici un sens déterminé, que ces mots, *qu'exige sa place*, servent à lui donner. *Ce marchand s'est défait avantageusement* des *belles étoffes qu'il avait achetées à un prix si modique*. Le substantif *étoffes* est employé dans un sens déterminé, que lui donnent ces mots, *qu'il avait achetées à un prix modique*.

Racine a donc fait une faute, en disant, dans sa tragédie de *Mithridate* : *Qui sait si ce roi*

N'accuse point le ciel qui le laisse outrager,
Et *des* indignes fils qui n'osent le venger.

Il aurait fallu *d'indignes fils*, ou plutôt *et deux indignes fils*.

Cependant, quand l'adjectif qui précède le nom pris dans un sens partitif, donne à ce nom une signification particulière, comme dans *grand homme*, *petites-maisons*, *petit-maître*, *petite-maîtresse*, *petit-fils*, *petit-neveu*, *petits pois*, on conserve l'article. On dit : *des grands hommes*, *des petits-maîtres*, *des petits-fils*, etc.

2° Après les adverbes de *quantité* et un *collectif partitif* : *cet homme a* beaucoup *de chagrin*, peu *de courage*; *que vous me causez de joie*; *une foule d'ennemis*. Mais après l'adverbe de quantité *bien*, on met l'article : *il a* bien *du chagrin*, bien *du courage*, bien *de la joie*, etc. La raison de cette exception, c'est que *bien* est aussi un substantif. On dit, *un bien de ville*, *un bien de campagne*; et, pour distinguer le substantif *bien* de l'adverbe *bien*, on a dû mettre l'article après celui-ci. Si, au lieu de dire, *il a bien de l'éclat, bien de la peine*, on disait, *il a bien d'éclat, bien de peine*, la phrase perdrait de sa clarté; on pourrait prendre le mot *bien*, pour un nom, et demander ce que c'est qu'*un bien d'éclat, un bien de peine*.

3° Quand les noms sont en apostrophe ou en interjection :

O rives du Jourdain, ô champs aimés des cieux.

4° Quand ils sont sous le complément de la préposition *en* : *être* en *ville* ; *regarder* en *pitié* ; *raisonner* en *homme sensé*. (Comme la préposition *en* n'exprime qu'un rapport indéterminé, le nom qui la suit rejette l'article.)

5° Quand ils s'unissent aux verbes *avoir*, *faire*, etc., pour n'exprimer avec ces verbes qu'une seule idée : *avoir envie*, *faire peur*, *chercher fortune*, *porter malheur*, *tenir parole*, etc.

6° Avant les noms employés comme compléments dans les phrases négatives. Ainsi, l'on dit dans la proposition affirmative, *je bois* du *vin* ; et, dans la proposition négative, *je ne bois point* de *vin*.

7° Quand ils sont unis par les prépositions *à* ou *de* à un mot qui précède, pour en exprimer un mode, une manière d'être; comme, *cheminée* de *marbre*, *tabatière* d'*or*, *table* à *tiroir*, *lit* à *colonnes*, etc.

8° Devant les noms propres de divinités, d'hommes, de villes.

EXEMPLES.

C'est Jupiter *armé pour effrayer la terre.*
Écho *n'est plus un son qui dans l'air retentisse.*
Rome *enfin se découvre à ses regards cruels.*

Remarque. Quelquefois on supprime l'article devant les noms, pour rendre la diction plus vive. Quand on dit : *pauvreté n'est pas vice*, on s'exprime plus vivement que si l'on disait: *la pauvreté n'est pas un vice*. Cette phrase de Fléchier : *citoyens*, *étrangers*, *ennemis*, *peuples, rois*, *empereurs*, *le plaignent et le révèrent*, a bien plus de vivacité, d'énergie et de grâce, qu'elle n'en aurait en rétablissant les articles : les *citoyens*, les *étrangers*, les *ennemis*, etc., *le plaignent et le révèrent*.

Avant les adverbes *plus*, *mieux*, *moins*, on emploie *le, la*, *les*, pour exprimer une comparaison : *on ne condamna pas tous les criminels; on punit seulement les plus coupables*, c'est-à-dire, ceux qui étaient plus coupables que les autres. Mais on emploie simplement *le*, pour marquer une qualité portée au plus haut degré, sans idée de comparaison avec d'autres objets : *ne nous lassons pas de faire du bien à nos semblables, lors même qu'ils sont le plus ingrats*, c'est-à-dire, *ingrats* au plus haut point.

Le plus, *le mieux, le moins*, se rapportant à un verbe ou à un adverbe sont toujours invariables; ils forment alors une locution adverbiale : *le caractère léger et inconstant des Athéniens les porta à persécuter les hommes qui s'étaient le plus distingués*.

CHAPITRE III.

SYNTAXE DE L'ADJECTIF.

De l'adjectif qualificatif.

Tout adjectif qualificatif doit toujours se rapporter à un substantif ou à un pronom exprimé dans la phrase, et y être placé de manière à ne pas paraître qualifier indistinctement un mot ou un autre, comme dans l'exemple suivant : *jaloux de marcher contre les Vénitiens, on représente à Louis XII que les ennemis se sont emparés du seul poste qu'il pût occuper, et l'on cherche à l'en détourner.* Il est évident que c'est Louis XII qui est jaloux, etc. Cependant l'adjectif paraît se rapporter aussi au sujet *on*. Il y a donc équivoque. Pour rendre cette phrase correcte, il faut dire : *on représente à Louis XII, jaloux de marcher contre les Vénitiens, que les ennemis se sont emparés du seul poste qu'il pût occuper, et l'on cherche à l'en détourner.*

L'adjectif n'est qu'un avec le substantif : d'où il suit qu'il doit, dans tous les cas, prendre les formes du substantif qu'il qualifie.

Tout adjectif doit être au même genre et au même nombre que le substantif auquel il se rapporte.

EXEMPLES.

Le bon père, la bonne mère : bon est du masculin et du singulier, parce que *père* est du masculin et du singulier ; *bonne* est du féminin et du singulier, parce que *mère* est du féminin et du singulier.

De beaux jardins, de belles fleurs : beaux est du masculin et au pluriel, parce que jardin est du masculin et au pluriel; *belles* est du féminin et au pluriel, parce que *fleurs* est du féminin et au pluriel.

EXCEPTIONS.

L'adjectif *demi*, placé devant le substantif, est invariable et se joint à ce substantif par un trait d'union. Exemples : *une* demi-*heure*, une demi-*douzaine*. Mais, s'il est placé après le substantif, il en prend seulement le genre parce qu'il qualifie un substantif singulier sous-entendu : *une heure et demie ; deux douzaines et demie*, c'est-à-dire, *deux douzaines et* (une douzaine) *demie*

Demi, en arithmétique, s'emploie comme substantif masculin, pour désigner une moitié d'unité : *deux tiers et un demi ; quatre demis valent deux unités.*

Demie s'emploie aussi comme substantif féminin, pour signifier *demi-heure : la demie est-elle sonnée ? cette horloge sonne les heures et les demies.*

L'adjectif *nu*, est invariable, lorsqu'il précède le substantif, et se joint à ce substantif par un trait d'union. Ainsi, écrivez : *nu-pieds, nu-jambes.* (On ne peut pas dire au singulier, *nu-pied, nu-jambe*, quoiqu'on dise *nu-tête.*) Mais, si l'adjectif *nu* est après le substantif, il en prend le genre et le nombre : *il va les pieds* nus, *les jambes* nues, *la tête* nue.

L'adjectif *feu* n'a point de pluriel, et il ne prend la terminaison féminine que lorsqu'il est placé entre l'article ou l'adjectif déterminatif et le substantif : *la feue reine, ma feue sœur.* Mais on écrira sans accord, *feu la reine, feu ma sœur*, parce que cet adjectif se trouve placé avant le déterminatif.

Remarque. Le substantif auquel l'adjectif se rapporte est quelquefois sous-entendu, lorsque cet adjectif est au superlatif. Dans ce cas, c'est avec le substantif sous-entendu que l'adjectif s'accorde. Exemple : *le printemps est* la *plus agréable* des saisons. Le substantif *saison* est sous-entendu : *le printemps est la plus agréable* saison *des saisons.*

Quand un adjectif se rapporte à deux substantifs singuliers, on met cet adjectif au pluriel, parce que l'adjectif, modifiant en même temps les deux substantifs singuliers, doit prendre la forme qui marque cette double modification.

EXEMPLE.

Le roi et le berger sont égaux *après la mort* (et non pas *égal*)

Si les deux substantifs auxquels un adjectif se rapporte sont de différent genre, on met l'adjectif au pluriel et au masculin; et, si l'adjectif a une terminaison particulière pour chaque genre, le substantif masculin s'énonce le dernier : *j'ai trouvé ma sœur et mon frère malheureux*.

EXCEPTIONS.

Quand l'adjectif se rapporte à deux substantifs de *choses inanimées*, et qui sont *placés en complément* d'un verbe ou d'une préposition, cet adjectif prend le genre et le nombre du dernier des substantifs après lequel il se trouve placé immédiatement, parce que ce dernier substantif est le seul auquel l'esprit s'attache, comme étant le plus proche.

EXEMPLES.

Il a apporté, dans l'examen de cette affaire, un discernement et une application étonnante.

Il trouva les étangs et les rivières glacées.

Quand les substantifs sont *synonymes*, c'est-à-dire, quand ils ont à peu près la même signification, l'adjectif s'accorde avec le dernier, parce qu'il n'y a alors qu'une seule idée exprimée : *Sylla s'était acquis dans Rome un pouvoir, une autorité absolue*.

Lorsque deux substantifs sont unis par la conjonction *ou*, cette conjonction donnant l'exclusion à un des deux substantifs, l'adjectif s'accorde avec le dernier substantif, parce que c'est celui qui fixe le plus l'attention : *une défaite ou un triomphe entier; un attachement ou une haine violente.*

Deux adjectifs singuliers ne peuvent qualifier un nom pluriel. On ne doit pas dire : *les langues grecque et latine; les armées impériale et italienne; les cinquième et sixième siècles*. Il faut répéter le substantif ou le déterminatif autant de fois qu'il y a de qualités différentes : *la langue grecque et la langue latine ; l'armée impériale et l'armée italienne; le cinquième et le sixième siècle.*

Quand un adjectif est suivi immédiatement d'un autre adjectif qui le modifie, l'un et l'autre restent invariables, le premier étant employé comme substantif singulier : *des cheveux châtain clair,* c'est-à-dire, *d'un châtain clair; des étoffes rose tendre,* c'est-à-dire, *d'un rose tendre.* Il en est de même quand on dit : *des habits gris-brun, des robes vert-pomme, des tabliers gris-de-perle;* les mots *gris-brun,* etc., sont employés adjectivement.

L'adjectif placé après deux substantifs séparés par la préposition *de,* s'accorde ordinairement avec le premier substantif exprimé. Ainsi l'on doit écrire : *après six mois de temps écoulés, après trois heures du jour passées à la promenade,* en faisant accorder *écoulés* et *passées* avec les substantifs *mois* et *heures.*

L'adjectif s'emploie souvent pour modifier un verbe. Il fait alors la fonction d'adverbe et reste invariable : *nos troupes ont tenu bon dans leur poste; il vend cher sa protection : ces dames chantent juste ; ils ont été vite en besogne.*

Adjectifs composés.

1° *Mi, demi, semi* sont toujours invariables devant les adjectifs auxquels ils sont joints : *les avis ont été mi-partis, les opinions ont été mi-parties ; des fruits demi-cuits, des gens demi-fous; des fleurs semi-doubles, des recueils semi-périodiques.*

2° Quand un adjectif est formé de deux adjectifs, ils varient l'un et l'autre en genre et en nombre : *des enfants aveugles-nés, des oranges aigres-douces, des hom-*

mes ivres-morts, les enfants premiers-nés, des femmes sourdes-muettes.

3° Quand le premier des adjectifs est employé comme adverbe, le second seul est variable : *des cheveux clair-bruns, des arbres clair-semés, des enfants court-vêtus, une fille nouveau-née, des enfants mort-nes, des chevaux court-jointés, long-jointés.* Excepté *frais cueilli* et *tout-puissant*, qui varient tous les deux au féminin singulier et au féminin pluriel : *une fleur fraîche éclose, des roses toutes fraîches cueillies; elle était toute-puissante.*

4° Lorsque dans l'adjectif composé il entre une préposition ou un adverbe, l'adjectif seul s'accorde : *des enfants bien-aimés, des personnes mal-apprises, des mesures contre-révolutionnaires, des ordonnances contre-signées par le ministre.*

Place des adjectifs.

L'usage règle seul la place que doit occuper l'adjectif. Cependant la position de l'adjectif avant ou après le substantif en change souvent la signification. En voici quelques exemples :

Un homme *grand* est un homme d'une grande taille; un *grand* homme est un homme d'un grand mérite.

Un *honnête* homme est un homme d'honneur, de probité ; un homme *honnête* est un homme civil et poli.

Un *brave* homme signifie un homme qui a de la bonhomie et de la probité ; un homme *brave* désigne un homme qui a de la bravoure.

Un homme *plaisant* est un homme enjoué; un *plaisant* homme est un homme ridicule.

Un *pauvre* auteur est un auteur de peu de mérite ; un auteur *pauvre* est un auteur qui n'a point de fortune

Union des adjectifs avec les substantifs ou avec les verbes, au moyen d'une préposition.

Les adjectifs se joignent aux substantifs ou bien aux verbes à l'aide des prépositions *à, de, pour, par*, etc.

EXEMPLES.

Digne de *récompense*; *propre* à *la guerre*; *enfant chéri* de *son père*; *un homme habile* à *tirer de l'arc*, etc.

Remarque. Un *substantif* ou un *verbe* ne peut être placé à la suite de deux adjectifs qu'autant que ces deux adjectifs reçoivent après eux la même préposition. On dit bien, *un homme utile et cher à sa famille*; mais on ne dit point, *un homme utile et chéri de sa famille*, parce que l'adjectif *utile* ne peut être suivi de la préposition *de*.

Adjectifs numéraux.

L'adjectif numéral *cent* prend *s*, quand il est suivi ou censé suivi d'un substantif : *Deux* cents *hommes*; *j'avais emporté trois* cents *francs, j'en ai dépensé deux cents*. Mais il ne prend point *s*, s'il est suivi d'un autre adjectif de nombre : *Deux* cent *cinquante hommes*.

Remarque. Cent est quelquefois substantif masculin . *un cent d'œufs, un cent d'épingles*, etc.; *trois cents de paille*.

L'adjectif *vingt* multiplié par un autre adjectif de nombre, prend *s*, lorsqu'il précède immédiatement un substantif : *Cent* quatre-vingts *soldats*; *cent* quatre-vingts *chevaux*; quatre-vingts *ans*. Mais, quand *vingt* est suivi d'un autre adjectif de nombre, il ne reçoit point *s* : Quatre-vingt-deux *hommes*; quatre-vingt-trois *lieues*. *Vingt* prend *s* dans *hospice des* Quinze-Vingts, parce qu'il est censé suivi du substantif *aveugles*

Remarque. Vingt s'emploie aussi substantivement, et signifie vingtième : *le vingt du mois; le vingt de sa maladie.*

On dit *cent un;* mais il faut dire *vingt et un, vingt et unième*, avec la conjonction *et*. Cette conjonction se joint pareillement aux adjectifs numéraux *trente, quarante*, etc. : *trente et un*, *quarante et un*, etc. Mais il faut dire : *quatre-vingt-un.*

Mille, signifiant dix fois *cent*, ne prend jamais la marque du pluriel : *dix mille hommes*; *dizaine de mille*; *les mille et une nuits.*

Dans la date ordinaire des années, quand cet adjectif est suivi d'un ou de plusieurs autres nombres, il s'écrit *mil : Le froid fut très-grand en mil sept cent neuf.*

Mille, mesure itinéraire, dont l'étendue diffère selon les pays, prend *s* au pluriel. C'est alors un substantif commun : *Deux milles d'Allemagne font à peu près quatre lieues de France.*

Un est adjectif numéral quand il marque la quantité : *un entre mille, donnez-m'en un*. C'est un adjectif indéfini quand il est mis pour *certain, tout, quiconque : un philosophe a dit que*; *un chrétien doit faire cela*; *un homme peut-il raisonner ainsi?* c'est-à-dire, *certain philosophe, tout chrétien, quiconque est homme.*

Les adjectifs cardinaux s'emploient souvent pour les adjectifs ordinaux : Louis *douze* monta sur le trône l'an *quatorze cent quatre-vingt-dix-huit*; Henri *trois* fut assassiné l'an *quinze cent quatre-vingt-neuf : douze* est mis pour *douzième*, *trois* est mis pour *troisième*, comme *quatorze cent quatre-vingt dix-huit* et *quinze cent quatre-vingt-neuf* sont mis pour *quatorze cent quatre-vingt-dix-huitième, quinze cent quatre-vingt-neuvième.*

L'an *quatre-vingt*, l'an *neuf cent*, c'est-à-dire, l'an

quatre-vingtième, l'an *neuf-centième*. Dans ce cas, ces adjectifs ne varient jamais, parce qu'ils qualifient un substantif singulier exprimé ou sous-entendu.

Adjectifs possessifs.

Les adjectifs possessifs *son*, *sa*, *ses*, *leur*, *leurs*, ne peuvent être mis dans une proposition, pour un nom de chose inanimée, que quand le nom de cette chose se trouve exprimé dans la même proposition. On dit bien, par exemple: *Cet auteur a* ses *partisans, cet avis a* ses *contradicteurs*; parce que, dans le premier cas, l'adjectif *ses* se rapporte à un nom de *personne*, et que dans le second, où il se rapporte à un nom de *chose*, ce nom se trouve exprimé dans la même proposition. Mais on ne peut pas dire: *La ville de Paris est belle, j'admire ses bâtiments*; parce qu'ici l'adjectif *ses* se rapporte à un nom de chose inanimée, et que ce nom, qui a été exprimé dans la première proposition, *la ville de Paris est belle*, n'est pas exprimé dans la seconde proposition, *j'admire ses bâtiments*. Il faut dire: *La ville de Paris est belle, j'*en *admire les bâtiments.*

Cependant, quoique le nom de chose ne se trouve pas dans la même proposition, on se sert bien de *son*, *sa*, *ses*, etc., lorsque ces adjectifs sont précédés d'une préposition :

La ville de Paris est belle, j'admire la grandeur de ses *bâtiments.*

On remplace l'adjectif possessif par l'article, quand le sens indique clairement la personne à laquelle appartient l'objet dont on parle. Ne dites pas : Votre sœur a mal *à sa tête*, votre frère s'est cassé *sa jambe*; car il est bien clair que votre sœur ne peut avoir mal à la tête d'une autre personne, que votre frère ne peut s'être cassé la jambe d'un autre; dites : *Votre sœur a mal à la tête, votre frère s'est cassé la jambe.*

Cependant quand il s'agit d'une chose habituelle, on peut employer l'adjectif possessif : *Sa migraine est très-forte aujourd'hui; sa goutte le tourmente beaucoup.*

On ne doit pas dire non plus : *Vous lui avez abrégé sa peine par les avis que vous lui avez donnés.* ***Lui*** et ***sa*** forment un pléonasme. Il est bien clair que vous n'avez pas abrégé *à lui* la peine d'un autre.

Le substantif précédé d'un adjectif possessif se met au pluriel, quand le sens indique que chacune des personnes ou des choses composant le sujet de la proposition possède séparément un objet semblable à celui que représente le substantif :

Ces cavaliers n'ont pu retenir leurs chevaux.

Vos frères ont-ils retrouvé leurs chapeaux ?

Les rivières sont sorties de leurs lits.

Chaque cavalier a un cheval, chaque frère a un chapeau, chaque rivière a un lit. Mais le substantif précédé de l'adjectif possessif reste au singulier, quand au contraire le sens indique que chacune des personnes ou des choses composant le sujet de la proposition possède en commun l'objet représenté par le substantif :

Nous devons chérir notre patrie.

Ces trois frères ont toujours montré pour leur père le plus grand respect.

Les deux sœurs ont revu leur mère avec le plus grand plaisir.

Adjectifs indéfinis.

Tout, employé pour la conjonction ***quoique*** ou pour l'adverbe *entièrement*, ne change point de nombre devant un adjectif masculin pluriel : *Les enfants*, tout *ai-*

mables qu'ils sont, ne laissent pas d'avoir bien des défauts ; ces vins-là veulent être bus tout *purs.*

Tout, devant un adjectif féminin qui commence par une consonne, reçoit le genre et le nombre comme l'adjectif : *elle est* toute *malade; elles furent* toutes *surprises de le voir; des femmes* toutes *pénétrées de douleur; de l'eau-de-vie* toute *pure. Toute*, *toutes*, dans ces exemples, font toujours la fonction d'*adverbe*; ce n'est que par euphonie qu'on les fait accorder avec l'adjectif suivant. Mais devant les adjectifs féminins qui commencent par une voyelle, *tout* ne change point : *sa maison est* tout *autre qu'elle n'était; un chien qui a les oreilles* tout *écorchées; des femmes* tout *éplorées; avoir les mains* tout *emportées ;* tout *ingrate qu'elle est; ces hardes,* tout *usées qu'elles sont ; cette armée a péri* tout *entière*, etc.

Quelque s'emploie de cette manière :

1° *Quelque* devant un substantif est adjectif et s'accorde avec ce substantif : *Quelques écrivains ont traité ce sujet; quelques efforts que vous fassiez.* Il est encore adjectif quand il se trouve devant un adjectif suivi immédiatement d'un substantif : *Quelques grands biens que vous ayez.*

2° Il s'écrit en deux mots, *quel* et *que*, quand il est devant un verbe, et alors *quel* s'accorde avec le sujet du verbe : *Quelle que soit votre force; quelles que soient vos richesses ; quels que soient vos talents.*

3° Il est adverbe quand il est joint à un adjectif ou à un adverbe, et il signifie *à quelque point, à quelque degré que.* Il est alors invariable : *Quelque puissants qu'ils soient, je ne les crains pas ; quelque adroitement qu'ils s'y soient pris.*

4° *Quelque* signifiant *environ, à peu près*, est encore

adverbe : *Il y a quelque soixante ans*, c'est-à-dire, *environ, à peu près soixante ans.*

Aucun, signifiant *pas un*, n'admet pas ordinairement le pluriel : *Vous n'avez aucun moyen de réussir dans cette affaire.* Il en est de même de l'adjectif *nul* : *Il n'y a nulle justice à cela.*

Cependant ces adjectifs se mettent au pluriel quand ils sont devant des substantifs qui ne s'emploient qu'à ce nombre, ou qui ont au pluriel un autre sens qu'au singulier : *Nulles gens ; elles ne lui ont rendu aucuns soins.*

Chaque se met toujours devant un substantif et n'a point de pluriel : *Chaque pays a ses coutumes.* Ne dites pas : *Ces vases coûtent douze francs chaque;* dites: *douze francs chacun.*

Même est adjectif :

1° Quand il est placé devant le substantif : les *mêmes raisons.*

2° Quand, placé après le substantif, il est précédé d'un article : *Ces dames sont toujours les mêmes.*

3° Quand il est placé après un seul substantif : *Les Romains ne vainquirent les Grecs que par les Grecs mêmes.*

4° Quand il est placé après un pronom personnel : *nous-mêmes, vous-mêmes, eux-mêmes.*

Même est adverbe :

1° Quand il est placé après deux ou plusieurs substantifs : *Il lui a tout donné, ses habits même.*

2° Quand il modifie un verbe : *Il leur a dit des injures et les a même frappés.* Il signifie alors, *de plus, aussi, encore.*

REMARQUES PARTICULIÈRES SUR QUELQUES ADJECTIFS.

Angora.

On dit un chat *angora*, un lapin *angora*, et non *angola*. Les chats et les lapins d'*Angora*, ville de la Turquie d'Asie, se distinguent par leur fourrure des animaux de la même espèce, originaires de nos pays. Leur espèce a été importée depuis longtemps dans nos climats, et on les nomme à tort *angolas* au lieu d'*angoras*, confondant ainsi leur origine, et faisant venir d'Afrique ce qui nous vient de l'Asie.

Capable, susceptible.

Capable signifie particulièrement, en parlant des personnes, qui a de l'aptitude, des dispositions à quelque chose; on le dit soit en bien, soit en mal : *C'est un homme capable des plus grandes choses. Capable* se dit quelquefois absolument pour *habile*, *intelligent : c'est un homme capable.*

Quand il se dit des choses, il exprime une idée de contenance : *Cette salle est capable de contenir tant de personnes.* Il signifie aussi, qui peut produire tel ou tel effet, amener tel ou tel résultat : *Cette démarche est capable de vous nuire ; cette maladie est capable de le tuer.*

Susceptible se dit des choses et signifie, qui peut recevoir certaine qualité, certaine modification : *Cette terre est susceptible d'améliorations; l'esprit de l'homme est susceptible de bonnes, de mauvaises impressions.*

Quand *susceptible* se dit des personnes, il signifie, qui est facile à blesser, qui s'offense aisément : *elle est trop susceptible ; un esprit, un caractère susceptible.*

Cassant, casuel.

Cassant signifie *fragile*, sujet à se casser, à se rompre : *la porcelaine est cassante; le cristal est beau, mais il est cassant.*

Casuel signifie *fortuit*, *accidentel*, qui peut arriver ou ne pas arriver : *cela est casuel, fort casuel.*

Conséquent.

Conséquent ne doit pas s'employer au lieu de *grand, important, considérable.* Ne dites pas : c'est une perte *conséquente,* c'est une somme *conséquente*, pour signifier une grande perte, une somme considérable. L'adjectif *conséquent* ne peut s'employer que pour désigner une personne qui raisonne, qui agit conséquemment : *Cet homme est conséquent dans ses discours, dans ses projets, dans sa conduite.* On dit aussi : avoir une conduite *conséquente* à ses principes.

Déplorable.

L'adjectif *déplorable* ne se dit guère que des choses : *un événement déplorable; sa condition, son sort est déplorable.*

Il se dit quelquefois des personnes, en poésie et dans le style soutenu : *famille déplorable; déplorable victime de la tyrannie.*

Deux (tous deux, tous les deux.)

Tous deux signifie que deux personnes font ensemble la même action ; *tous les deux* signifie que deux personnes font la même action, sans marquer précisément qu'elles la fassent ensemble, dans le même temps ou dans le même lieu : *Pierre et Paul iront tous deux à la chasse*; *Pierre et Paul iront tous les deux à la chasse.* Dans la première phrase, on dit que Pierre et Paul iront ensemble chasser dans le même lieu, et qu'ils ne se sépareront pas. Dans la seconde phrase, on dit que Pierre et Paul iront à la chasse, sans exprimer qu'ils doivent ou non aller dans le même lieu, ni que ce soit dans le même temps.

Digne, indigne.

Digne, sans négation, se prend en bien et en mal : *il est digne de récompense; digne de mépris, de punition.*

Digne, avec négation, et *indigne*, ne se disent que du bien : *il n'est pas digne qu'on le regarde; il s'est rendu indigne de vos bienfaits.*

Éminent, imminent.

Danger éminent, péril éminent, danger, péril très-grands ; danger *imminent*, péril *imminent*, danger, péril inévitables.

Matinal, Matineux, Matinier.

Matinal, qui s'est levé matin : *vous êtes bien matinal aujourd'hui.*

Matineux, qui a l'habitude de se lever matin : *êtes-vous toujours matineux?*

Matinier, qui appartient au matin. Il n'est guère usité que dans cette expression : *l'étoile matinière.*

Mousseux, moussu.

Mousseux, se dit de ce qui mousse, de ce qui fait beaucoup de mousse : *vin de Champagne mousseux; cette bière est bien mousseuse.*

Moussu, se dit de ce qui est couvert de mousse : *un arbre moussu; une pierre moussue; une rose moussue.*

Pardonnable, impardonnable.

Pardonnable, impardonnable, ne se disent point des personnes, mais seulement des choses. Ne dites pas : *Il serait impardonnable de ne point consentir à cette demande;* dites : *il serait inexcusable*, etc.

Passager, passant.

Ne confondez point *passager, passagère*, avec *passant, passante.* On dit qu'un chemin est *passant*, qu'une rue est *passante*, pour signifier qu'il y passe beaucoup de monde. L'adjectif *passager* se dit des personnes ou des choses qui ne font que passer, qui sont de courte durée : les hirondelles sont des oiseaux *passagers ;* la beauté est *passagère.*

Une rue n'est donc point *passagère*, mais *passante.*

Rancunier et non *rancuneux.*

Ne dites pas : cet homme s'apaisera bientôt; je ne le crois pas *rancuneux. Rancuneux* n'est pas français. Il faut dire *rancunier.*

Suffisant.

L'adjectif *suffisant* ne doit jamais être précédé de l'adverbe *assez.*

Assez suffisant est un pléonasme. On ne dira donc pas : *ce que j'ai de bien n'est pas assez suffisant pour me faire vivre*. Il faut dire : *ce que j'ai de bien n'est pas suffisant pour me faire vivre.*

Tel que.

C'est une faute que d'employer *tel que* au lieu de *quel que*, *quelque que*. Ne dites pas : *Dieu est présent dans tous les lieux, tels qu'ils soient; tel nom qu'on puisse donner a la défiance, elle est toujours le vice des âmes basses et des esprits médiocres*. Dites : *Dieu est présent dans tous les lieux, quels qu'ils soient; quelque nom qu'on puisse donner à la défiance*, etc.

Tout.

Lorsque *tout*, adjectif, a le sens de *chaque*, et qu'il est employé devant un nom qui n'a pas d'article, il ne se met pas au pluriel : *tout homme sensé, toute créature raisonnable pensera*. Cependant on dit : *prendre à toutes mains, courir à toutes jambes*. L'usage permet aussi d'employer le singulier ou le pluriel dans les locutions suivantes : *à tout moment*, ou *à tous moments; en tout lieu*, ou *en tous lieux; de tout côté*, ou *de tous côtés*.

Tout, devant un adjectif féminin commençant par une voyelle ou une *h* non aspirée est adjectif, lorsqu'il sert moins à exprimer une sorte d'excès, qu'à désigner l'ensemble, la totalité des différentes parties d'une chose : *la forêt lui parut toute enflammée; au langage près, la comédie, chez les Romains, fut toute athénienne.*

Quand l'adjectif féminin peut être remplacé par une expression équivalente, *tout* est encore regardé comme adjectif : *la maison était toute en feu;* toute la maison brûlait : *cette maison est toute à lui*; il n'y a aucune partie de cette maison qui ne lui appartienne. Mais quand il s'agit d'exprimer l'excès, l'intensité, *tout* est adverbe : *elle était tout en larmes;* elle pleurait beaucoup, excessivement : *elle est tout à son devoir;* elle est entièrement occupée de son devoir. Il faut aussi distinguer entre ces deux locutions : *c'est tout autre chose*, et *demandez-moi toute autre chose*. Dans la première, *tout* est adverbe et signifie tout à fait, entièrement ; dans la seconde, *toute* est adjectif : demandez-moi *toute* chose autre que celle que vous me demandez.

Tout reste invariable dans les locutions suivantes : *Ce sont des gens qui sont tout cœur, tout esprit; elles étaient tout yeux et tout oreilles.*

Tout......que veut l'indicatif : *Tout habiles qu'ils sont; toutes raisonnables qu'elles sont; tout ingrate qu'elle est.*

Faut-il dire : ces dames furent *tout* étonnées ou *toutes* étonnées de me voir?

Cette question présente deux sens. Ou vous voulez exprimer que les dames dont il s'agit furent tout à fait étonnées de vous voir, ou bien vous voulez faire entendre que toutes les dames dont vous parlez furent étonnées de vous voir. Dans le premier cas vous devez dire : ces dames furent *tout* étonnées de me voir; car *tout* est employé là comme adverbe. Dans le second sens, il faut écrire : ces dames furent *toutes* étonnées de me voir; *toutes* étant adjectif. Il vaudrait mieux, pour éviter l'équivoque, placer l'adjectif *toutes* dans le premier membre de la phrase, et dire : *toutes* ces dames furent étonnées de me voir.

CHAPITRE IV.

SYNTAXE DES PRONOMS.

Les pronoms ne peuvent tenir la place :

1° D'un substantif pris dans un sens indéterminé, c'est-à-dire, non précédé d'un article ou d'un adjectif déterminatif.

2° D'un substantif qui, joint à un verbe, forme avec ce verbe une seule et même idée.

3° D'un substantif qui, dépendant d'une préposition, équivaut à un adverbe.

Ainsi, on ne dira pas : *Vous demandez justice, on vous la rendra; vous m'avez demandé conseil et vous ne l'avez pas suivi; vous avez été reçu avec politesse à laquelle vous deviez vous attendre* ; parce que, dans la première phrase, le substantif *justice* n'est précédé d'aucun déterminatif ; dans la seconde, *demander conseil* est mis pour le verbe *consulter* ; dans la troisième, *avec politesse* équivaut à l'adverbe *poliment*. Pour réformer ces phrases, il faut joindre au substantif un article ou un adjectif déterminatif, ou bien répéter le substantif après le second verbe. On dira donc : *Vous demandez justice, on vous rendra justice ; vous m'avez demandé un conseil et vous ne l'avez pas suivi ; vous avez été reçu avec la politesse à laquelle vous deviez vous attendre.*

Il faut éviter qu'un pronom qui doit se rapporter à un seul objet, soit pris dans deux sens différents, de manière à exprimer deux rapports. Il ne faut pas dire : *On doit faire choix d'amis si sûrs et d'une si exacte probité, qu'on ne puisse pas plus tard abuser de notre confiance.* Le premier *on* est mis pour le pronom *nous*, et le second tient la place du susbtantif *amis*. Pour rendre cette phrase correcte, il faut dire : *Nous devons faire choix d'amis si sûrs et d'une si exacte probité, qu'ils ne puissent pas plus tard abuser de notre confiance.*

Le pronom ne doit pas être employé de manière à pouvoir se rapporter indistinctement à un nom ou à un autre : *Scipion doit être leur modèle ; Tite-Live a remarqué que lorsqu'il alla assiéger Carthage.* On ne sait qui alla assiéger Carthage, si ce fut *Scipion*, ou si ce fut *Tite-Live.* Pour faire cesser l'équivoque, il faut dire : *Scipion doit être leur modèle ; Tite-Live a remarqué que lorsque ce consul alla assiéger Carthage.*

Accord des pronoms.

Les pronoms doivent toujours être du même genre,

du même nombre et de la même personne que le nom dont ils tiennent la place. Ainsi, en parlant de la tête, dites : *elle me fait mal. Elle*, parce que ce pronom se rapporte à tête, qui est du féminin et au singulier. Dites aussi : *Ce sont vos affaires comme les siennes.* Les *siennes*, parce que ce pronom se rapporte à *affaires*, qui est du féminin et au pluriel.

Pronoms personnels.

Les pronoms de la première personne *je*, *me*, *moi*, *nous*, et ceux de la seconde *tu*, *te*, *toi*, *vous*, ne s'appliquent qu'à des personnes ou à des choses personnifiées.

Il, *ils*, *le*, *la*, *les*, se disent indifféremment des personnes ou des choses.

Il en est de même des pronoms *elle* et *elles*, quand ils sont en sujet et souvent lorsqu'ils sont en complément : *La rivière entraîne avec elle tout ce qu'elle rencontre; j'aime la vérité au point que je sacrifierais tout pour elle.*

Mais lorsque ces pronoms, ainsi que les pronoms *leur*, *lui*, *eux*, sont employés comme compléments indirects, ils ne s'appliquent qu'aux personnes et aux choses personnifiées.

Ne dites point, en parlant d'une muraille, d'une table : *je m'approchai d*'elle, *je m'assis près d*'elle; dites : *je m*'en *approchai*, *je m*'y *assis*, ou *je m'assis* auprès.

Se peut se dire des personnes et des choses : *cette fleur se flétrit, cette femme se promène.*

Soi se dit des personnes et des choses. S'il se dit des personnes, on ne l'emploie qu'avec un sujet vague et indéterminé : *on doit rarement parler de* soi ; *chacun travaille pour* soi ; *n'aimer que* soi, *c'est être mauvais citoyen.*

Cependant, quoiqu'il n'y ait pas dans la phrase une expression vague, on peut employer *soi*. pour les personnes, afin d'éviter une équivoque : *En prenant les intérêts de son chef, cet employé travaille pour soi. Pour lui* présenterait un double sens ; on ne saurait si le pronom se rapporte à *chef* ou à *employé.*

Quand *soi* se dit des choses, il se met également avec le défini et avec l'indéfini ; et, dans ce cas, il convient aux deux genres : *le vice est odieux de* soi ; *la vertu est aimable de* soi. Mais il ne peut pas se rapporter à un pluriel. Ne dites point : *ces choses sont indifférentes de* soi. Il faut dire : *ces choses sont indifférentes* d'elles-mêmes.

Fonction des pronoms personnels.

Nous avons vu que les substantifs ont trois fonctions dans le discours : ils y sont en sujet, en apostrophe ou en complément. Les pronoms personnels ont la même fonction, avec la différence que quelques-uns sont toujours en sujet, deux seulement en apostrophe, quelques autres en complément, et d'autres enfin, tantôt en sujet, tantôt en complément.

Les pronoms personnels qui s'emploient toujours en sujet, sont *je*, *tu*, *il*, *ils*.

Les deux qui se mettent en apostrophe, sont *toi* et *vous* : ô *toi* ! ô *vous* ! ou bien, sans interjection : *Vous, que j'ai toujours chéri comme mon père !*

Les pronoms qui ne s'emploient qu'en complément sont *me*, *te*, *se*, *leur*, *le*, *la*, *les*, *y* et *en*.

Ceux qui sont tantôt sujets et tantôt compléments sont *nous*, *vous*, *moi*, *toi*, *lui*, *elle*, *eux*, *elles*.

Nous, employé pour *moi*, et *vous*, employé pour *tu*, veulent le verbe au pluriel ; mais l'adjectif suivant reste au singulier : *Nous savons, dit le roi, combien nous sommes aimé de nos sujets; mon fils, vous serez estimé, si vous êtes sage.*

Va ; mais nous-même allons, précipitons nos pas.
(RACINE.)

Les pronoms personnels employés comme sujets, se placent avant le verbe : *nous* demandons souvent des conseils que *nous* ne suivons pas.

EXCEPTIONS.

1° Dans les phrases interrogatives, le pronom qui sert de sujet se place toujours après le verbe : *irai-je ? viendras-tu ? sont-ils arrivés ?*

2° Le pronom sujet se met encore après le verbe, quand on rapporte les paroles de quelqu'un : *D'où vous vient, lui dit-elle, cette témérité d'aborder en mon île ?*

3° Quand le verbe est au subjonctif sans qu'aucune conjonction soit exprimée : *Fussiez-vous au fond des abîmes, la main de Jupiter pourrait vous en tirer; fussiez-vous dans l'Olympe, il pourrait vous précipiter dans le noir Tartare.*

4° Lorsque le verbe est précédé des mots *tel, ainsi, à peine, aussi, peut-être, encore, toujours, du moins, au moins, à plus forte raison : peut-être est-il parti; si l'on est obligé de faire du bien à des étrangers, à plus forte raison doit-on en faire à ses parents.*

Cette quatrième exception n'est pas de rigueur.

Les pronoms de la première et de la seconde personne, employés comme *sujets*, se répètent avant tous les verbes, quand ces verbes ne sont pas au même temps : Je *prétends et* je *prétendrai toujours*, etc. ; vous *avez déjà vu, et* vous *verrez encore*, etc.

Madame de Sévigné a fait une faute contre cette règle, dans ces deux phrases : *Je vous embrasse et vous aime, et vous le dirai toujours... Je les ai senties, et les sentirai longtemps.*

Mais quand les verbes sont au même temps, on dit très-bien, *je vous aime et vous le dis*, etc., sans répéter le pronom qui sert de sujet.

Les pronoms personnels employés comme *compléments* se placent également avant le verbe :

Lorsque dans le malheur un ami *nous* console,
Tout paraît *s*'embellir, tout flatte notre espoir;
A sa voix qui conseille et sait *nous* émouvoir
L'espérance renaît et le chagrin *s*'envole.

Il y a deux exceptions :

1° Lorsqu'un verbe à l'infinitif est précédé d'un autre verbe, le pronom se place avant les deux verbes ou entre les deux verbes.

Le ciel en divers rangs voulut *nous* établir;
Le véritable honneur c'est de les bien remplir.

La confiance, ami, ne *se* peut commander.

2° Si le verbe est à l'impératif, le pronom qui en est le complément se place après le verbe :

Soyez-vous à vous-même un sévère critique.
Faites-vous des amis prompts à vous censurer.

Souvenez-*vous* que dans votre puissance
L'orphelin doit trouver un appui généreux.
Arbitre de l'humble innocence,
Laissez-*vous* attendrir à ses cris douloureux.

Cependant quand le verbe est pronominal, le complément se place avant l'impératif, si la proposition est négative.

Répandez vos bienfaits avec magnificence,
Ne vous informez point de la reconnaissance.

S'il y a de suite deux impératifs unis par une des

conjonctions *et*, *ou*, le pronom complément du dernier impératif peut le précéder.

> Polissez-*le* sans cesse et *le* repolissez.
>
> (Boileau.)

Quand un verbe à l'impératif a deux pronoms pour compléments, l'un direct, l'autre indirect, le complément direct s'énonce le premier : *rendez-la-lui*, *envoyez-le-moi*.

On en excepte les pronoms *moi*, *toi*, *le*, *la*, construits avec le complément indirect *y*. Ainsi, on ne peut pas dire : *Vous allez au spectacle*, *menez-m'y*. Il faut que le pronom *y* soit mis avant le complément direct : *Vous allez au spectacle*, *menez-y-moi*. Mais il vaut mieux prendre un autre tour et dire : *Vous allez au spectacle*, *voulez-vous m'y mener*.

Quand le pronom *le* se rapporte à un *substantif* précédé de son article, ou à un adjectif pris substantivement, il s'accorde avec ce substantif en genre et en nombre; mais quand il tient la place d'un adjectif, d'un substantif pris adjectivement, ou d'un *verbe*, il est invariable.

Ainsi, lorsqu'on demande à une dame, *Étes-vous la nouvelle mariée? êtes-vous la propriétaire de cette maison?* elle doit répondre, *oui, je* la *suis*. *La*, parce que ce pronom se rapporte à un *substantif* précédé de son article.

Il en serait de même si l'on demandait à une dame, *êtes-vous madame* Dupont? Elle devrait répondre, *oui, je* la *suis*. *La*, parce que ce pronom se rapporte à un substantif, *la dame Dupont*. Dans ces phrases, le pronom *la* est un pronom personnel relatif mis au lieu de *elle : je suis* elle, celle *que vous dites*.

Mais si l'on demandait à une demoiselle, *êtes-vous* mariée? elle devrait répondre, *je ne* le *suis pas*. *Le*, parce que ce mot se rapporte à l'adjectif *mariée*. Si l'on demande à une dame, *êtes-vous* malade? elle doit répondre, *je* le *suis*, et non *je* la *suis*. *Le* se rapporte ici à la chose. et non à la personne. Il signifie *cela*, et non *elle* : *je suis* cela, ce que *vous dites*; et par conséquent, il est invariable. En effet, si une dame disait à deux de ses amies, *quand je suis malade, je fais telle chose*; ces dames ne pourraient lui répondre, *Et nous, quand nous* les *sommes, nous faisons*, etc.

Donc le pronom *le* ne prend ni genre ni nombre, quand il tient la place d'un adjectif. Il suit la même règle, quand il se rapporte à un verbe; il faut dire : *Nous devons nous accommoder à l'humeur des autres, autant que nous* le *pouvons*. *Le*, est ici invariable, parce qu'il se rapporte au verbe s'*accommoder*.

Le pronom *le*, mis pour *ceci*, *cela*, ne peut tenir la place que d'une chose exprimée auparavant. Ne dites point : *Je vous recevrai comme vous méritez de* l'*être*. Car, si nous décomposons la première partie, *je vous recevrai*, en je serai *recevant* vous, nous trouvons seulement une action exprimée, *recevant*; et, dans la seconde, nous ne voulons point dire, vous serez ceci, cela, *recevant*; mais nous voulons dire, *vous serez reçu*. Nous avons exprimé une *action* dans la première partie, et nous voulons exprimer un *état* dans la seconde. Ce n'est donc pas le relatif *le* que nous devons employer; il faut mettre le participe passé du premier verbe, et dire : *Je vous recevrai comme vous méritez* d'*être reçu*.

Des Pronoms possessifs.

Les pronoms possessifs, *le mien, le tien, le sien, le nôtre, le vôtre, le leur*, supposent toujours un substantif qui les précède; c'est donc une faute que de débuter ainsi en écrivant : *J'ai reçu* la *vôtre le cinq du courant.* Il faut écrire : *j'ai reçu votre lettre le cinq du courant.* N'écrivez pas non plus : *Je vous ai écrit le huit du présent mois, et j'ai reçu* la vôtre *le quinze*; mais écrivez : *Je vous ai adressé ma lettre le huit du présent mois, et j'ai reçu* la vôtre *le quinze.* Dites encore: *je connais vos prétentions, voilà* les miennes; ou, *voilà mes prétentions, je connais* les vôtres... *J'ai fait une visite à vos parents, je recevrai* la leur *au premier jour*; ou *je recevrai au premier jour, la visite de vos parents; je leur ai fait* la mienne.

Pronoms relatifs.

Qui relatif est toujours du même nombre et de la même personne que son *antécédent;* ainsi, il faut dire : *Moi* qui ai *vu*, *toi* qui *as vu*, *nous* qui *avons vu*, *vous* qui *avez vu*, *eux* qui *ont vu*, etc.

C'est donc une faute que de dire, en parlant d'un livre, *c'est un des meilleurs ouvrages qui* ait *paru depuis longtemps*. On doit dire: *c'est un des meilleurs ouvrages qui* aient *paru*, etc. Dites pareillement : *la passion du jeu est un des vices qui* ont *le plus contribué à notre perte*, et non pas, qui a *le plus contribué*, etc.

Quand il y a devant le pronom relatif un adjectif précédé d'un article, le verbe suivant se met à la troisième personne, parce que l'article détermine un substantif sous-entendu : *Nous étions les mêmes qui avaient combattu dans les jeux; nul autre n'y fut admis.*

Le pronom relatif *qui* indique dans cette phrase une troisième personne; *les mêmes hommes qui*, etc. L'article *les* ne laisse aucun doute à cet égard. Nous devons donc dire *qui avaient*, et non, qui *avions*.

Que relatif est toujours du même genre et du même nombre que son antécédent. Ainsi, écrivez : *Leibnitz est un des plus savants hommes* qu'*on ait jamais* vus, et non pas *vu*; *votre fils est un des plus aimables enfants* que j'*aie* connus, et non pas *connu*.

Le pronom relatif doit être rapproché autant que possible de son antécédent, pour éviter une équivoque. Ne dites pas : *Je réclame un service de votre bonté qui méritera toujours ma reconnaissance*; dites : *je réclame de votre bonté un service qui*, etc.

Le relatif *d'où* ne peut s'employer que pour exprimer le mouvement par lequel on sort d'un lieu : *la ville d'où il arrive*, et non pas *dont il arrive*; *le jardin d'où je vous ai vu sortir*, et non pas *dont je vous ai vu sortir*. Mais quand on n'indique point le mouvement pour sortir d'un lieu déterminé, c'est le pronom *dont* qu'il faut employer : *le jardin dont vous admirez la beauté*.

On connaît que c'est du pronom *dont* qu'il faut se servir, lorsqu'on peut faire cette question : *de quoi? de quoi* admirez-vous la beauté? On ne pourrait point dire: *d'où* admirez-vous la beauté?

Remarque. On dit : *la maison d'où je sors est inhabitable*, parce qu'on parle d'une maison, d'un lieu, dans le sens propre. Et l'on dit : *la maison dont je sors est illustre*, parce que *maison* est pris dans le sens figuré pour signifier *race*, *famille*.

Qui, précédé d'une préposition, ne se dit jamais des choses, mais seulement des personnes. Ainsi, on peut bien dire : *la personne* à qui *j'ai donné ma confiance*; mais on ne dira point : *les sciences* à qui *je m'applique*. Il faut dire : *les sciences* auxquelles *je m'applique*.

Après *lequel des deux*, mis pour quel est celui qui, le déterminatif *de* doit être supprimé avant chacun des deux sujets entre lesquels on propose un choix. Ne dites pas : *lequel des deux est le plus savant de vous ou de votre frère*; dites : *lequel des deux est le plus savant, vous ou votre frère?* Le pronom *vous* et le substantif *frère* sont effectivement sujets d'un verbe sous-entendu. Or, le sujet d'un verbe ne peut être précédé d'une préposition déterminative. C'est comme si l'on disait : *êtes-vous le plus savant? votre frère est-il le plus savant?*

Pronoms démonstratifs.

Celui-ci, celui-là, s'emploient de cette manière : *celui-ci* pour la personne dont on a parlé en dernier lieu; *celui-là* pour la personne dont on a parlé en premier lieu.

EXEMPLE.

Les deux philosophes Héraclite et Démocrite étaient d'un caractère bien différent : celui-ci *riait toujours;* celui-là *pleurait sans cesse.*

Ceci désigne une chose plus proche, *cela* désigne une chose plus éloignée. Exemple : *Je n'aime pas* ceci; *donnez-moi* cela.

Ce, devant le verbe *être,* demande ce verbe au singulier, excepté quand il est suivi de la troisième personne plurielle. On dit, c'est *moi*, c'est *toi*, c'est *lui*, c'est *nous*, c'est *vous*, qui, etc. Mais il faut dire, ce *sont, c'étaient*, ce *furent,* ce *seront* eux, elles, vos *ancêtres,* qui, etc.

EXEMPLES.

*C'*est *nous qui avons rétabli le calme.*

*C'*est *vous, généreux athlètes, qui avez combattu glorieusement.*

Ce sont *les honnêtes gens qui désirent la tranquillité.*

Ce sont *eux qui ont le plus contribué au gain de la bataille.*

*C'*étaient *de braves gens que nos hôtes.*

Ce furent *eux qui, le voyant sans défense, prirent son parti.*

Ce seront *eux qui auront le soin des affaires de la ville.*

Quelques-uns répètent *ce* devant le verbe *être*, en ces sortes de phrases. *ce qu'il y a de plus déplorable*, c'est, etc.; *ce qui me chagrine le plus*, c'est, etc. D'autres ne le répètent pas, et disent : *ce qui me chagrine le plus*, est, *etc.* L'Académie décide qu'il est toujours plus élégant de répéter *ce*, quand même le premier *ce* ne serait pas beaucoup éloigné.

On doit encore l'employer, quand on a mis auparavant un autre mot que *ce*, comme : *la difficulté que l'on y trouve*, c'est... (et non pas *est*, qui ne serait pas aussi bien à beaucoup près).

En général on doit toujours préférer *c'est* à *est*.

Le verbe *être* précédé de *ce*, ne se met au pluriel que lorsqu'il est suivi d'une troisième personne du pluriel. On dira donc : *C'est la sagesse et la justice qui l'engagent à prendre ce parti.*

On fait généralement usage du pronom *ce* devant le verbe *être* quand celui-ci est précédé de deux ou plusieurs infinitifs, et suivi d'un substantif : *boire, manger, dormir, c'est son unique occupation.*

On emploie également le pronom *ce* devant le verbe être, si celui-ci est précédé et suivi d'un infinitif :

> Promettre, c'est donner ; espérer, c'est jouir.
> Ne point flatter les rois, c'est leur être fidèle.

S'il n'y a qu'un infinitif en sujet, l'emploi du pronom *ce* devant le verbe être n'est pas indispensable.

> Persister dans sa faute est horrible et funeste.

Les pronoms *celui*, *ceux*, *celle*, *celles*, se disent des personnes et des choses; mais ils ne peuvent jamais être *sujets* d'une phrase, s'ils ne sont pas suivis d'un des mots *qui*, *que*, *dont*, *duquel*, *de laquelle*, *desquels* et *desquelles*, ou de la préposition *de*. Ainsi, on ne pourrait pas dire : *Nous aimons les ouvrages d'esprit*, *surtout* ceux écrits *avec délicatesse;* il faut dire : ceux *qui sont écrits*, etc.

Pronoms indéfinis.

Quoique le pronom *on* soit ordinairement suivi d'un masculin, comme dans cette phrase, *on n'est pas toujours* heureux, il y a des circonstances qui marquent si précisément qu'on parle d'une femme, qu'alors le pronom *on* est suivi d'un féminin. *On a peu de temps à être* belle, *et longtemps à ne l'être plus. On n'est pas plus* folle *que Julie*, etc.

Il s'emploie aussi avec le pluriel *des* et un nom : *on n'est point des esclaves pour endurer de si mauvais traitements.*

Après les monosyllabes, *si*, *ou*, *et*, il faut faire précéder *on* d'une *l* avec une apostrophe : Si *l'on dit*; si *l'on savait; le pays* où *l'on se trouve; j'ai lu* et *l'on m'a raconté; on y rit* et *l'on y pleure tour à tour.*

Cependant on doit employer *on* devant *le*, *la*, *les*, *lui*, *leur*, pour éviter une articulation désagréable : *on le lui a dit; et on le suivra; où on le placera;* et non, *l'on le lui a dit; et l'on le suivra; où l'on le placera.*

Le pronom masculin indéfini *quiconque* est aussi quelquefois féminin. Par exemple, on peut dire, en parlant à des femmes : quiconque *de vous sera assez* imprudente *pour médire de moi, je l'en ferai repentir.*

Quand le pronom *chacun*, que l'Académie appelle

pronom *distributif*, se rapporte à un pluriel, il demande, tantôt *son, sa, ses*, tantôt *leur, leurs*.

1° Il demande *son, sa, ses*, quand il est employé après un verbe dont le sens est complet, tels que les verbes actifs avec leur complément ou les verbes neutres. Ainsi l'on dira :

Ces écoliers ont fait des réponses chacun selon son *savoir.*

Ces juges ont opiné chacun selon sa *probité et* ses *lumières.*

Il faut remettre ces livres-là chacun à sa *place.*

2° Il demande *leur, leurs*, quand il est employé après un verbe dont le sens est incomplet; tels sont les verbes actifs séparés de leur complément.

EXEMPLES.

Ces écoliers ont fait, chacun selon leur *savoir, les réponses qu'ils ont pu.*

Les juges ont prononcé, chacun selon leur *probité et* leurs *lumières, le jugement qui est intervenu.*

Remettez, chacun à leur *place, les livres que vous avez lus.*

L'un et l'autre, les uns et les autres, marquent seulement la pluralité : *l'un et l'autre sont venus.*

L'un l'autre, les uns les autres, marquent la réciprocité : *ils se louent l'un l'autre.*

Quand il y a plus de deux objets, la réciprocité doit s'exprimer par *les uns les autres*, et non pas par *l'un l'autre : nous devons nous aider les uns les autres*, et non pas *l'un l'autre.*

Il y a une différence réelle entre *un* et *l'un*... *Un* a une signification vague et indéterminée. Il désigne un être entre plusieurs de même espèce. *L'un* a une signification plus restreinte; il désigne un individu entre *deux* seulement : *Bias, un des sept sages de la Grèce; l'un des deux frères.*

CHAPITRE V.

SYNTAXE DES VERBES.

Du sujet.

Tout verbe qui n'est pas employé à un des temps de l'infinitif doit avoir un sujet :

. . . . . . Le seul honneur solide,
C'*est* de prendre toujours la vérité pour guide;
De regarder en tout la raison et la loi;
D'être doux pour tout autre et rigoureux pour soi;
C'*est* d'être juste enfin : ce seul mot *veut* tout dire.

Dans cet exemple huit verbes sont exprimés; mais, comme il ne s'en trouve que trois à un mode personnel il n'y a que trois sujets : *prendre, regarder, être, dire* étant à l'infinitif n'ont pas de sujet.

Le sujet d'un verbe ne doit pas être représenté par deux termes différents, quand un seul sujet suffit au verbe.

Un bienfait perd sa grâce à le trop publier :
Qui veut qu'on s'en souvienne, *il* le doit oublier.
(CORNEILLE.)

Dans cet exemple, *doit* a évidemment pour sujet le pronom démonstratif *celui*, sous-entendu; le pronom *il* est donc employé inutilement comme sujet de ce verbe.

François Ier étant sur le point de charger l'ennemi à la bataille de Marignan, il s'écria : Qui m'aime me suive!

S'écria a pour sujet *François Ier*; le pronom *il* est donc un sujet superflu.

Accord du verbe avec le sujet.

Le verbe s'accorde en nombre et en personne avec le sujet :

Un véritable ami n'attend pas qu'on le prie.

Apprenez, comme si vous ne saviez rien, et craignez surtout de perdre ce que vous avez appris.

Ne descendons jamais dans de lâches intrigues.

Les bonnes actions portent leur récompense.

Dans la première phrase, *attend* est à la troisième personne du singulier, parce qu'il a pour sujet *ami*; *prie* est également à la troisième personne du singulier, parce que son sujet est le pronom *on*.

Dans la seconde phrase, *apprenez, saviez, craignez, avez appris,* sont au pluriel et à la seconde personne, parce qu'ils ont pour sujet le pronom *vous*.

Dans la troisième phrase, *descendons* est à la première personne plurielle, à cause du sujet *nous* sous-entendu.

Dans la quatrième, *portent* est à la troisième personne plurielle, parce qu'il a pour sujet *actions*.

Un verbe qui a deux sujets singuliers se met au pluriel.

L'ombre et le jour luttaient dans les champs azurés.

Si les deux sujets sont de différente personne, le verbe s'accorde avec la personne qui a la priorité. La première personne a la priorité sur la seconde, et celle-ci sur la troisième.

Vous et moi nous perdrons la partie; vous et votre frère vous dînerez avec nous ; prenons, vous et moi, un de ces grands bancs de rameurs.

Mettez au pluriel le verbe qui suit *l'un et l'autre.*

Dites : *L'un et l'autre sont bons; l'un et l'autre font un très-mauvais usage du don de la parole.*

EXCEPTIONS.

1° Le verbe reste au singulier, quand les deux sujets sont séparés par la conjonction *ou*, qui donne l'exclusion à l'un des deux : *La séduction* ou *la terreur l'a entraîné dans le parti des rebelles.* Racine a donc fait une faute, en disant :

> Roxane ou le sultan ne te l'*ont* pas ravie.

Cependant, si les mots unis par *ou* sont de différente personne, le verbe se met au pluriel : *Vous ou moi, nous irons à la campagne.*

2° Lorsqu'il y a une expression qui réunit tous les substantifs en un seul qui soit au singulier : *biens, dignités, honneurs,* tout disparaît *à la mort.*

3° Lorsque les substantifs sont liés par *ni* répété, et qu'il n'y a qu'un des deux sujets qui puisse faire ou recevoir l'action exprimée par le verbe, ce verbe et l'adjectif doivent se mettre au singulier. Exemple : Ni *monsieur le comte* ni *monsieur le duc ne* sera ambassadeur *à Vienne.*

Mais, si les deux substantifs font ou reçoivent en même temps l'action, et qu'il n'y ait point d'exclusion, le verbe et l'adjectif prennent le pluriel.

> *Ni* l'or *ni* la grandeur ne nous *rendent* heureux, etc.

4° Lorsque les mots formant le sujet sont synonymes : *Ces beautés immortelles montrent une innocence, une modestie, une simplicité qui charme.*

5° Quand les mots formant le sujet sont placés par gradation, c'est-à-dire, présentent plusieurs expressions qui enchérissent les unes sur les autres : *Ce sacrifice, votre intérêt, votre honneur, Dieu l'exige.*

6° Quand les deux sujets sont unis par les conjonctions *comme, de même que, ainsi que, aussi bien que* : *Sa piété ainsi que sa droiture lui attirait le respect.* C'est comme s'il y avait : *Sa piété lui attirait le respect ainsi que sa droiture lui attirait le respect.*

Accord des verbes avec les noms collectifs.

Le verbe s'accorde avec le collectif, quand celui-ci est général, et non avec le substantif qui suit ce collectif :

L'armée des ennemis fut battue par les Français.

La foule des humains est vouée au malheur.

Le verbe s'accorde avec le nom qui suit le collectif, quand celui-ci est partitif :

Une infinité de personnes se trompent sur leur vocation ; la plupart des hommes sont sujets à l'erreur; nombre d'historiens l'ont ainsi raconté; jamais tant de beauté fut-elle couronnée?

Ces deux règles sont fondées sur ce que le collectif partitif et le nom qui le suit, ne font qu'une expression indivisible, au lieu que le collectif général présente une idée indépendante. On dit, *armée, peuple, forêt,* tout seuls; mais on ne peut point dire, *nombre, tant, combien, que,* etc., sans y joindre quelque autre mot déterminatif.

Remarque. Dans la construction des phrases où se trouve un nom collectif, il faut avoir égard au sens plutôt qu'aux mots. La distinction à faire, en ces occasions, est plutôt du ressort du goût et de la délicatesse de l'écrivain que du domaine de la grammaire.

Lorsque le collectif *la plupart* se dit absolument, il demande presque toujours le pluriel du verbe, soit que le substantif auquel il se rapporte demande un pluriel ou non : *Le sénat fut partagé; la plupart voulaient que... la plupart furent d'avis.*

Plus d'un, veut le verbe qui suit au singulier : *Plus d'un y tombe mort.*

Cependant on emploie le pluriel quand il s'agit d'exprimer la réciprocité : *Plus d'un fripon se dupent l'un l'autre.*

Après *un de, un des,* le verbe se met au singulier quand l'action est faite par un seul agent : *C'est un des dix généraux qui commandera.* (Un seul général commandera.) Le verbe se met au pluriel quand l'action est faite par plusieurs agents : *Aristide est un des hommes qui ont le plus illustré la Grèce.* (Plus d'un homme a illustré la Grèce.)

Complément des verbes.

Le complément des verbes *passifs* s'exprime par les prépositions *de* ou *par*. Exemples : *Un enfant doux et docile est aimé* de *ses parents; j'ai été trompé* par *l'homme que je regardais comme mon meilleur ami.*

On se sert de la préposition *de* quand le verbe exprime une opération de l'âme : *C'est un vieillard révéré* de *tous ses concitoyens.* On se sert de la préposition *par*, quand l'action marquée par le verbe est une action matérielle, ou qui participe de l'âme et du corps : *Carthage fut détruite* par *les Romains.*

Les verbes passifs s'emploient souvent sans complément : *Rome fut plusieurs fois saccagée.*

Un nom peut être complément de deux verbes à la fois, pourvu que ces deux verbes ne veuillent pas un complément différent : *Nos troupes attaquèrent et prirent la ville.* Mais on ne dirait point : *Nos troupes attaquèrent* et *s'emparèrent de la ville*, parce que le verbe *attaquer* ne peut être suivi du complément *de la ville*, puisqu'on ne saurait dire, *attaquer* de *la ville.*

Les compléments indirects de deux verbes doivent être marqués par la préposition que chaque verbe exige. On ne dira donc pas : *Les vaisseaux entrent et sortent à tout vent du port de Cherbourg*, parce que le verbe *entrer* doit être suivi de la préposition *dans*, et que le verbe *sortir* demande la préposition *de*. Il faut dire : *Les vaisseaux entrent dans le port de Cherbourg et en sortent à tout vent.*

Un verbe ne doit pas avoir deux compléments indirects pour exprimer le même rapport. Il faut dire : *C'est en Dieu que nous devons mettre notre espérance*, et non pas *en qui ; c'est à vous que je veux parler*, et non pas *à qui*. Car la même préposition ne doit pas se trouver deux fois dans la même phrase, lorsqu'il n'y a qu'un seul rapport à indiquer. Si nous supprimons *ce*, qui ne marque que d'une manière plus sensible la chose dont il s'agit, la première phrase sera réduite à ces termes : *Nous devons mettre notre confiance en Dieu*, en *qui*. La première préposition exprime le rapport de mettre sa confiance dans l'objet *Dieu* ; mais la seconde préposition *en* n'exprime aucun rapport. De même, la deuxième phrase se réduit à : *Je veux parler à vous, à qui*. La première préposition *à* exprime le rapport de parler avec *vous*; mais la seconde préposition *à* n'exprime aucun rapport. Boileau a commis une faute contre cett règle, dans ce vers :

> C'est à vous, mon esprit, à qui je veux parler.

On ne dira pas non plus : *C'est ici où je demeure ; c'est là où je vais*. On ne doit pas employer deux adverbes qui expriment la même circonstance, pour modifier un même verbe. Il faut dire : *C'est ici que je demeure; c'est là que je vais.*

Lorsque le complément d'un verbe se forme de plusieurs parties unies par une des conjonctions ***et***, ***ni***, ***ou***, ces parties doivent être exprimées par des mots de même espèce. Ainsi, ne dites point : *Cet enfant n'aime l'étude ni à lire.* Dites : *n'aime ni l'étude ni la lecture.* Ne dites point : *Je crois votre frère fort instruit,* et *qu'il réussira.* Dites : *je crois que votre frère est fort instruit et qu'il réussira.*

Il faut éviter, dans la construction, de placer les compléments des verbes, et surtout les compléments indirects, de manière qu'ils donnent lieu à une équivoque. Au lieu de dire : *Le général a rétabli l'ordre parmi les troupes mutinées par sa seule présence*, nous devons dire: *Le général, par sa seule présence, a rétabli l'ordre parmi les troupes mutinées.* Au lieu de dire : *Les maîtres qui grondent ceux qui les servent avec emportement sont toujours les plus mal servis*, disons : *Les maîtres qui grondent avec emportement ceux qui les servent sont toujours les plus mal servis.*

De l'emploi des temps de l'indicatif et du conditionnel.

On emploie souvent les formes des temps les unes pour les autres : le présent pour le passé, afin de rendre la narration plus vive, plus animée. Racine a dit :

> J'ai vu, seigneur, j'ai vu votre malheureux fils,
> Traîné par les chevaux que sa main a nourris.
> Il *veut* les rappeler, et sa voix les *effraie*.

On se sert quelquefois du présent pour le futur : Je *pars* demain, pour je *partirai.* Le présent a encore la signification du futur, quand il est précédé du mot *si*, exprimant une condition : *Je suis décidé à voyager, si j'en trouve l'occasion*, c'est-à-dire, à condition que j'en trouverai l'occasion.

L'imparfait s'emploie souvent pour le passé : *Rome*

était d'abord gouvernée par des rois, pour *Rome fut*, etc.

Il ne faut pas se servir de ce temps pour exprimer une action qui a lieu à l'instant de la parole, ou pour présenter une chose qui est vraie dans tous les temps. Ne dites pas : *J'ai appris que vous étiez à Paris*, si la personne y est encore ; *je vous ai dit qu'il valait mieux se taire que de mal parler.* Il faut dire : *Que vous êtes à Paris; qu'il vaut mieux*, etc.

Le passé défini ne s'emploie qu'en parlant d'un temps absolument écoulé et dont il ne reste plus rien. Ainsi ne dites pas : *J'étudiai aujourd'hui, cette semaine, cette année*; parce que le jour, la semaine, l'année ne sont pas encore passés. Ne dites pas non plus : *j'étudiai ce matin.* Il faut, pour le passé défini, qu'il y ait l'intervalle d'un jour. Mais on dit bien : *J'étudiai hier, la semaine dernière, l'an passé.*

Le passé indéfini s'emploie indifféremment pour un temps passé, soit qu'il en reste encore une partie à s'écouler ou non. On dit bien : *J'ai étudié ce matin, j'ai étudié hier, j'ai étudié cette semaine, j'ai étudié la semaine passée.*

Remarque. Le passé défini ne peut se construire avec le passé indéfini : *Il regarde votre malheur comme une punition du peu de complaisance que vous avez eu pour lui dans le temps qu'il vous pria.* Il faut dire : *Que vous eûtes pour lui dans le temps qu'il vous pria*

Le plus-que-parfait, exprimant un temps doublement passé, ne doit point s'employer pour marquer simplement le passé. Ne dites pas : *On m'a assuré que vous aviez pris de sages résolutions* ; mais *que vous avez pris.*

On ne doit se servir du conditionnel que quand l'action dépend de quelque circonstance. Ne dites pas : *On m'a annoncé que vous partiriez demain*, mais, *que vous partirez.*

Après un verbe à un temps passé, lorsqu'aucune circonstance n'appelle le subjonctif, il faut employer le présent et non le passé du conditionnel. Ainsi dites : *Je pensais, j'ai pensé, j'avais pensé, j'aurais pensé que vous viendriez*, et non, *que vous seriez venu.*

Emploi du subjonctif.

On emploie le mode du *subjonctif* :

1° Après une interrogation : *Pensez-vous qu'en formant la république des abeilles, Dieu* n'ait *pas* voulu *instruire les rois à commander avec douceur, et les sujets à obéir avec amour?*

2° Après une proposition négative : *Hélas! on ne pense pas que nous cessions d'être soumis.*

3° Après les verbes qui marquent nécessité, commandement, doute, désir, crainte, privation, *etc.* : *J'ordonne qu'il vienne; je doute qu'il veuille le faire.*

4° Après les pronoms relatifs *qui*, *que*, *lequel*, *dont* et *où*, lorsqu'ils sont précédés d'une proposition qui interroge, qui nie, ou qui marque un doute, un désir, une condition : *Y a-t-il quelqu'un* qui *ne sente...? Il n'y a point de bonne action* qu'*il ne fasse. Choisissez une retraite* où *vous soyez tranquille...* Ces pronoms veulent encore le subjonctif quand ils sont précédés d'un superlatif relatif : *Le meilleur cortége* qu'*un prince* puisse *avoir, c'est le cœur de ses sujets...* Et pareillement encore, lorsqu'ils sont placés après les adjectifs *seul*, *unique*, *premier*, *dernier*, précédés d'un article, etc. : *C'est le seul homme* qui vive *de la sorte. C'était l'unique orateur* qu'*il y* eût *en ce temps-là. C'est la première faute* que j'aie *commise. C'est le dernier soin* dont *vous vous* soyez *occupé.*

5° Après les verbes unipersonnels qui expriment nécessité, manque, *etc.* :

> *C'est peu* qu'en un ouvrage où les fautes fourmillent,
> Des traits d'esprit semés de temps en temps *pétillent*;
> Il faut que chaque chose y *soit* mise en son lieu, etc.
>
> (Boileau.)

Remarque. Le verbe unipersonnel *il semble* demande le subjonctif quand on l'emploie absolument et sans rapport aux personnes : *il semble que vous n'*ayez *jamais rien vu; il semblait que vous* fussiez *muet.* Mais, s'il est employé avec un rapport aux personnes, il demande l'indicatif : *Il* me *semble que vous* avez *tort; il semble* à cet homme *que tout le monde* veut *le tromper.*

6° Après *quelque que, quel que, quoique, quoi que : Quelques efforts que vous fassiez; quelle que soit votre intention; quoiqu'il soit pauvre, il est généreux; quoi que vous disiez.*

7° Après certaines conjonctions : *afin que, encore que, sans que, à moins que, avant que, bien que, de crainte que, pour que, etc.* : *Employez bien le temps de votre jeunesse, afin que vous puissiez un jour remplir les devoirs de votre état.*

8° Après la conjonction *que*, lorsqu'elle est mise pour *si, à moins que* : *Si vous lisez l'histoire et que vous cherchiez un prince*, etc.; *il ne voulut point monter qu'il n'eût reçu*, etc.

Remarque. Les conjonctions *de façon que, de sorte que, de manière que, si ce n'est que, sinon que*, demandent le subjonctif, lorsque l'idée tient du doute, du souhait : *Comportez-vous de manière que vous méritiez l'estime des gens de bien.* Elles demandent l'indicatif, quand on affirme une chose : *Il s'est comporté de manière qu'il a mérité l'estime des gens de bien.*

Rapport des temps du subjonctif à ceux de l'indicatif et du conditionnel.

Ire RÈGLE. Après le présent ou le futur de l'indicatif on emploie le présent du subjonctif, si l'on veut exprimer un présent ou un futur ; et le passé, si l'on veut exprimer un passé.

EXEMPLES.

Je désire que vous me répondiez *sur-le-champ. Je doute que vous me* répondiez *demain. Je doute que vous* ayez eu *fini hier* avant midi.

Remarque. Quoique le premier verbe soit au présent, on peut mettre le second à l'imparfait ou bien au plus-que-parfait du subjonctif, quand il doit y avoir dans la phrase une expression conditionnelle, comme : *Il n'est point d'homme, quelque mérite qu'il ait, qui ne* fût *bien mortifié, s'il savait tout ce qu'on pense de lui; je doute que votre ami* eût réussi *dans son entreprise sans vos bons offices.*

IIe RÈGLE. Après l'imparfait, les passés, le plus-que-parfait et les conditionnels, on emploie l'imparfait du subjonctif, si l'on veut exprimer un présent ou un futur; et le plus-que-parfait, si l'on veut exprimer un passé: *Je désirais, je désirai, j'ai désiré, j'avais désiré, je désirerais, j'aurais désiré, j'eusse désiré que vous vinssiez. Je désirais, je désirai, j'ai désiré, j'avais désiré, je désirerais, j'aurais désiré, j'eusse désiré que vous eussiez chanté, que vous fussiez venu*, etc.

Racine a manqué à cette règle dans le vers suivant de la tragédie de *Bérénice :*

De vos ordres, seigneur, j'ai dit qu'on l'*avertisse.*

Le poëte devait mettre, *qu'on l'avertît.*

Racine, dans *Britannicus*, fait encore dire par Burrhus à la mère de Néron :

Au nom de l'empereur j'allais vous informer
D'un ordre qui d'abord a pu vous alarmer,
Mais qui n'est que l'effet d'une sage conduite,
Dont César a voulu que vous *soyez* instruite.

Le poëte devait dire :

Dont César a voulu que vous *fussiez* instruite.

Au lieu de l'imparfait, on emploie le présent du subjonctif, lorsque le second verbe exprime une chose qui doit se faire dans tous les temps, ou qui se fait présentement : *Dieu nous a créés pour que nous l'*aimions *et que nous le* servions.

Après un passé indéfini l'usage permet d'employer le passé du subjonctif, au lieu de l'imparfait : *Il a fallu qu'il ait sollicité ses juges.*

On dirait, qui est un conditionnel, équivaut à *il semble,* et se rapporte à la première règle :

On dirait que le ciel, qui se fond tout en eau,
Veuille inonder ces lieux d'un déluge nouveau.

Je ne saurais, qui est un conditionnel, équivaut quelquefois à *je ne puis,* et se rapporte alors à la première règle : *Je ne saurais faire la moindre chose que vous n'y trouviez à redire.*

Pour familiariser les élèves avec la concordance des temps des verbes, il est bon de leur donner souvent à faire des exercices dont nous allons présenter le modèle :

INDICATIF.

PRÉSENT.

J'exige que tu sortes.
Tu exiges qu'il *ou* qu'elle sorte.
Il *ou* elle exige que je sorte.
Nous exigeons que vous sortiez.
Vous exigez qu'ils *ou* qu'elles sortent.
Ils *ou* elles exigent que nous sortions.

IMPARFAIT.

J'exigeais que tu sortisses.
Tu exigeais qu'il *ou* qu'elle sortît.
Il *ou* elle exigeait que je sortisse.
Nous exigions que vous sortissiez.

Vous exigiez qu'ils *ou* qu'elles sortissent.
Ils *ou* elles exigeaient que nous sortissions.

PASSÉ DÉFINI.

J'exigeai que tu sortisses.
Tu exigeas qu'il *ou* qu'elle sortît
Il *ou* elle exigea que je sortisse.
Nous exigeâmes que vous sortissiez.
Vous exigeâtes qu'ils *ou* qu'elles sortissent.
Ils *ou* elles exigèrent que nous sortissions.

PASSÉ INDÉFINI.

J'ai exigé que tu sortisses.
Tu as exigé qu'il *ou* qu'elle sortît.
Il *ou* elle a exigé que je sortisse.
Nous avons exigé que vous sortissiez.
Vous avez exigé qu'ils *ou* qu'elles sortissent.
Ils *ou* elles ont exigé que nous sortissions.

PASSÉ ANTÉRIEUR.

J'eus exigé que tu sortisses.
Tu eus exigé qu'il *ou* qu'elle sortît.
Il *ou* elle eut exigé que tu sortisses.
Nous eûmes exigé que vous sortissiez.
Vous eûtes exigé qu'ils *ou* qu'elles sortissent.
Ils *ou* elles eurent exigé que nous sortissions.

PLUS-QUE-PARFAIT.

J'avais exigé que tu sortisses.
Tu avais exigé qu'il *ou* qu'elle sortît.
Il *ou* elle avait exigé que je sortisse.
Nous avions exigé que vous sortissiez.
Vous aviez exigé qu'ils *ou* qu'elles sortissent.
Ils *ou* elles avaient exigé que nous sortissions.

FUTUR.

J'exigerai que tu sortes.
Tu exigeras qu'il *ou* qu'elle sorte.
Il *ou* elle exigera que je sorte.
Nous exigerons que vous sortiez.
Vous exigerez qu'ils *ou* qu'elles sortent.
Ils *ou* elles exigeront que nous sortions.

FUTUR ANTÉRIEUR.

J'aurai exigé que tu sortes.
Tu auras exigé qu'il *ou* qu'elle sorte.
Il *ou* elle aura exigé que je sorte.
Nous aurons exigé que vous sortiez.
Vous aurez exigé qu'ils *ou* qu'elles sortent.
Ils *ou* elles auront exigé que nous sortions.

CONDITIONNEL.

PRÉSENT.

J'exigerais que tu sortisses.
Tu exigerais qu'il *ou* qu'elle sortît.
Il *ou* elle exigerait que je sortisse.
Nous exigerions que vous sortissiez.
Vous exigeriez qu'ils *ou* qu'elles sortissent.
Ils *ou* elles exigeraient que nous sortissions.

PASSÉ.

J'aurais exigé que tu sortisses.
Tu aurais exigé qu'il *ou* qu'elle sortît.
Il *ou* elle aurait exigé que je sortisse.
Nous aurions exigé que vous sortissiez.
Vous auriez exigé qu'ils *ou* qu'elles sortissent.
Ils *ou* elles auraient exigé que nous sortissions.

SECOND CONDITIONNEL PASSÉ.

J'eusse exigé que tu sortisses.
Tu eusses exigé qu'il *ou* qu'elle sortît.
Il *ou* elle eût exigé que je sortisse.
Nous eussions exigé que vous sortissiez.
Vous eussiez exigé qu'ils *ou* qu'elles sortissent.
Ils *ou* elles eussent exigé que nous sortissions.

IMPÉRATIF.

(Point de première personne du sing. ni de troisième pour les deux nombres).

Exige qu'il *ou* qu'elle sorte.
Exigeons que vous sortiez.
Exigez que nous sortions.

SUBJONCTIF.

PRÉSENT *ou* FUTUR.

Que j'exige que tu sortes.
Que tu exiges qu'il *ou* qu'elle sorte.
Qu'il *ou* qu'elle exige que je sorte.
Que nous exigions que vous sortiez.
Que vous exigiez qu'ils *ou* qu'elles sortent.
Qu'ils *ou* qu'elles exigent que nous sortions.

IMPARFAIT.

Que j'exigeasse que tu sortisses.
Que tu exigeasses qu'il *ou* qu'elle sortît.
Qu'il *ou* qu'elle exigeât que je sortisse.
Que nous exigeassions que vous sortissiez.
Que vous exigeassiez qu'ils *ou* qu'elles sortissent.
Qu'ils *ou* qu'elles exigeassent que nous sortissions.

PASSÉ.

Que j'aie exigé que tu sortisses.
Que tu aies exigé qu'il *ou* qu'elle sortît.
Qu'il *ou* qu'elle ait exigé que je sortisse.
Que nous ayons exigé que vous sortissiez.
Que vous ayez exigé qu'ils *ou* qu'elles sortissent.
Qu'ils *ou* qu'elles aient exigé que nous sortissions.

PLUS-QUE-PARFAIT.

Que j'eusse exigé que tu sortisses.
Que tu eusses exigé qu'il *ou* qu'elle sortît.
Qu'il *ou* qu'elle eût exigé que je sortisse.
Que nous eussions exigé que vous sortissiez.
Que vous eussiez exigé qu'ils *ou* qu'elles sortissent.
Qu'ils *ou* qu'elles eussent exigé que nous sortissions.

INFINITIF.

PRÉSENT.

Exiger que quelqu'un sorte

PASSÉ.

Avoir exigé que quelqu'un sortît.

PARTICIPE.	PASSÉ.
PRÉSENT. Exigeant que quelqu'un sorte.	Ayant exigé que quelqu'un sortît.

De l'emploi de l'infinitif.

L'infinitif n'est jamais accompagné d'aucune des trois personnes ; en sorte qu'il est propre à figurer comme un nom dans certains cas. Il peut être accompagné d'articles et de prépositions, et servir de sujet et de complément, comme dans cette phrase : *Dormir répare les forces ;* ou dans cette autre : *Aimer Dieu, c'est accomplir le premier de ses commandements.*

L'infinitif, au lieu de peindre des objets comme les noms, ne représente que des actions comme les verbes ; il diffère encore des noms en ce qu'il conserve le complément du verbe, qu'il n'a point de genre, et qu'on ne peut pas y joindre d'adjectif. Cependant, les infinitifs de quelques verbes sont devenus de vrais noms, susceptibles de genre et de nombre, comme, *le dîner, le souper, le manger, le boire,* etc.

Employé comme complément, l'infinitif doit se rapporter sans équivoque à un mot exprimé dans la phrase. On ne dira donc pas : *Ce n'est que pour donner que le Seigneur nous donne.* On ne sait si l'infinitif *donner* se rapporte au substantif *Seigneur* ou au pronom *nous.* Il faut dire : *ce n'est que pour que nous donnions, que le seigneur nous donne.* Dans cette autre phrase : *Le temps ne suffit pas à ce ministre pour répondre à toutes les demandes qu'on lui fait,* l'infinitif a encore un rapport incertain ; il faut dire : *Le temps ne suffit pas à ce ministre, pour qu'il réponde à toutes les demandes qu'on lui fait.*

L'infinitif peut être complément d'un autre verbe avec ou sans le secours d'une préposition. L'usage sert de guide en pareil cas. Ainsi, l'on dit : *Il n'a pas daigné lui faire réponse; nous l'avons encouragé à bien faire; vous avez différé de partir; on l'a forcé de signer; nous l'avons forcé de partir*, etc.

Il faut éviter d'employer plus de deux infinitifs de suite. On dit bien : *Je me suis empressé* de *faire lever toutes les difficultés*. Mais trois ou quatre infinitifs employés ainsi rendraient le style diffus et produiraient un effet désagréable pour l'oreille. On ne doit donc pas dire : *N'allez pas croire pouvoir faire réussir votre entreprise sans notre médiation*. Il faut diminuer le nombre des infinitifs et dire : *Ne croyez pas que vous puissiez faire réussir votre entreprise sans notre médiation.*

Emploi des auxiliaires.

Le verbe *avoir* marque l'action : *il a chanté*; le verbe *être*, l'état : *il est estimé.*

Les verbes neutres, ainsi que nous l'avons déjà remarqué, exprimant une action, se conjuguent pour la plupart avec l'auxiliaire *avoir*. L'usage a fait exception pour quelques-uns. Il en est qui prennent l'auxiliaire *être* ou l'auxiliaire *avoir* suivant qu'ils expriment un état, ou une action. Enfin, il y en a dont la signification change, selon l'auxiliaire qui les accompagne.

Passé, participe du verbe *passer*, se joint, tantôt au verbe auxiliaire *avoir*, tantôt au verbe auxiliaire *être*.

Quand *passer* a un complément, et qu'il a rapport aux lieux ou aux personnes, il faut dire, *a passé*, soit dans le sens propre, soit dans le sens figuré : *Il* a passé *par le pont des Arts; le roi* a passé *par Amiens ; l'armée* a passé *par Lille; partout où l'armée* a passé, *elle a fait de grands dégâts; l'empire des Assyriens* a passé *aux Mèdes*, etc.

Quand *passer* n'a ni complément, ni relation aux

lieux ou aux personnes, on dit, *est passé : L'empire des Romains* est *passé; le bon temps est passé.*

Au reste, il faut remarquer que *passer* se prend ici dans sa signification naturelle. Quand *passer* a une autre signification, on met *a passé*, en des endroits où il n'y a nul rapport ni aux lieux ni aux personnes : *Ce mot a passé*, pour dire, *ce mot a été reçu*. Car il y a bien de la différence entre *ce mot est passé*, et *ce mot a passé*. *Ce mot est passé*, signifie qu'un mot est vieux, qu'il est aboli, qu'il n'est plus en usage. *Ce mot a passé*, signifie qu'un mot a été introduit, et qu'il a cours dans la langue.

Sorti, participe passé du verbe *sortir*, se joint à l'auxiliaire *avoir*, quand le verbe *sortir* s'emploie activement. Ainsi, en parlant d'un homme, on dit *qu'on* l'a sorti *d'une affaire désagréable*, pour signifier qu'on l'a retiré de l'embarras où il était. On dit également : Avez-*vous* sorti *mon cheval de l'écurie*, pour dire : *Avez-vous tiré mon cheval de l'écurie?*

Descendu, participe du verbe *descendre*, se conjugue aussi quelquefois avec le verbe *avoir*, dans une signification active : *On* a descendu *plusieurs passagers dans une île ; c'est vous qui* avez descendu *ce tableau*.

Crû, participe passé du verbe *croître*, reçoit pareillement les deux verbes *avoir* et *être*. *La rivière* est *crûe*, a *crû; sa famille* est *bien crûe*, a *bien crû*. *Décru*, *recru*, *accru*, se joignent ordinairement au verbe *être : les jours* sont *bien* décrus; *les eaux* sont *bien* décrues ; *ses revenus* sont *bien* accrus. Mais quand *accroître* a une signification active, *accru* prend le verbe *avoir : Il* a *beaucoup* accru *ses revenus*.

Péri, participe du verbe *périr*, se conjugue avec les deux verbes *être* et *avoir : Cette armée est diminuée de moitié, les combats en font périr une partie, le reste* est *péri,* a *péri de nécessité, de faim et de misère; tous ceux qui étaient sur ce vaisseau* ont *péri,* sont *péris.*

Cessé prend *avoir*, quand il est suivi d'un complément : *Vous* avez *cessé votre travail ; elle n'*aurait *point cessé de chanter. Cessé,* sans complément, prend *avoir* ou *être :* Sa fièvre *a* cessé, ou *est* cessée. *Décesser* n'est point français. C'est donc faire un barbarisme, que de dire : *elle n'a point* décessé *de parler.*

Convenu se joint à *avoir,* quand le verbe *convenir* signifie *être convenable*; et il se joint au verbe *être,* quand *convenir* signifie *demeurer d'accord : Cette maison nous* a *convenu, et nous* sommes *convenus du prix.*

Contrevenu prend aussi les deux verbes auxiliaires : *Il prétendait n'*avoir *point contrevenu, n'*être *point contrevenu à la loi.*

Monté se joint à *avoir*, quand il a un complément : *Il* a *monté l'escalier ;* a-*t-on monté le foin au grenier?* Il se joint indifféremment à *être* ou à *avoir*, quand il n'a point de complément : *Il était sergent, il* a *monté à la lieutenance ; il était en troisième, il* est *monté en seconde ; la rivière* a *monté cette année à une telle hauteur; le blé* a *monté*, est *monté jusqu'à vingt francs le setier.*

Demeuré reçoit *avoir*, quand le verbe signifie faire sa demeure : *J'ai demeuré trois ans à la campagne.* Il reçoit le verbe *être* quand il signifie rester dans un état de permanence : *Il* est *demeuré en chemin ; il* est *demeuré deux mille hommes sur la place; voilà où nous en* sommes *demeurés ; elle y* est *demeurée pour les gages.*

Échappé prend *avoir*, quand *échapper* signifie *s'évader, se sauver: Il* a *échappé du feu.* Il prend *être* ou *avoir*, quand *échapper* signifie *n'être point saisi, aperçu: Le cerf* a *échappé* ou est *échappé aux chiens*

Cependant *être échappé* ou *avoir échappé* sont deux locutions qui ont un sens bien différent. La première désigne une chose faite par inadvertance; la seconde, une chose non faite, soit par inadvertance, soit par oubli : *Ce mot m*'est *échappé*, c'est-à-dire, *j'ai prononcé ce mot sans y prendre garde... Ce que je voulais dire m*'a *échappé*, c'est-à-dire, *j'ai oublié de vous le dire;* ou, dans un autre sens, *j'ai oublié ce que je voulais dire.*

Été, participe passé du verbe *être*, s'emploie quelquefois pour *allé*, participe du verbe *aller*. On dit *j'ai été* à Rome, pour dire qu'on y est allé, et qu'on en est revenu; et, il *est allé* à Rome, pour marquer qu'il n'en est pas encore de retour. Ainsi, toutes les fois qu'on suppose le retour, il faut dire : *il a été, j'ai été*; et, lorsqu'il n'y a pas de retour, il faut dire : *il est allé*. D'après cette règle on ne doit pas se servir du participe *allé* avec le verbe *être*, aux deux premières personnes. Ne dites pas : *J'y suis allé, tu y es allé, nous y sommes allés, vous y êtes allés*. Mais dites : *J'y ai été, tu y as été, nous y avons été, vous y avez été*, etc.

Les participes *subvenu, paru*, se joignent toujours au verbe *avoir*. Dites : *On a subvenu à ses besoins*, et non pas, *on est subvenu*; *elle a paru*, et non pas, *elle est parue*.

Le participe *tombé* reçoit toujours le verbe *être : Il a voulu courir, et il* est *tombé*; *il* est *tombé de la neige*; et au figuré, *cette pièce* est *absolument tombée*.

Suppression des participes ÉTANT, AYANT.

Étant se supprime bien avant le participe passé; mais *ayant* ne se supprime jamais. Ainsi, dans ces vers de Racine :

. . . . . . A ces mots, ce héros expiré
N'a laissé dans mes bras qu'un corps défiguré,

ce héros expiré n'est pas plus français que *ce héros parlé*, pour *ayant parlé*. *Expiré*, dans le sens propre, convient aux personnes, et se conjugue avec *avoir*. On doit dire, *ce héros ayant expiré*, etc. Le même verbe, dans le sens figuré, convient aux choses, et se conjugue avec *être*. On peut alors supprimer *étant* avant le participe, et dire : *Je n'ai plus que dix mois, et*, mon bail expiré, *il faut que je me retire.*

Il ne faut pas donner aux participes des verbes neutres un sens qui n'appartient qu'aux participes passifs. Ainsi, on ne doit pas dire : *des expressions convenues*, pour, *dont on est convenu* ; *des principes réfléchis*, pour, *sur lesquels on a réfléchi.*

On dit bien *une lumière réfléchie*, parce que *réfléchir*, dans le sens physique, est actif ; mais, comme on ne peut pas dire *réfléchir un principe*, il s'ensuit qu'on ne peut pas dire non plus, un *principe réfléchi*, etc.

REMARQUES PARTICULIÈRES SUR QUELQUES VERBES.

Accoutumer.

Le participe passé *accoutumé* demande la préposition *de* devant l'infinitif, quand il est conjugué avec *avoir*, et la préposition *à* quand il est conjugué avec *être* : *Il a accoutumé de faire quatre repas ; je suis accoutumé à me lever de bonne heure.*

Acheter.

Ne dites pas : *Je me suis acheté un habit ; elle s'est acheté une robe.* Dites : *J'ai acheté un habit ; elle a acheté une robe.* Le verbe *acheter* ne doit pas s'employer, dans ces sortes de phrases, avec le pronom réfléchi ; car il est évident que c'est pour *moi* et non pour un autre que j'ai acheté un habit ; que c'est pour *elle* et non pour une autre qu'elle a acheté une robe. Le pronom réfléchi est donc tout à fait inutile.

Acquérir.

Acquérir, ne doit se dire que des choses honnêtes, qui peuvent se mettre au nombre des biens et des avantages. On ne dira pas : *Ces gens ont acquis une mauvaise réputation dans le pays.* Il faut dire : *Ces gens se sont fait une mauvaise réputation.*

Aider.

Aider quelqu'un, c'est le secourir, le seconder, le servir ; *aider les pauvres ; aider quelqu'un de son crédit. Aider à quelqu'un*, c'est lui prêter une assistance momentanée, pour un objet déterminé, et le plus souvent pour un travail qui demande des efforts physiques : *aidez à cet homme qui plie sous la charge qu'il porte ; aidez-lui à soulever ce fardeau.*

Aimer.

Aimer, signifiant prendre plaisir *à*, veut la préposition *à* devant l'infinitif : *Elle aime à contredire* ; *il aime à se promener.*

Aller.

J'y vais aller, est une locution fort commune ; mais elle est incorrecte. *J'y vais* suffit. Dire *j'y vais aller*, c'est employer deux fois le verbe aller, pléonasme inutile et par conséquent vicieux.

Je fus ne s'emploie guère pour *j'allai : Je fus chercher le médecin ;* dites plutôt : *J'allai* chercher le médecin.

Dans tous les sens du verbe aller, la particule *y* se supprime devant les temps *irai*, *irais*. Avez-vous été à Paris ? *J'irai*. Ira-t-il à Rome ? *Il ira.*

Anoblir, ennoblir.

Anoblir, c'est donner à quelqu'un le titre et les droits de noblesse : *Cette famille fut anoblie par Henri IV.*

Ennoblir, c'est donner de la noblesse, de l'élévation, de la dignité, du lustre. Il s'applique aux personnes et aux choses : *Ces sentiments vous ennoblissent à mes yeux ; les sciences, les beaux-arts ennoblissent une langue.*

Assurer.

Assurer quelqu'un, c'est rendre témoignage à quelqu'un ;

Assurez-le de mon respect; assurer quelqu'un de sa reconnaissance.

Assurer à quelqu'un, c'est affirmer, certifier une chose : *Il leur assura que la chose était vraie; je le lui ai assuré.*

Atteindre.

On dit *atteindre à*, lorsque l'on a fait des efforts pour arriver à quelque chose : *Atteindre au plancher; atteindre au but; atteindre à la perfection.*

Dans toutes les autres acceptions, *atteindre* s'emploie avec un complément direct : *Cet arbre n'a pas atteint la même hauteur que l'autre; elle atteindra bientôt sa douzième année; il osait se flatter d'atteindre Racine.*

Baigner, coucher, promener.

Ces verbes doivent s'employer *pronominalement* lorsque l'action qu'ils expriment est supportée par le sujet. On dira donc : *Je vais me baigner, me coucher, me promener*, et non, *je vais baigner, coucher, promener.*

Commencer.

Commencer de, désigne une action qui aura de la durée: *Lorsqu'il commença de parler, chacun se tut pour l'écouter; Charles V commença de régner en* 1364.

Commencer à, désigne une action qui aura du progrès, de l'accroissement : *Cet enfant commence à parler, à lire, à écrire; il commence à comprendre.*

Conseiller.

Conseiller, suivi d'un complément direct de personne, ne doit pas avoir en même temps un complément indirect de chose. Ne dites pas : *Je l'ai conseillé de partir;* dites : *Je lui ai conseillé de partir.* On conseille *quelqu'un;* on conseille *quelque chose à quelqu'un.*

Consommer, consumer.

Consommer, se dit des choses qui se détruisent par l'usage qu'on en fait : *Consommer des denrées.*

Consumer exprime la destruction successive d'une chose :

il se dit proprement du feu, et par analogie, du temps, du mal. *Le feu consuma ce grand édifice en moins de deux heures; le temps consume tout; les ennuis, le chagrin le consument.*

Consumer signifie aussi employer sans réserve : *Ils consument leur vie dans ces pénibles travaux.*

Craindre.

Craindre que, demande le subjonctif avec la négation, s'il est pris affirmativement : *Je crains qu'elle n'échappe;* et sans négation, s'il est pris négativement ou interrogativement : *Il n'est pas à craindre que son exemple devienne contagieux; craignez-vous qu'il vienne?*

Le verbe *craindre* demande *de* et *l'infinitif*, quand l'action que marque le second verbe est faite par le sujet de la phrase : *Nous devons craindre d'offenser Dieu.* Il demande *que*, lorsque l'action marquée par le second verbe est faite par un autre sujet que celui qui fait l'action exprimée par le premier verbe : *Nous devons craindre que Dieu ne nous punisse.*

Appréhender, *trembler*, suivent la même règle que le verbe *craindre.*

Défendre.

Défendre que, veut le subjonctif sans la particule *ne : Scipion défendit en mourant que ses cendres fussent rapportées dans son ingrate patrie.*

Déjeuner, *dîner*, etc.

On dit *déjeuner avec*, *dîner avec*, pour désigner des personnes avec lesquelles on se trouve à un repas : *Déjeuner avec ses amis*, *dîner avec ses enfants;* mais il faut dire *déjeuner de*, *dîner de*, lorsque l'on parle de ce que l'on a mangé à son déjeuner, à son dîner : *Déjeuner de café*, *dîner d'un poulet*, etc.

Douter.

Le verbe *douter* demande le subjonctif, sans négation, si le sens est affirmatif : *Je doute qu'il veuille le faire;* et avec négation, si le sens est négatif ou interrogatif : *Je ne doute point qu'il ne le fasse; doutez-vous qu'il n'obéisse?*

Désespérer, *disconvenir*, *nier*, suivent la même règle.

Douter peut être suivi de la conjontion *si*, devant le futur de l'indicatif : *Je doute si elle viendra*. Mais avec les autres temps, il vaut mieux employer la conjonction *que*. Lorsque la phrase est négative ou interrogative, *douter* ne doit jamais être suivi de la conjonction *si*. Ne dites point : *Je ne doute pas s'il viendra; doutez-vous s'il viendra?* Dites : *Je ne doute pas qu'il ne vienne; doutez-vous qu'il ne vienne?*

Il est douteux que a les mêmes compléments que le verbe *douter* : *Il est douteux qu'il le fasse; il n'est pas douteux qu'il ne le fasse.*

Se douter, demande le subjonctif quand la phrase est négative ou interrogative : *Je ne me doutais point qu'il vînt; pouvais-je me douter que vous vinssiez?* On ne met point dans ce cas de négation devant le second verbe. Lorsque la phrase est affirmative, *se douter* doit être suivi de l'indicatif ou du conditionnel : *Je me doute bien qu'il m'attaquera; je me doutais bien qu'il viendrait m'attaquer.*

Éclaircir, éclairer.

Le verbe *éclaircir* ne se dit point avec un complément de personne dans le sens *d'instruire*, *d'éclairer*. On ne doit l'employer qu'avec un complément de chose : *Éclaircir un doute*, *une difficulté*, c'est-à-dire, *les résoudre*. C'est à tort que *Bossuet* a dit : On aura égard à ce qui peut calmer, *éclaircir*, édifier les autres. Il fallait dire : A ce qui peut calmer, *éclairer*, édifier les autres. Cependant le verbe *éclaircir* peut se construire avec un complément de personne, lorsque le second complément est précédé de la préposition *de* : *Je l'éclaircirai de ce point-là; il faut l'en éclaircir; je veux m'en éclaircir.* — Au réfléchi, le second complément peut être précédé de la préposition *sur* : *Il faut s'éclaircir sur cette affaire.*

Lorsque le verbe *éclairer* signifie apporter de la lumière à quelqu'un, ou porter un flambeau devant quelqu'un pour lui faire voir clair, il est neutre et se construit avec la préposition *à : Éclairez à Monsieur.*

Écouler.

Écouler n'est jamais actif. Ainsi l'on ne doit pas dire : *Le libraire a écoulé promptement la première édition de ce livre; ce marchand a écoulé ses anciennes étoffes.* Dites : *Le libraire a vendu promptement*, etc. ; *ce marchand a vendu*, etc.

Ce verbe est essentiellement pronominal : *Le vin s'est écoulé du tonneau; la foule s'écoule; les années qui se sont écoulées depuis; les produits de ce département s'écoulent par plusieurs débouchés.*

S'*Efforcer.*

Le verbe s'*efforcer* a deux sens. Au propre, il signifie employer toute sa force à faire quelque chose : *Ne vous efforcez point à parler.* Au figuré, il signifie employer son industrie, faire tout ce qu'on peut, pour arriver à un but : *S'efforcer de plaire à quelqu'un.* Dans le premier sens, il demande *à;* dans le second, il veut *de.*

Empêcher.

Empêcher que, demande toujours le subjonctif avec la négation quand il est pris dans le sens affirmatif : *La pluie empêche qu'on n'aille se promener.* Lorsqu'il est pris dans le sens négatif on peut ou non employer la négation : *Je n'empêche pas qu'il ne fasse ou qu'il fasse ce qu'il voudra.*

Emprunter.

Avec un complément indirect de personne, on dit emprunter *à*, emprunter *de : J'emprunterai cette somme à un de mes amis; j'ai emprunté de mon oncle dix mille francs.* Avec un complément indirect de chose, on dit seulement *emprunter de : Les magistrats empruntent leur autorité du pouvoir qui les institue; la lune emprunte sa lumière du soleil.*

Envier, porter envie.

On envie les choses : *Envier le bonheur, les succès d'au*

trui. On porte envie aux personnes : *Il ne peut voir personne dans la prospérité sans lui porter envie.*

Espérer, compter, promettre.

Ces verbes exprimant une chose future ne doivent pas être suivis d'un verbe à un temps présent ou passé. On dit : *Comptez que vous me trouverez toujours prêt à vous servir; j'espère qu'il viendra bientôt*. Mais on ne dirait pas : *J'espère que vous faites des progrès; je compte que vous remplissez bien vos devoirs*. Ces verbes doivent être alors remplacés par *croire*, *penser*.

Promettre, signifie quelquefois assurer qu'une chose sera : *Je vous promets que je ne le ménagerai pas*. Il est familier en ce sens; il vaut mieux employer le verbe *assurer* : *Je vous assure qu'il s'en repentira*.

Éviter.

Éviter, signifie fuir, éviter quelque chose de nuisible, de désagréable : *Éviter les périls; le pilote a heureusement évité ces écueils*. Il ne doit pas s'employer dans le sens d'*épargner*. Ne dites pas : *Je vous éviterai cette peine;* dites : *Je vous épargnerai cette peine.*

J'épargne à votre sensibilité le tableau de leurs souffrances; épargnez-moi cette confusion, cette honte.

Faire.

Ne faire que, marque une action fréquemment répétée : *Il ne fait que sortir*, c'est-à-dire, *il sort à chaque instant.*

Ne faire que de, indique une action qui vient d'avoir lieu : *Il ne fait que de sortir*, c'est-à-dire, *il n'y a qu'un moment qu'il est sorti.*

Faire, tient souvent la place d'un autre verbe, et alors il en a la signification : *Il danse mieux qu'il n'a jamais fait*, c'est-à-dire, *qu'il n'a jamais dansé; il se soucie moins d'honneurs qu'il n'aurait fait dans un autre temps*, c'est-à-dire, *il s'en soucie moins qu'il ne s'en serait soucié dans un autre temps.*

Lorsque *faire* conserve la signification qui lui est propre, celle d'exécuter, d'opérer, d'effectuer, etc., il régit le pronom *le* qui se rapporte à un verbe précédent : *Il voudrait partir, mais il ne peut le faire,* c'est-à-dire, faire cela, l'action de partir ; *quoiqu'il ait tous les moyens de vous obliger, il ne le fera pas*, c'est-à-dire, *il ne vous obligera pas.*

Faire, employé au passif, ne doit pas être suivi d'une infinitif. Il ne faut pas dire : *Il a été fait mourir.* Dites : *On l'a fait mourir.*

Fixer.

Fixer, signifie arrêter, rendre stable : *Fixer un jour ; c'est un esprit inquiet que l'on ne saurait fixer.* Il ne doit jamais s'employer dans le sens de *regarder.* Ne dites pas : *Je l'ai longtemps fixé sans pouvoir le reconnaître.* Dites : *Je l'ai longtemps regardé*, etc. On dit dans ce sens, *fixer ses regards sur quelqu'un.*

Flairer, fleurer.

Flairer est un verbe actif qui signifie sentir par l'odorat : *Flairez un peu cette rose.*

Fleurer est un verbe neutre qui signifie répandre une odeur, exhaler une odeur : *Cela fleure comme baume,* cela sent fort bon.

Ignorer.

Ignorer que, veut le subjonctif dans le sens affirmatif, et l'indicatif dans le sens négatif. En effet *ignorer*, c'est ne pas savoir ; *ne pas ignorer*, c'est savoir : *J'ignore que vous ayez cherché à me nuire*, c'est-à-dire , *je ne sais pas que vous ayez cherché à me nuire. Je n'ignore pas que vous avez cherché à me nuire*, c'est-à-dire, *je sais que vous avez cherché à me nuire.*

Imaginer, s'imaginer.

Imaginer, signifie inventer : *C'est un homme qui a imaginé de fort belles choses.*

S'imaginer, signifie se figurer quelque chose : *Il s'est imaginé que je voulais le tromper.*

Imiter.

Imiter, signifie contrefaire, copier : *Imiter les manières, la voix de quelqu'un; imiter l'écriture, la signature d'une personne.*

Imiter, signifie particulièrement, prendre la conduite, les actions d'une personne pour modèle : *Imiter les actions des grands hommes* ; *imiter l'exemple, la conduite de quelqu'un.*

Imposer, en imposer.

Imposer, pris absolument, signifie imprimer du respect, de la crainte : *C'est un homme dont la présence impose. En imposer*, signifie tromper, mentir, en faire accroire : *Ne le croyez pas, il en impose.*

Infecter, Infester.

Infecter, signifie gâter, corrompre, incommoder par quelque mauvaise odeur, par quelque chose de contagieux ou de venimeux : *Ce marais infecte l'air ; la peste avait infecté toute la ville.* Il se dit aussi figurément, au sens moral : *Il infecta le pays de sa pernicieuse doctrine.*

Infester, signifie ravager, désoler : *Les ennemis infestaient le pays par leurs courses, infestaient les frontières.*

Il se dit, par extension, des animaux nuisibles ou incommodes, etc : *Les rats infestent cette maison ; les mauvaises herbes qui infestent nos champs.*

Insulter.

Insulter quelqu'un, c'est le maltraiter, l'outrager de fait ou de parole : *Il a été l'insulter jusque chez lui.*

Insulter à, c'est manquer à ce que l'on doit aux personnes ou aux choses : *Il ne faut pas insulter aux malheureux ; insulter à la misère publique.*

Joindre.

Joindre, signifiant ajouter, demande *à* : *Joignez cette maison à la vôtre.* Signifiant *unir, allier*, il prend indifféremment *à, et, avec* : *Joindre la prudence à la valeur, et la valeur, avec la valeur.*

Mêler.

Mêler avec, c'est mettre ensemble plusieurs choses et les confondre ; *Mêler l'eau avec le vin.*

Mêler à, c'est joindre, unir une chose à une autre : *Mêler l'agréable à l'utile ; il sait mêler à propos la douceur à la sévérité.*

Observer.

Observer, dans le sens d'attirer l'attention de quelqu'un sur quelque chose, de faire remarquer quelque chose à quelqu'un, doit être précédé du verbe *faire*. Il ne faut pas dire: *Je vous observe que, lui avez-vous observé que je n'y consentais pas*, par la raison qu'on ne dirait pas: *Je vous remarque que, lui avez-vous remarqué que je n'y consentais pas*.

Observer signifie regarder, considérer quelque chose avec application, avec étude: *Observer le cours des astres; le moraliste observe les hommes, la société, le cœur humain.*

Pardonner.

Pardonner, quand il s'agit de choses, a un complément direct; quand il a rapport aux personnes, il veut un complément indirect: *Pardonner une faute légère; je lui pardonne.*

Parler.

Ne confondez pas *mal parler* et *parler mal*. *Mal parler*, tombe sur les choses que l'on dit, et *parler mal*, sur la manière de les dire; le premier est contre la morale, le second contre la grammaire. C'est *mal parler* que de dire des paroles offensantes; c'est *parler mal* que d'employer une expression hors d'usage, de se servir de termes équivoques, de construire d'une manière embarrassée, obscure ou à contre sens: *Il ne faut ni mal parler des absents, ni parler mal devant les grammairiens.*

Parler, verbe neutre, devient quelquefois actif, comme dans cette phrase: *C'est une personne qui parle bien sa langue.*

Participer.

Participer à, c'est avoir part à: *Je ne veux point participer à vos mauvais desseins.*

Participer de, c'est tenir de la nature de quelque chose. *Son système participe de celui des anciens; l'enthousiasme de cet homme participe de la folie.*

Partir.

Ne dites pas: *Il est parti à la campagne; il vient de partir à Rome.* Dites: *Il est parti pour la campagne; il vient de partir pour Rome.* — Partir *pour* un endroit, et non partir *à*

Peur (avoir peur que).

Avoir peur que, suit les mêmes règles que *craindre que*; il veut le subjonctif, sans négation, dans la phrase interrogative ou négative, et avec la négation, dans la phrase affirmative: *Avez-vous peur qu'il vienne; je n'ai pas peur qu'il s'en aille; j'ai peur qu'il ne vous quitte.*

On emploie *de peur que*, quand le verbe de la seconde proposition a un sujet différent de celui de la première: *Je le ferai de peur que vous ne le fassiez vous-même.*

On emploie *de peur de*, quand l'action marquée par le second verbe est faite par le même sujet qui fait l'action que le premier verbe exprime : *Je l'ai fait de peur de vous fâcher.*

Plaindre.

On dit *se plaindre de ce que*, quand il y a un motif réel de plainte : *Il se plaint de ce qu'on l'a calomnié.*

Se plaindre que, ne suppose pas lieu à la plainte : *Il se plaint qu'on l'ait calomnié, mais il se trompe.*

Plaire.

Ce qui plaît, signifie ce qui est agréable : *Ce qui me plaît, c'est que vous fassiez cette chose.*

Ce qu'il plaît, veut dire ce que l'on veut : *Il fait de cet homme tout ce qu'il lui plaît.*

Plier, *ployer*.

Plier, mettre en un ou plusieurs doubles, et avec un certain ordre. En ce sens, il ne se dit proprement qu'en parlant des étoffes, du linge et du papier : *Plier une serviette, des habits, une lettre.* Au figuré, il signifie assujettir, soumettre, faire céder, accoutumer : *Il y a des esprits qu'on plie aisément; se plier à la volonté d'autrui.* Pris neutralement, il signifie devenir courbé, céder, reculer : *Cet arbre plie sous le poids des fruits; il ne pliera pas; l'infanterie plia.*

Ployer, signifie courber, faire fléchir : *Ployer une branche d'arbre; ployer le genou en marchant.*

Il signifie aussi arranger une chose en la pliant, en la mettant en rouleau, en paquet : *Ployez votre serviette; ployez votre habit.*

Prétendre.

Prétendre la première place, c'est l'exiger comme un droit, comme une prérogative qui nous appartient.

Prétendre à la première place, c'est y aspirer, travailler à l'obtenir.

Quitter.

Quitter, ne peut avoir deux compléments. On ne doit pas dire *quitter* quelque chose à quelqu'un, dans le sens de *céder*.

J'aurais même regret qu'il me quittât l'empire.
. . . . Oui, oui, je vous quitte la place. (RACINE.)

Il faut : *qu'il me cédât l'empire; je vous cède la place.*

Se rappeler.

Le verbe *rappeler* est actif, et par conséquent le nom ou le pronom qui le suit ne doit pas être suivi de la préposition *de;* on doit dire *se rappeler quelque chose*, et non, *se rappeler de quelque chose*. Ne dites donc pas : *Je m'en rappelle ; je ne m'en suis pas rappelé*. Dites : *Je me le rappelle; je ne me le suis pas rappelé.*

Se rappeler peut être suivi d'un infinitif, sans que cet infinitif soit précédé de la préposition *de : Je ne me rappelle pas avoir rien ajouté au texte*. Mais on met plus ordinairement la préposition *de* devant l'infinitif : *Je ne me rappelle pas d'en avoir lu une seule qui fût vraie.*

Se rencontrer.

Ne dites pas : *Je me rencontrai là fort à propos;* mais, *je me trouvai là*. Il faut être deux pour *se rencontrer*. On ne se rencontre point quand on est seul.

Retrancher.

Retrancher de, c'est ôter quelque chose d'un tout : *Il faut retrancher plusieurs branches de cet arbre.*

Retrancher à, signifie ôter entièrement, supprimer : *On lui a retranché sa pension; on ne saurait retrancher tous les abus.*

Réunir, unir.

Réunir, signifiant posséder en même temps, veut *et : Réunir la prudence et le courage. Unir* veut *à : Unir la prudence au courage*. Ne dites pas : *Pour opérer le bien, il faut que la sagesse soit réunie à la puissance ;* dites : *Il faut que la sagesse soit unie à la puissance.* (*Réuni* suppose au moins deux objets énoncés auparavant.)

Satisfaire.

Satisfaire est actif et demande un complément direct, quand il signifie *contenter*, donner sujet de contentement : *Cet écolier satisfait ses maîtres ; satisfaire sa vanité, sa curiosité; ce discours satisfait l'esprit.*

Satisfaire, signifiant faire ce qu'on doit par rapport à quelque chose, est neutre et veut un complément indirect : *Il a satisfait à ses obligations; satisfaire à la loi; satisfaire aux commandements de Dieu.*

Servir.

Servir à rien, signifie n'être utile, n'être propre à rien : *Cela ne sert à rien; il ne sert à rien de s'emporter.* On dit souvent dans le même sens, avec la préposition *de : Cela ne sert de rien;* surtout quand on veut exprimer la nullité absolue.

Sortir.

Ne dites pas : *Vous ne me sortirez pas cela de l'esprit;* dites : *Vous ne m'ôterez pas cela de l'esprit. Sortir* ne s'emploie comme verbe actif que dans quelques phrases du langage familier, où il signifie *faire sortir, tirer : Il est temps de sortir les orangers de la serre; sortez ce cheval de l'écurie* ; *on l'a sorti d'une affaire fâcheuse.*

Succomber.

Succomber à, c'est se laisser aller à : *Succomber à la douleur, à la tentation.*

Succomber sous, c'est être accablé sous un fardeau que l'on porte : *Succomber sous le faix ; ce mulet succombe sous le poids.* — On dit dans ce sens, au figuré : *Succomber sous le travail; succomber sous le poids des affaires.*

Suppléer.

Suppléer quelque chose, c'est l'ajouter, le fournir lorsqu'il manque : *Pour faire cette acquisition il lui manquait six mille francs ; son père les a suppléés.*

Suppléer à quelque chose , c'est le remplacer, en réparer

l'absence, le défaut : *Dans les temps de disette on a suppléé au pain par les pommes de terre.*

Surpris.

Être surpris que, veut le subjonctif ; *être surpris de ce que*, demande l'indicatif : *Vous serez sans doute surpris que l'auteur se taise*, ou, *de ce que l'auteur se tait sur un fait si important.*

On met *être surpris de*, avec l'infinitif, quand le verbe de la seconde proposition a le même sujet que le verbe de la première : *Nous fûmes surpris de le trouver si changé.* On met *être surpris que*, avec le subjonctif, quand le verbe de la seconde proposition a un autre sujet que celui du verbe de la première proposition : *Nous fûmes surpris qu'il fût réduit à cette extrémité.*

Il tient.

L'unipersonnel *il tient* doit être suivi de la préposition *de* et de l'infinitif, lorsque le nom qui sert de complément à la préposition *à* peut devenir le sujet du verbe à l'infinitif : *Il ne tient qu'à vous de sortir* (que vous ne sortiez).

Lorsque cet unipersonnel est employé négativement ou interrogativement et que le nom qui est complément de la préposition *à* ne peut pas devenir le sujet de l'action que marque le verbe suivant, il faut mettre ce verbe au subjonctif, et le faire précéder de la particule *ne* : *Il n'a pas tenu à nous que vous n'ayez réussi; à quoi tient-il que vous ne le fassiez ?*

Bourdaloue a dit : *Il ne tient qu'à moi que ma foi ne soit pour moi un moyen de salut ; parce qu'il ne tient qu'à moi d'en faire un usage tel que je le dois, et tel que Dieu le demande...*

Les deux règles précédentes se trouvent appliquées dans cet exemple.

Valoir.

Lorsque *valoir* se construit unipersonnellement avec l'adverbe *mieux*, il demande l'infinitif sans préposition dans le premier membre de la phrase, et l'infinitif avec la préposition *de*, dans le second membre : *Il y a beaucoup d'occasions où il vaut mieux se taire que de parler.*

Ne dites pas: *Il faut mieux que cela soit ainsi.* Le verbe *falloir* marquant obligation, nécessité de faire quelque chose ne peut être modifié par l'adverbe *mieux*, qui indique choix, préférence. Dites: *Il vaut mieux.*

Voir.

Voyons voir, voyez voir, sont des locutions vicieuses. La répétition du verbe forme un pléonasme ridicule. Dites: *Voyons comment il soutiendra son opinion*, et non: *Voyons voir*, etc.

CHAPITRE VI.

SYNTAXE DES PARTICIPES.

Du participe présent.

Le participe présent, toujours terminé en *an* prend ni genre ni nombre.

Ainsi l'on écrit :

Un homme lisant; *des hommes* lisant;

Une femme lisant; *des femmes* lisant.

Cependant on dit, *des hommes* obligeants, *une femme* prévenante, charmante, etc. Mais ces mots *obligeants*, *prevenante*, *charmante*, etc., ne sont point des participes présents : ce sont des adjectifs *verbaux*.

Pour distinguer les adjectifs verbaux des participes présents, il faut voir si ces mots ont un complément. Lorsqu'ils ont un complément, ce sont des participes ; lorsqu'ils n'ont point de complément, ils sont adjectifs.

Le *participe présent* exprime une action, *l'adjectif verbal* marque l'état, la manière d'être du mot auquel il se rapporte.

Cette femme est douce, affable, prévenant *tout le monde.*

Cette femme est douce, affable, prévenante.

Dans la première phrase, le mot *prévenant* est un

participe, parce qu'il est suivi du complément *tout le monde*, et qu'il exprime une action; dans la seconde, il est adjectif verbal, parce qu'il n'a point de complément, et qu'il marque l'état, la manière d'être de la femme dont on parle.

Elle voit un gouvernail, un mât, des cordages, flottant *sur la côte*. (Télémaque.)

Flottant est un participe présent, parce qu'il est accompagné du complément *sur la côte*.

Lorsque l'on doute si le qualificatif en *ant* est adjectif verbal ou participe présent, ce qui a lieu surtout lorsque le qualificatif est précédé d'un nom masculin, il faut voir si, en remplaçant ce nom masculin par un nom féminin, la terminaison du qualificatif doit changer ou rester la même. Dans le premier cas, ce serait un *adjectif verbal*, dans le second, un *participe présent*. Ainsi, dans ces exemples : *Les esprits bas* et *rampants ne s'élèvent jamais au sublime; les hommes contredisants sont peu propres à la société; partout s'offraient à nos yeux des exemples frappants de faste et de vanité*; *rampants, contredisants, frappants* sont des adjectifs verbaux, parce qu'avec des noms féminins on dirait : *Les âmes basses* et *rampantes ne s'élèvent jamais au sublime; les femmes contredisantes sont peu propres à la société; partout s'offraient à nos yeux des scènes frappantes de faste et de vanité.*

Mais dans ces phrases : *J'ai trouvé mes frères dessinant des fleurs ; ces livres amusant beaucoup mes enfants ; ces fonds provenant de votre bien ; dessinant, amusant, provenant*, sont des participes présents; car on ne dirait pas : *J'ai trouvé vos sœurs dessinantes des fleurs ; ces lectures amusantes beaucoup mes enfants; ces sommes provenantes de votre bien.*

Du participe passé.

Le participe passé, employé sans auxiliaire, s'accorde, comme l'adjectif, en genre et en nombre avec le mot auquel il se rapporte. On le nomme alors *adjectif verbal* ou *participe adjectif.*

Un ouvrage *achevé*, une maison *achevée;* des ouvrages *achevés*, des maisons *achevées;* un billet *reçu*, des billets *reçus.*

Remarque. Les participes *excepté, passé, supposé* et *vu*, employés sans auxiliaire, sont variables quand ils sont placés après le mot qu'ils qualifient, et restent invariables quand ils le précèdent.

Cinq ou six personnes *exceptées.*	*Excepté* cinq ou six personnes.
Cette époque *passée.*	*Passé* cette époque.
Ces événements *supposés.*	*Supposé* ces événements.
Ses services *vus.*	*Vu* ses services.

Ci-joint est variable quand il est placé après le substantif : *Les papiers ci-joints, les pièces ci-jointes.* Il reste invariable quand le substantif qui suit est employé sans article, ou lorsque précédant un substantif qui a l'article, il commence la phrase : *Vous trouverez ci-joint copie de sa lettre ; ci-joint l'expédition du jugement.*

Pour l'accord du participe passé précédé d'un auxiliaire, il importe de bien connaître les différentes sortes de verbes, et de savoir parfaitement ce que c'est qu'un *sujet*, un complément *direct*, un complément *indirect.*

On doit donc, lorsqu'on a un participe passé à écrire, examiner d'abord de quel auxiliaire il est précédé, et à quelle espèce de verbe il appartient.

Le participe passé, accompagné de l'auxiliaire *être*, s'accorde toujours avec le sujet du verbe :

Les *enfants qui se conduisent bien sont aimés* et *honorés de tout le monde*, et *ceux qui ne se conduisent pas bien sont haïs* et *méprisés*.

La *perte de ces deux dames charitables a été vivement sentie*. Le *mensonge et l'imposture ont beau se déguiser, ils sont toujours vaincus*

Le participe passé, accompagné de l'auxiliaire *avoir*, ne s'accorde jamais avec le sujet du verbe, mais il s'accorde avec le complément direct quand il en est précédé :

Les succès que nous avons obtenus; les avis que je vous ai donnés; les sciences que les bons gouvernements ont toujours protégées.

Quand le complément direct est placé après le participe, ou qu'il n'y a pas de complément de cette nature, le participe reste invariable :

Nous avons obtenu des *succès*; *je vous ai donné* des *avis*; *les bons gouvernements ont toujours protégé les sciences*.

Question. Pourquoi le participe passé joint au verbe *avoir*, s'accorde-t-il avec son complément, quand il en est précédé; pourquoi reste-t-il invariable, quand il en est suivi?

Réponse. Lorsque le complément précède le participe, ce complément est connu de celui qui parle et de celui à qui l'on parle; ainsi, l'on peut, en énonçant ou en écrivant le participe, le faire accorder avec ce complément. Mais, si le complément n'est placé qu'après le participe, on est supposé ne pas connaître ce complément quand on énonce ou qu'on écrit le participe; ainsi, l'on ne peut point faire accorder ce participe avec son complément. Tels sont les motifs de la différence que les Grammairiens ont mise entre le participe passé *précédé* et le participe passé *suivi* de son complément direct.

Du participe passé des verbes actifs.

Lorsque le participe passé, accompagné de l'auxiliaire *avoir*, appartient à un verbe *actif*, il faut en chercher le complément direct au moyen de la question *qui* ou de la question *quoi*. Si le complément direct est placé avant le participe, il y a accord; mais, s'il est placé après le participe, celui-ci reste invariable : *Les sommes que nous avons dépensées dans les divers voyages que nous avons faits, sont considérables*. Le participe passé *dépensées* appartient à un verbe actif; je dis : Nous avons dépensé quoi? des *sommes*. Le complément direct précède le participe; en conséquence, il doit y avoir accord. Le participe passé *faits* appartient également à un verbe actif; je dis : Nous avons fait quoi? des *voyages*. Par la même raison, je fais accorder ce second participe.

Vos succès ont surpassé notre attente, et ont causé la plus grande joie à tous vos amis.

Surpassé est le participe passé d'un verbe actif; je dis : Vos succès ont surpassé quoi? notre *attente*. Le participe étant suivi de son complément direct reste invariable. Il en est de même du participe passé *causé* suivi du complément direct *joie*.

Du participe passé des verbes passifs.

Tous les verbes *passifs* étant conjugués avec l'auxiliaire *être*, les participes passés de ces verbes s'accordent toujours avec le sujet du verbe, que l'on trouve en faisant la question *qui est-ce qui* ou la question *qu'est-ce qui ?*

Vos frères ont été blâmés ; la vertu est estimée de tout le monde.

Qui est-ce qui a été blâmé? — Vos *frères*.

Qu'est-ce qui est estimé? — La *vertu*.

Ces participes passés s'accordent donc avec les sujets *frères* et *vertu*.

Du participe passé des verbes neutres.

Les participes passés des verbes *neutres*, conjugués avec l'auxiliaire *avoir*, sont toujours invariables : *Les sept années que la guerre a duré. Les soixante-douze ans que Louis XIV a régné. Elle a bien profité de son temps.*

Le *que* relatif, dans les deux premiers exemples, ne représente point un complément direct; il ne peut tenir lieu que d'un complément indirect, et par conséquent, il faut qu'il y ait ellipse ou retranchement d'une préposition. En effet, *que* est mis, dans ces phrases, pour *pendant lesquelles*. C'est comme s'il y avait : *Les sept années pendant lesquelles la guerre a duré; les soixante-douze ans pendant lesquels Louis XIV a régné.*

Les participes passés des verbes neutres, conjugués avec l'auxiliaire *être*, s'accordent avec le sujet du verbe :

Mon *frère* est *tombé*.	Mes *frères* sont *tombés*.
Ma *sœur* est *sortie*.	Mes *sœurs* sont *sorties*.
Elle est *venue* nous voir.	*Elles* sont *venues* nous voir.

Du participe passé des verbes pronominaux réfléchis.

Les participes de ces verbes suivent la même règle que les participes passés des verbes actifs. Ils doivent être considérés comme étant précédés du verbe *avoir*, et non du verbe *être*.

Lorsque le participe passé est celui d'un verbe *pronominal réfléchi*, il faut mettre le verbe *avoir* à la place du verbe *être*; et, si le pronom réfléchi est complément *direct*, le participe passé devra s'accorder avec ce pronom ; mais, s'il n'est que complément *indirect*, le participe passé sera invariable, à moins qu'il ne soit précédé d'un autre complément *direct :*

Cette femme s'est proposée pour modèle à ses enfants.

Je mets le verbe *avoir* à la place du verbe *être*, et je dis : Cette femme a proposé *elle* pour modèle à ses enfants. Je vois que le pronom réfléchi *se* est ici complément *direct* ; et, puisqu'il précède le participe, c'est le cas d'appliquer la règle du participe passé, joint au verbe *avoir*, et précédé de son complément *direct*. Donc je dois écrire *proposée* (fém. sing.)

Mais, dans l'exemple suivant :

Cette femme s'est proposé d'enseigner la géographie à ses enfants.

En mettant le verbe *avoir* à la place du verbe *être*, je dois dire : Cette femme a proposé *à elle* d'enseigner la géographie à ses enfants. Ici, le pronom réfléchi *se* n'est que complément *indirect*, et par conséquent, puisque le participe passé n'est point précédé de son complément direct, il ne varie point. J'écrirai donc *proposé* (sans accord).

Par la même raison, nous écrirons : *Lucrèce s'est donné la mort; cette femme s'est mis des chimères dans la tête.* Car, en mettant le verbe *avoir* à la place du verbe *être*, nous devons dire : *Lucrèce a donné* à elle, *etc.*; *cette femme a mis* à elle, *etc.* Donc, dans ces deux phrases, le pronom *se* est complément indirect ; et, comme d'ailleurs, le complément direct *la mort*, n'est placé qu'après le participe passé *donné*, et que le complément direct *des chimères* n'est placé qu'après le participe passé *mis*, ces deux participes restent invariables.

Mais, dans ces phrases : *La mort que Lucrèce s'est*

donnée; les chimères que cette femme s'est mises dans la tête, si nous substituons le verbe *avoir* au verbe *être*, nous dirons : *La mort que Lucrèce a donnée à elle; les chimères que cette femme a mises dans la tête à elle. Se* est complément *indirect*, et par conséquent ce n'est point avec ce pronom que s'accordent les participes *donnée*, *mises*. Mais le complément *direct*, représenté par le pronom relatif *que*, les précède; et c'est avec ce complément que les participes *donnée*, *mises*, s'accordent.

D'après ces principes nous écrirons :

Nous nous sommes rendus maîtres de la ville.

Les hommes se sont bâti des villes.

Les lois que s'étaient prescrites les Romains.

Des modernes se sont imaginé qu'ils surpassaient les anciens. (Ont *imaginé* en eux).

Elle s'est rendue accusatrice.

Les académies se sont fait des objections, se sont proposé des difficultés.

Du participe passé des verbes pronominaux réciproques.

Les participes passés des verbes *pronominaux réciproques* sont soumis à la même règle que les participes passés des verbes pronominaux réfléchis. Il faut chercher, de la même manière, si le second pronom qui les précède en est le complément *direct* ou bien le complément *indirect*. Dans le premier cas, ces participes s'accordent; dans le second cas, ils sont invariables.

EXEMPLE.

Ces deux hommes se sont battus, et se sont dit des injures.

Le participe passé *battus* s'accorde avec son complément *se*, parce que ce complément est direct; le participe passé *dit* ne change point, parce que le pronom *se* qui le précède, n'en est que le complément indirect, et que son complément direct *injures* est placé après.

Nous devons écrire pareillement :

Vos sœurs et les miennes se sont trouvées ensemble à la campagne, et se sont plu dès les premiers instants.

Ils se sont succédé... Elles se sont parlé, etc.

Du participe passé des verbes pronominaux passifs

Ces verbes ayant la même signification que les verbes *passifs*, l'accord de leur participe passé doit suivre la règle du participe passé précédé du verbe *être*, c'est-à-dire, que ce participe doit s'accorder avec le sujet. Ainsi dans cette phrase : *Ces marchandises se sont bien vendues*, le participe *vendues* s'accorde avec le sujet *marchandises*, parce qu'on peut dire : *Ces marchandises ont été bien vendues*. Il en est de même des phrases suivantes :

Cette affaire s'est traitée..., a été traitée; les cordes de cette guitare se sont lâchées..., ont été lâchées; la désobéissance s'est trouvée montée au plus haut point..., a été trouvée montée au plus haut point.

Les participes passés des verbes *essentiellement pronominaux* s'accordent toujours, parce que ces verbes ont pour complément direct le second pronom qui précède le participe :

Ils se sont abstenus de boire et de manger.

Les ennemis se sont emparés de la place par surprise.

Elle s'est repentie de ses torts.

On fait exception pour le verbe *s'arroger*, dont le second pronom est toujours complément indirect :

Ils se sont arrogé ces priviléges.

Cependant on écrira avec accord : les *priviléges qu'ils se sont arrogés*, parce que le participe se trouve précédé du complément direct *que* pour *priviléges*.

Du participe passé des verbes unipersonnels.

Les participes passés des verbes *unipersonnels* ou employés *unipersonnellement* sont toujours invariables. Si les participes passés de ces verbes sont accompagnés de l'auxiliaire *être*, ils doivent se mettre au masculin et au singulier, parceque le sujet apparent est toujours le pronom *il* qui est du masculin et du singulier :

Il est survenu une grande difficulté.

Il s'est rassemblé ici trois cents personnes.

S'ils sont précédés du verbe *avoir*, ils restent également invariables ; car les verbes unipersonnels n'ont jamais de complément direct.

Les chaleurs qu'il a fait.

La disette qu'il y a eu.

Le *que* placé ici avant les verbes *il a fait*, *il y a eu*, ne peut aucunement représenter un complément direct. On ne dit point faire des chaleurs, comme on dit faire des vers, faire des habits, etc. A quoi donc se rapporte ce *que ?* Il ne se rapporte à rien. *Faire* et *avoir* sont ici de ces mots employés au lieu des mots propres; ils ont perdu leur signification active pour marquer seulement l'existence, et le *que*, placé avant ces verbes est une expression dont l'analyse ne peut rendre raison.

D'après les règles que nous venons de donner sur les participes passés des différentes sortes de verbes, on voit que si l'orthographe des participes est un écueil pour un grand nombre de personnes, c'est uniquement par défaut d'attention. Il ne faut qu'un peu de réflexion pour comprendre ces règles, qui, à l'exception de quelques cas que nous allons faire connaître, sont fixes et ne présentent pas réellement de grandes difficultés.

Du participe passé suivi d'un verbe à l'infinitif.

Lorsque le participe passé est suivi d'un verbe à l'infinitif, le complément qui précède les deux verbes peut être ou le complément du participe, ou le complément du verbe à l'infinitif.

Si le complément qui précède les deux verbes est celui du participe passé, le participe doit s'accorder avec ce complément.

Mais, si le complément est celui du verbe à l'infinitif, le participe passé demeure invariable.

On reconnait que le complément qui précède les deux verbes est le complément du participe passé, lorsqu'on peut mettre ce complément immédiatement après le participe, et changer l'infinitif suivant en participe présent, ou bien en un imparfait précédé du pronom relatif *qui:*

La femme que j'ai entendue chanter.

Pour connaitre si le pronom relatif *que* qui précède les deux verbes est le complément du participe passé *entendu*, j'essaie de mettre immédiatement après ce participe le nom représenté par *que*, et de changer l'infinitif suivant en participe présent, ou bien en un imparfait précédé de *qui*. Je dis donc: j'ai entendu *la femme chantant,* ou *qui chantait*.

La phrase est susceptible de ce changement. C'est donc du participe passé *entendu*, que le pronom relatif *que* se trouve le complément direct; et, puisque ce complément précède le participe, celui-ci doit s'accorder avec son complément. Donc, il faut écrire *entendue* (fém. sing). Mais dans cet autre exemple: *La chanson que j'ai entendu chanter*, si j'essaie de mettre le complément immédiatement après le participe, et de changer l'infinitif suivant en participe présent, je dois dire: J'ai entendu *la chanson chantant*, ou *qui chantait*. Or, je vois que ce changement ne peut se faire, parce que la chanson ne chantait point, mais qu'elle était chantée ; j'en conclus que le pronom relatif *que* est le complément de l'infinitif *chanter*, et non du participe passé *entendu*. Donc ce participe est invariable, puisqu'il n'est pas précédé de son complément direct. Il faut écrire *entendu* (invariable).

Remarque. Il est aisé de voir que la question se réduit à chercher si le nom représenté par le relatif peut devenir le sujet du verbe à l'infinitif. Si ce nom peut être le sujet du verbe à l'infinitif, le participe en prendra le genre et le nombre. Ainsi, dans l'exemple, *la femme que j'ai entendue chanter*, le nom *femme*, représenté par le relatif *que*, peut être le sujet du verbe *chanter*; et c'est pour cela que le participe *entendue* s'accorde avec ce nom. Mais, dans la phrase, *la chanson que j'ai entendu chanter*, le nom *chanson*, représenté par *que*, ne peut pas devenir le sujet du verbe *chanter*, parce qu'une chanson ne chante point; alors le participe *entendu* ne change point.

D'après ces principes, comment faut-il écrire le participe *vu* dans cette phrase :

La femme que j'ai vu peindre?

Cette phrase présente deux sens; car elle signifie que vous avez vu une femme *qui peignait* ou *dont on faisait le portrait*.

Si vous avez vu une femme occupée à peindre, vous pouvez dire, *J'ai vu la femme peignant;* et alors le *que* est complément du participe passé *vu*; et, puisque le complément précède le participe, ce participe doit s'accorder avec son complément. Il faut écrire :

La femme que j'ai vue *peindre* (en mettant *vue* au fém. sing.).

Mais, si vous avez vu une femme dont un artiste faisait le portrait, vous ne pouvez pas dire, J'ai vu la femme *peignant*; puisque ce n'était pas elle qui peignait, mais qu'un autre était occupé à la peindre. C'est du verbe *peindre* et non du participe *vu*, que le relatif *que* se trouve le complément. Le participe est invariable, puisqu'il n'est point précédé d'un complément direct, et l'on doit écrire : *La femme que j'ai* vu *peindre*.

Racine, dans *Britannicus*, fait dire à Néron, en parlant de Junie :

> Cette nuit, je l'ai *vue* arriver en ces lieux.

On écrira pareillement, en parlant d'une femme, *Je l'ai* vue *entrer*, *Je l'ai* vue *passer* ; et, en parlant de plusieurs, *Je les ai* vues *entrer*, *je les ai* vues *passer*; et ainsi de tous les participes joints à des infinitifs qui sont verbes *neutres* : car les verbes neutres n'ayant point de complément direct, c'est une nécessité que le complément se rapporte au participe qui précède ces infinitifs, et que le participe s'accorde avec ce complément.

Le second verbe à l'infinitif est quelquefois sous-entendu, et cependant le participe suit encore la même règle que quand ce verbe à l'infinitif se trouve exprimé.

EXEMPLES.

Je lui ai fait toutes les caresses que j'ai dû.

Nous lui avons accordé toutes les grâces que nous avons pu.

Il a obtenu toutes les faveurs qu'il a voulu.

Dans ces phrases, on sous-entend les verbes *faire, accorder, obtenir* ; et c'est à ces verbes que le complément doit se rapporter. Ainsi, *dues, pues, voulues*, seraient des fautes grossières.

Du participe passé entre deux que.

Lorsque le participe passé se trouve placé entre deux *que*, ce n'est point de ce participe que le premier *que* se trouve le complément, mais du verbe qui le suit, et par conséquent le participe est ordinairement invariable :

Les raisons que vous avez cru que j'approuvais.

Les mathématiques que vous n'avez pas voulu que j'étudiasse.

Le premier *que*, dans ces deux phrases, est le complément des verbes j'*approuvais*, j'*étudiasse*, et non pas des participes *cru* et *voulu* qu'il précède. Car, si aux mots, j'*approuvais*, j'*étudiasse*, on substitue, *je me rendais*, et *je m'appliquasse*, on dira : *Les raisons auxquelles vous avez cru que je me rendais*... ; *les mathématiques auxquelles vous n'avez pas voulu que je m'appliquasse*... Le premier *que* se trouve donc alors remplacé par *auxquelles*, parce que les verbes *se rendre, s'appliquer*, appellent la préposition *à* et demandent un complément indirect ; *se rendre à de bonnes raisons, s'appliquer à quelque chose*. Donc c'est de ces verbes, et non des participes *cru* et *voulu*, que le premier *que* se trouve le complément.

Nous écrirons ainsi les phrases suivantes, sans accord des participes :

Les peines que j'ai prévu que cette affaire vous donnerait.

Les embarras que j'ai su que vous aviez.

C'est une chose que j'ai cru que vous saviez.

Cependant le premier *que* peut quelquefois tomber comme complément sur le verbe qui le suit immédiatement, et appeler l'accord du participe passé de ce verbe, comme dans l'exemple suivant : *Ces hommes, que j'avais convaincus qu'ils devaient renoncer à leurs prétentions respectives, se sont néanmoins obstinés à plaider.*

Ces phrases sont peu usitées

Du participe passé joint à un infinitif précédé d'une préposition.

Lorsque l'infinitif qui suit le participe passé est précédé d'une préposition, le pronom relatif qui est avant les deux verbes sera le complément du participe passé, si l'on peut placer immédiatement après ce participe le substantif dont le relatif tient la place; et le participe devra s'accorder avec ce substantif :

Les soldats qu'on a contraints de marcher.

L'histoire que je vous ai donnée à lire.

La résolution que vous avez prise d'aller à la campagne.

Dans ces phrases, le *que* relatif est le complément du participe, parce que les noms dont il tient la place peuvent être mis immédiatement après le participe. On peut dire : *On a contraint les soldats de marcher*; *je vous ai donné l'histoire à lire*; *vous avez pris la résolution d'aller à la campagne.*

Mais, si le substantif représenté par le relatif *que*, ne peut pas se placer immédiatement après le participe, et qu'il ne puisse être mis qu'après l'infinitif, c'est de cet infinitif que le pronom se trouve le complément, et par conséquent le participe ne doit point varier :

Les mesures que vous m'avez conseillé de prendre (et non pas conseillées).

Les fortifications que nos généraux ont ordonné de construire (et non pas ordonnées).

La règle que j'ai commencé à expliquer (et non pas commencée).

Dans ces phrases et dans toutes celles qui leur ressemblent, le pronom relatif *que* se trouve le complément de l'infinitif, et non du participe, parce qu'on dit : *Vous m'avez conseillé de prendre les mesures*; *nos géné-*

raux ont ordonné de construire les fortifications; j'a commencé à expliquer la règle, etc. On ne pourrait pa placer après le participe le substantif représenté par l pronom, en disant : *Vous m'avez conseillé les mesure de prendre; nos généraux ont ordonné les fortification de construire; j'ai commencé la règle à expliquer.*

Du participe passé fait *suivi d'un infinitif.*

Le participe passé *fait* et l'infinitif qui le suit, étan deux mots inséparables qui ne présentent qu'une seul idée à l'esprit, le pronom est le complément des deu verbes conjointement, et le participe passé ne vari point :

La maison que j'ai fait bâtir (*et non pas faite*).

J'avais planté des poiriers, la sécheresse les a fai mourir (*et non pas faits*).

Dans ces phrases, et dans les autres semblables, l participe *fait* ne peut être séparé de l'infinitif qui l suit. On ne peut pas dire : *J'ai fait la maison bâtir; la sécheresse a fait les poiriers mourir.* Mais il faut dire : J'ai *fait bâtir* la maison ; la sécheresse a *fait mourir* les poiriers, etc.

Du participe passé joint au verbe avoir *et précédé du mot* en.

Lorsque le verbe *avoir* qui accompagne le participe passé est précédé du mot *en*, ce participe est invariable, à moins qu'il ne soit lui-même précédé d'un autre complément direct.

Tout le monde m'a offert des services et personne ne m'en a rendu; vous m'avez demandé des livres, je vous en ai *donné.*

Rendu et *donné* sont invariables, parce qu'ils sont précédés du seul complément indirect *en.*

*Louis-le-Grand a fait lui seul plus d'exploits que les autres n'*en *ont lu.*

Le participe *lu* est ici invariable, parce que le mot *en*, complément indirect, est précédé de la conjonction *que* et non du pronom relatif. Ainsi nous écrirons encore:

Vous avez plus de richesses que je ne vous en ai donné (*et non pas données*).

Il m'a promis plus de services qu'il ne m'en a rendu (*et non pas rendus*).

Il y a beaucoup plus de médailles frappées à la gloire des princes qui ont réparé les édifices publics, qu'à l'honneur de ceux qui en ont fondé de nouveaux (*et non pas fondés*).

Après la conjonction *que* servant à lier deux objets de comparaison, le participe passé, précédé du relatif *en*, ne change jamais.

Mais, si le participe est lui-même précédé d'un autre pronom qui en soit le complément direct, ce participe devra s'accorder avec le substantif dont le pronom tient la place: *Les grâces que j'en ai obtenues; la vengeance que vous en avez tirée; la valeur que nous en avons reçue.*

Dans ces exemples, le participe passé est précédé du *que* relatif, qui en représente le complément *direct*, et par conséquent ce participe s'accorde avec son complément.

Lorsque le pronom *en* est employé comme déterminatif des collectifs *combien*, *que*, *tant*, *autant*, *moins*, *plus*, *trop*, etc., et qu'ils sont placés l'un et l'autre avant le participe, ce participe doit prendre le genre et le nombre du substantif dont le pronom *en* tient la place: *Autant de batailles il a livrées, autant il en a gagnées. Que de difficultés j'ai trouvées! que, combien j'en ai surmontées.*

Racine dit, en parlant de gentilshommes :

Combien en as-tu *vus*, je dis des plus huppés?... etc.

Mais si le collectif n'est placé qu'après le participe, ce participe ne prend point l'accord : *Combien j'ai lu de livres! Mais j'en ai lu bien peu qui m'aient fait autant de plaisir*, etc. Le second *lu* ne change point, parce que le collectif *peu*, dont *en* est le déterminatif, n'est mis qu'après le participe.

Du participe passé, joint au verbe avoir, *précédé de* l'.

Lorsque le verbe *avoir* qui accompagne le participe passé est précédé de *l'*, ce participe ne varie point, si *l'* se rapporte à un adjectif; mais il varie, si *l'* se rapporte à un substantif : *La langue anglaise n'est pas aussi difficile que je* l'*avais cru.*

Le sens de cette phrase est, que j'avais cru la difficulté portée à un plus haut degré dans l'étude de la langue anglaise; j'avais cru *cela*, et non pas *elle* (la langue). Car, si nous mettions la phrase au pluriel, nous dirions très-certainement: *Les langues ne sont pas aussi difficiles que je l'avais cru*, et non pas que je *les avais crues*; parce que ce ne sont pas les langues, qui ont été crues, mais c'est la difficulté dans les langues qui avait été crue par moi. Le pronom *l'* se rapporte donc ici à un adjectif, et est *invariable.*

Nous écrirons, d'après les mêmes principes :

Cette femme est plus riche que vous ne l'aviez imaginé.

Cette jeune demoiselle n'est pas aussi instruite que nous l'avions pensé.

Mais dans cet exemple : *Ma sœur est toujours la même que je l'ai connue; le* est un pronom relatif variable. Car, en mettant la phrase au pluriel, nous dirons :

Nos sœurs sont toujours les mêmes que nous les avons connues.

Lorsque le mot *peu* est suivi d'un substantif, la phrase peut présenter deux sens différents. *Peu* exprime la petite quantité de l'objet désigné par le substantif qui le suit, ou bien le défaut, le manque réel de cet objet. Si *peu* désigne la petite quantité de l'objet énoncé, le participe doit s'accorder avec le substantif : *Cette demoiselle a bien profité du peu de leçons qu'on lui a données.*

Peu signifie, dans cette phrase, la petite quantité ; car on ne pourrait pas profiter du défaut, du manque de leçons. Le participe s'accorde donc avec le substantif *leçons.*

Mais s'il y a privation, manque de l'objet, c'est avec *peu* et non avec le substantif qui suit que le participe doit s'accorder: *Ne pas écrire correctement, c'est dévoiler le peu d'éducation qu'on a reçu.*

Ici *peu* signifiant le manque, c'est avec ce mot qu'a lieu l'accord du participe.

On reconnaît que *le peu* signifie la petite quantité, toutes les fois que le sens de la phrase permet de le supprimer. Ainsi, dans le premier exemple, on pourrait le retrancher et dire : *Cette demoiselle a bien profité des leçons qu'on lui a données.* Dans le second exemple, au contraire, la suppression de ce mot produirait un contre-sens: *Ne pas écrire correctement, c'est dévoiler l'instruction qu'on a reçu.*

Lorsque *valoir* signifie *procurer, faire obtenir, produire,* il est actif; et alors son participe passé doit s'accorder quand le complément direct le précède : *Les honneurs que mon habit m'a valus.*

Lorsque *coûter* signifie *causer, exiger,* il est pareillement actif et le participe passé devient susceptible d'accord : *Que de soins m'eût coûtés cette tête charmante.*

Le *que* ne représente pas un complément direct dans les phrases suivantes : *De la façon que j'ai dit*, ou *que j'ai parlé, on a dû m'entendre.* En effet, après le participe *dit*, on peut mettre un autre complément, et changer ainsi la phrase : *De la façon que j'ai dit les choses, on a dû m'entendre.* Le *que* n'est pas le complément direct du participe *dit*; car un verbe actif ne peut avoir deux compléments *directs*. Le *que* ne peut pas non plus être le complément direct du participe *parlé*; car le verbe *parler* est neutre, et n'a point de complément direct. Ainsi, les participes *dit* et *parlé* ne doivent point suivre la règle d'accord des participes précédés de leur complément direct. Cette locution, *de la façon que*, est adverbiale; c'est la même chose que si l'on disait : *Comme j'ai dit*, etc.

Remarquons que, si le verbe *dire* signifiait *indiquer, désigner, prescrire*, le *que* deviendrait complément direct, et rendrait variable le participe passé suivant : *Pour réussir, il faut s'y prendre de la manière que j'ai dite, que j'ai indiquée, que j'ai prescrite.* Dans ces sortes de cas, il faut employer les verbes *indiquer, désigner, prescrire*, plutôt que le verbe *dire*.

Doit-on dire : *il y a eu cent hommes tués*, ou bien, *il y a eu cent hommes de tués?*

Quand le substantif précède l'adjectif ou le participe, on ne doit pas employer la particule *de*: *Dans cette bataille il y a eu mille hommes tués; dans ce bal il y avait vingt femmes jolies.*

Mais quand le substantif est sous-entendu, ou qu'il est remplacé par le pronom relatif *en*, l'emploi de la particule *de* avant l'adjectif ou le participe est nécessaire : *De ces quatre mille hommes, il y en a eu mille de tués ; parmi ces dames, il y en avait vingt de jolies.*

CHAPITRE VII.

SYNTAXE DES PRÉPOSITIONS.

Les prépositions doivent se répéter devant chaque complément :

Elle a de *la beauté*, de *la grâce*, de *l'esprit.*

> Eh ! que vois-je partout ? La terre n'est couverte
> Que *de* palais détruits, *de* trônes renversés,
> Que *de* lauriers flétris et *de* sceptres brisés.

Exception. Les prépositions peuvent ne point se répéter devant les mots qui sont à peu près synonymes : *Il perd sa jeunesse* dans *la mollesse et l'oisiveté.*

Les prépositions ne sont pas toujours exprimées dans la phrase. Elles se retranchent souvent devant les noms de *temps*, de *prix*, d'*estime*, de *matière*, d'*instrument*, etc. :

Le bon Louis XII régna dix-sept ans (pendant).

Quelques fleurs ne durent qu'un jour (pendant).

Ce livre vaut dix francs (jusqu'à).

Les Athéniens avaient payé trois fois ce tribut cruel et humiliant (jusqu'à).

Les prisonniers marchaient la tête baissée, l'œil morne et noyé de pleurs (avec la tête, etc.).

Emploi de quelques prépositions.

Autour est une préposition, et elle est toujours suivie d'un complément : *Autour d'un trône. Alentour* est un adverbe, et n'a point de complément : *Il était sur son trône, et ses fils étaient alentour.*

Avant est une préposition, et elle est suivie d'un

complément : *avant l'âge*, *avant le temps*. *Auparavant* est un adverbe, et n'a point de complément : *Ne partez pas si tôt*, *venez me voir auparavant*... *Auparavant* ne doit jamais être suivi de la préposition *de*, ni de la conjonction *que*.

Au travers est suivi de la préposition *de* : *Au travers des ennemis*. *A travers* n'en est pas suivi ; on dit : *A travers les ennemis*.

On emploie aussi *à travers*, sans qu'il suive aucun article : *A travers champs*.

Devant est une préposition qui a un complément exprimé ou sous-entendu : *J'ai paru* devant *le juge*. *Devant* ne peut être suivi de *que*. Ainsi, ne dites point : *Devant qu'il* parte ; mais dites : *Avant qu'il* parte.

On écrit quelquefois *jusque* avec une *s* à la fin, quand une voyelle suit ; et l'on fait sentir la liaison : *Jusques au ciel ; cette nouvelle n'était pas venue jusques à nous ; jusques à quand*.

La préposition *malgré* ne doit jamais être suivie de *que*. Ne dites point : *Il est sorti malgré que je l'aie prié de rester* ; mais dites, *quoique je l'aie prié de rester*.

Par, en terme de marine, signifie *à* : *Nous étions par 30 degrés de latitude*, pour dire, *Nous étions à 30 degrés de latitude*.

Quant, préposition, signifie à l'*égard de*, et se trouve toujours suivie de *à* : *Je suis prêt quant à ce point-là ; quant à lui, il en usera comme il lui plaira*.

Quand, conjonction, signifie *lorsque*, *à quelle époque* ; *quand vous viendrez* ; *quand partirez-vous ?*

Vis-à-vis ne s'emploie que pour une opposition de ieu et signifie en face : *Il est logé vis-à-vis de moi*. On upprime quelquefois le *de* dans le style familier : *Vis-à-vis l'église*, *vis-à-vis l'hôtel de*.

Cette préposition ne doit pas s'employer dans le sens de *envers*, à *l'égard de*. Ne dites pas : *Il s'est montré ingrat vis-à-vis de ses bienfaiteurs*, mais, *envers ses bienfaiteurs*.

Voici désigne une personne ou une chose qui est proche de celui qui parle : *Voici le lieu dont on a parlé*. On l'emploie aussi lorsqu'on va immédiatement énoncer, dire, expliquer ou détailler quelque chose : *Voici la preuve de ce que je viens de vous dire*.

Voilà sert à marquer une personne ou une chose un peu éloignée de celui qui parle : *Le voilà qui arrive*. On l'emploie aussi pour ce qui vient d'être dit, expliqué, détaillé : *Vous lui remettrez cette lettre et ce paquet; voilà tout*.

La préposition *parmi* ne s'emploie qu'avec un pluriel indéfini qui signifie plus de deux ou de trois, ou avec un singulier collectif : *Il se mêla parmi eux; parmi le peuple*. Quand il ne s'agit que de deux objets, il faut employer la préposition *entre* : *Entre Paris et Rome; il était assis entre nous deux*.

Le rapport *d'appartenance* se marque toujours par la préposition *à* après un verbe : *Ce livre est à ma sœur; cette ferme appartient à mon père*. Après un nom, on emploie la préposition *de* : *Le livre de ma sœur; la ferme de mon père*. Cependant après un nom on peut employer la préposition *à* devant un pronom : *C'est un ami à moi que je vous recommande; il a un style, une manière à lui*.

C'est à vous de, exprime une idée de droit : *C'est à vous de parler*; c'est à vous qu'il appartient, qu'il convient de parler.

C'est à vous à, exprime une idée de tour : *C'est à vous à parler*; votre tour de parler est venu.

A, placé entre deux nombres, en laisse supposer un qui est intermédiaire: *Vingt à trente personnes*; *mille à douze cents francs*. Il se place entre deux nombres consécutifs, lorsqu'ils se rapportent à des choses qui peuvent se diviser par fractions: *Cinq à six lieues*. Dans le cas contraire, on emploie la conjonction *ou*. On ne dirait pas: *Cinq à six personnes;* mais bien, *cinq ou six personnes*.

Il y a cette différence entre, *il arrivera en huit jours*, et *il arrivera dans huit jours*, que la première phrase signifie qu'il sera huit jours en chemin, au lieu que la seconde phrase veut dire qu'il sera arrivé le huitième jour, quel que soit d'ailleurs le nombre de jours qu'il mette à faire sa route.

Près de, est une préposition qui signifie *sur le point de*; *prêt à*, signifie *disposé à*. Ne dites pas: *Il est prêt à tomber;* dites: *Il est près de tomber*.

Sous, indiquant un rapport de temps, ne doit s'employer que pour marquer le temps durant lequel un homme a vécu, un événement est arrivé, etc.: *Il vivait sous tel roi; sous l'empire; sous le ministère; sous l'administration d'un tel*. Mais c'est une faute que de dire: *Sous peu de jours, sous quinzaine, sous peu de temps*. Dites: *Dans peu de jours, dans une quinzaine, dans peu de temps*.

CHAPITRE VIII.

SYNTAXE DES ADVERBES.

Les adverbes de négation *pas* et *point* ne se mettent pas indifféremment l'un pour l'autre. *Pas* énonce simplement la négative; *point* appuie avec force et semble l'affermir. Le premier, souvent, ne nie la chose qu'en partie, ou avec modification; le second la nie toujours absolument, totalement et sans réserve.

On dirait donc : *N'être* pas *bien riche*. Mais, si l'on voulait se servir de *point*, il faudrait ôter le modificatif, et dire : *N'être* point *riche ; Il* n'*y a* point *de ressource dans une personne qui n'a* point *d'esprit*.

Pas et *point* se suppriment quand il y a dans la proposition une expression dont le sens est négatif, comme *jamais*, *guère*, *nul*, *nullement*, *aucun*, *rien*, *personne*, *ni* répété, *ne que* signifiant seulement.

Ainsi Racine a fait une faute, quand il a dit, dans *les Plaideurs* :

> On ne veut *pas rien* faire ici qui vous déplaise.

Plus et *davantage* ne s'emploient pas l'un pour l'autre ; *davantage* ne peut être suivi de la préposition *de*, ni de la conjonction *que*. On ne dit pas : *Il a davantage* de *brillant* que de *solide*, mais, *plus* de *brillant* ; on ne dit pas : *Il se fie* davantage *à ses lumières* qu'à *celles des autres*, mais, *il se fie* plus *à ses lumières*, etc.

Davantage ne peut s'employer que comme adverbe : *La science est estimable*, *mais la vertu l'est bien* davantage.

On ne doit point employer *davantage* pour *le plus*. Dites : *De toutes les fleurs d'un parterre, la rose est celle qui me plaît* le plus, et non, *qui me plaît* davantage.

Les adverbes de comparaison qui marquent *supériorité* ou bien *infériorité* demandent la particule *ne* devant le verbe qui suit la conjonction *que* : *Les richesses sont souvent plus funestes que la pauvreté n'est incommode. J'ai plus de motifs de me plaindre de vous que vous n'en avez de vous plaindre de moi... Cela coûte plus que cela ne vaut... Il est moins habile qu'il ne devrait l'être... Il a moins de jugement qu'il n'a d'esprit.*

10.

Mais, avec les adverbes qui expriment un comparatif d'*égalité*, la particule *ne* doit se supprimer devant le verbe qui suit la conjonction *que* : *Celui-ci est aussi bon que l'était celui-là... J'aime cet homme autant que je l'estime.*

La négation *ne* s'emploie également après *autre, autrement, meilleur : Il est tout autre qu'il n'était; il parle autrement qu'il n'agit ; il est meilleur qu'il ne le paraît.*

L'emploi de la négation cesse d'avoir lieu quand le verbe de la proposition précédente est accompagné d'une négation : *Il ne parle pas autrement qu'il agit.*

Plus tôt, adverbe de temps, s'écrit en deux mots : *Il est arrivé plus tôt qu'on ne le pensait. Plutôt,* en un seul mot, marque préférence : *Plutôt mourir que de faire une lâcheté.*

Si, aussi, se joignent aux adjectifs et aux adverbes : *Si sage, aussi vertueux; si sagement, aussi tranquillement. Tant, autant*, se joignent aux autres mots : *Tant de sagesse ; autant d'erreurs ; il travaille tant.*

Aussi, autant, expriment la comparaison : *Il est aussi sage que vaillant ; ce diamant vaut autant que ce rubis.*

Si, s'emploie quelquefois comme adverbe de comparaison, et alors il est précédé d'une négation : *Il n'est pas si riche que vous; il ne fait pas de si beaux vers.*

Il en est de même de l'adverbe *tant* : *Rien ne m'a tant fâché que cette nouvelle.*

Les deux termes d'une comparaison doivent être unis par la conjonction *que*, et non, par *comme : Il est aussi sage que vaillant*, et non, *aussi sage comme vaillant.*

De suite, signifie sans interruption : *Il ne saurait dire deux mots de suite. Tout de suite*, signifie *aussitôt, sur-le-champ, sans délai : Il faut que les enfants obéissent tout de suite*

Les adverbes *tout à coup* et *tout d'un coup* ont une signification bien différente. *Tout à coup*, veut dire *soudainement, en un instant, sur-le-champ*. *Tout d'un coup*, signifie *tout en une fois*. Ce qui se fait tout à coup n'est ni prévu ni attendu. Ce qui se fait tout d'un coup, ne se fait ni par degrés ni à plusieurs fois.

Dedans, *dehors*, *dessus*, *dessous*, sont toujours adverbes, et ne peuvent avoir de complément. On dit bien, *dans* la chambre, *hors de* la ville, *sur* la table, *sous* la table; mais on ne peut pas dire, *dehors* la ville, ni *dehors de* la ville, *dedans* la chambre, *etc.*

N'employez point *ici* pour *ci*; dites : *Ce temps-ci, cette année-ci*, et non pas, *ce temps* ici, *cette année* ici. *Ci* est une particule démonstrative qui s'unit au mot précédent pour marquer plus précisément la présence. *Ici* est un adverbe, et l'adverbe ne peut jamais modifier un substantif.

Aussi, *nonplus*, s'emploient pour pareillement; *aussi*, quand le sens est affirmatif, et *non plus*, quand il est négatif : *Vous le voulez, et moi aussi; vous ne le voulez pas, ni moi non plus.*

Joliment. C'est à tort que l'on emploie *joliment*, qui signifie *d'une manière jolie*, dans le sens de *beaucoup*, *fort*, *extrêmement*. Dirait-on d'une personne très-laide? *elle est joliment laide*.

Dans un langage très-familier, on peut cependant l'employer pour beaucoup, extrêmement : *Vous vous êtes joliment trompé.*

Plus, *mieux*. *Plus*, marque l'extension; *mieux*, la qualité, la perfection : *Vous avez plus travaillé que lui, mais il a mieux fait que vous.*

On dit *plus de*, et non, *plus que*, *mieux de*, devant un substantif : *Plus de dix francs, plus de dix lieues.*

Très ne peut modifier un substantif. Ne dites pas *J'ai très-faim, très-soif;* dites : *J'ai extrêmement faim, extrêmement soif.*

Comme tout, ne doit pas s'employer pour extrêmement. Ne dites pas : *Cet appartement est froid comme tout;* dites : *Cet appartement est extrêmement froid.*

Il ne faut pas dire : *Vous trouverez de ces marchandises tout partout.* Dites : *Vous trouverez de ces marchandises partout. Tout,* placé devant l'adverbe *partout,* forme un pléonasme.

Les adverbes *assez*, *beaucoup*, *bien*, *bientôt*, *moins*, *pas*, *peu*, *point*, *trop*, modifiant des verbes et étant joints à des temps *simples*, se mettent après le verbe; mais lorsqu'ils sont joints à des temps *composés*, ils doivent se placer entre le participe passé et l'auxiliaire; et lorsqu'on les emploie avec un verbe au présent de l'infinitif, ils se mettent le plus souvent devant cet infinitif :

Je mange *assez;* j'ai *assez* mangé pour me soutenir; c'est *assez* manger.

Il parle *beaucoup;* il a *beaucoup* parlé; il a l'habitude de *beaucoup* parler.

Il chante *bien;* il a *bien* chanté; il ne peut manquer de *bien* chanter.

Je reviendrai *bientôt;* je serai *bientôt* revenu.

Il joue *moins*; il a *moins* joué; il devrait *moins* jouer.

Je ne le trouve *pas*; je ne l'ai *pas* trouvé; je crains de ne le *pas* trouver.

Il dort *peu;* il a *peu* dormi; il est accoutumé à *peu* dormir.

Je ne le verrai *point;* je ne l'ai *point* vu; je puis ne le *point* rencontrer.

Il boit *trop;* il a *trop* bu; craignez de *trop* boire.

Les adverbes *guère*, *jamais*, *toujours*, etc., suivent la même règle.

CHAPITRE IX.

SYNTAXE DES CONJONCTIONS.

Et, *ni*, sont des conjonctions copulatives. La première s'emploie pour unir les mots et les propositions de même espèce, lorsque le sens est affirmatif; la seconde s'emploie lorsque le sens est négatif:

Il chante et il danse, il ne chante ni ne danse; il est instruit et modeste, il n'est pas instruit ni modeste; je crois que vous me portez de l'intérêt et que vous m'estimez; je ne crois pas que vous me portiez de l'intérêt ni que vous m'estimiez.

Quand on met deux mots de même espèce dans une proposition négative, il est plus élégant de supprimer *pas* et *point*, et de répéter *ni*. Ainsi au lieu de dire: *Il n'est pas instruit ni modeste*, dites, *il n'est ni instruit ni modeste.*

Et précède *sans*; *ni* le remplace.

Sans joie et sans murmure elle semble obéir.
Sans crainte ni pudeur, sans force ni vertu.
(RACINE.)

Plus, *mieux*, *moins*, *autant*, placés au commencement de deux membres de phrase, ne doivent pas être unis par la conjonction *et*. Ne dites pas: *Plus on lit et plus on s'instruit*; mais, *plus on lit, plus on s'instruit.*

La conjonction *et*, marquant addition, ne doit pas unir deux expressions synonymes, parce qu'alors, quoiqu'il y ait plusieurs mots, il n'y a réellement qu'une seule et même idée. On dit: *sa réserve, sa retenue mérite des éloges; une seule et même volonté*; mais on ne dirait pas: *sa réserve* et *sa retenue*, etc.; *une seule et une même volonté*

Parmi les conjonctions, les unes veulent le verbe suivant au subjonctif, les autres à l'indicatif.

Voici celles qui demandent le subjonctif : *soit que*, *sans que*, *si ce n'est que*, *quoique*, *jusqu'à ce que*, *encore que*, *à moins que*, *pourvu que*, *supposé que*, *au cas que*. *avant que*, *non pas que*, *afin que*, *de peur que*, *de crainte que*; et en général quand on marque quelque doute, ou quelque souhait, comme : *Je souhaite* que *cet enfant devienne savant*; *je doute* que *cet enfant soit jamais savant*...

A moins que, *de peur que*, *de crainte que*, demandent la particule *ne* devant le verbe qui suit ces conjonctions.

La conjonction conditionnelle *si* régit l'indicatif devant les verbes ; mais, quand il se trouve dans la même phrase plusieurs membres régis par cette conjonction, au lieu de la répéter, on met *que*, au second membre, et ce *que* demande alors le subjonctif : *Si vous demandez cette grâce*, *et* que *vous* l'obteniez, au lieu de, si *vous* l'obtenez... Quand le premier verbe est au présent du conditionnel, *si* veut le second verbe à l'imparfait de l'indicatif : *Vous seriez content*, si *vous* veniez. Et, quand le premier verbe est au passé du conditionnel, le verbe placé après *si* doit se mettre au conditionnel passé qui prend *eusse* ou *fusse* : *Vous auriez obtenu ce prix*, si *vous* l'eussiez *voulu*... *Vous auriez été bien reçu*, si *vous* fussiez *venu*.

La conjonction exclusive *sans que* appelle toujours le subjonctif sans négation : *Je l'ai grondé* sans qu'*il ait été ému* ; *vous ne pouvez négliger vos devoirs* sans que *vous causiez beaucoup de peine à votre mère*.

Avant que demande toujours le subjonctif, sans négation : *Avant qu'il s'en aille*, et non pas, *avant qu'il ne s'en aille*.

Durant que, *à cause que*, ne s'emploient plus et se remplacent par *pendant que*, *parce que*.

Parce que (en deux mots) signifie *attendu que* : *Il est tombé*, parce que *le chemin est glissant*.

Par ce que (en trois mots) veut dire *par la chose ou par les choses que* : *Par ce qu'on vient de vous dire, vous devez comprendre*, etc., c'est-à-dire, *par les choses qu'on vient de vous dire*.

Quoique (en un mot) signifie *bien que* : *Il revint, quoiqu'on l'eût maltraité*. *Quoi que* (en deux mots) signifie *quelque chose que* : *Quoi qu*'il en arrive; *quoi qu*'il en soit; *quoi que* vous fassiez; *quoi que* vous disiez.

Il ne faut pas employer *quoique* avec un complément. Ne dites pas : *Quoique cela* ; il faut dire : *Malgré cela*.

La conjonction *que* a un grand nombre d'usages, dont les principaux sont :

1° D'unir deux verbes l'un à l'autre : *Je crois* que *l'âme est immortelle*.

2° D'unir les deux termes d'une comparaison : *Il est aussi prudent* que *brave*.

3° De former, à l'aide de la préposition *de*, certains tours de phrase uniquement propres à notre langue : *C'est un crime que de se montrer ingrat; ce serait mal agir que d'abandonner ses parents; c'est un malheur que vous ne soyez pas venu me voir plus tôt; quel plaisir que de revoir sa patrie*.

4° D'éviter la répétition de certaines conjonctions, telles que *quand*, *lorsque*, *si*, *quoique*, *comme*, etc. *Quand vous sortirez, et que vous viendrez me voir*; *que*, remplace la conjonction *quand*.

5° *Que* se met souvent au lieu de *pourquoi*. *Que* ne se corrige-t-il? *que* tardez-vous? c'est-à-dire, *pourquoi* ne se corrige-t-il pas? *pourquoi* tardez-vous?

6° *Que* se met aussi pour *combien*. *Que* Dieu est puissant! *que* vous êtes bon!

Il y a encore d'autres emplois de cette conjonction; l'usage les fera connaître.

CHAPITRE X.

DES FIGURES, DES VICES DE CONSTRUCTION, DES GALLICISMES.

On entend par *figures* certaines formes de langage qui servent à donner au discours plus de grâce, de vivacité, d'éclat, d'énergie, etc.

Les figures de *mots* sont celles qui consistent soit à étendre, soit à détourner la signification des mots; soit à faire des constructions qui s'écartent de l'ordre simple, naturel ou direct; soit enfin à tirer quelque effet de l'arrangement ou de la forme matérielle des mots.

Les figures de *pensée* sont celles qui consistent en certains tours de pensée, ordinairement indépendants de l'expression, comme la *comparaison*, l'*apostrophe*, l'*interrogation*, etc.

DES FIGURES GRAMMATICALES.

De l'inversion ou hyperbate.

L'inversion consiste à intervertir l'ordre naturel du discours. C'est donc un écart, mais cet écart n'a rien de vicieux, et devient une grâce de style quand il ne nuit point à la clarté du discours; et surtout, quand il y ajoute, et qu'il donne aux phrases plus d'élégance, d'énergie ou d'harmonie.

> Et les hautes vertus que de vous il hérite,

pour *qu'il hérite de vous*.

D'une voix entrecoupée de sanglots ils s'écrièrent, pour *ils s'écrièrent*, etc.

Cette figure est plus fréquente dans la poésie que dans la prose; mais il faut éviter qu'elle soit forcée, comme on en trouve des exemples dans nos plus grands poëtes. Boileau a dit :

> Que George vive ici, puisque George y sait vivre,
> Qu'un million comptant par ses fourbes acquis,
> De clerc, jadis laquais, a fait comte et marquis.

Cette inversion est forcée, parce que le pronom relatif ne doit jamais être séparé de son antécédent par des propositions incidentes.

De l'ellipse.

L'ellipse est le retranchement d'un ou de plusieurs mots qui sembleraient nécessaires pour rendre la construction complète. C'est par ellipse qu'on dit : la *Saint-Jean*, au lieu de la fête de saint Jean; *il prit sur lui d'attaquer*, au lieu de, *il prit sur lui le risque d'attaquer*. Cette figure est fréquemment usitée dans les réponses qui suivent immédiatement l'interrogation : *Quand viendra-t-il? Demain*; on sous-entend *il viendra*.

Il ne faut jamais abuser de l'ellipse, sous peine de devenir inintelligible. On doit songer avant tout à ne rien ôter à la clarté, qui est l'âme du discours.

Ordinairement les ellipses sont plus fréquentes dans la poésie que dans la prose, parce que le poëte ayant plus d'entraves, jouit de plus de liberté.

Cette figure rend la diction plus rapide, la pensée plus forte

Du pléonasme.

Le *pléonasme* est le contraire de l'ellipse. Il ajoute ce que la grammaire rejette comme superflu.

> Je l'ai *vu*, dis-je, *vu*, de mes propres yeux *vu*,
> Ce qu'on appelle *vu*.

Il suffisait pour le sens de dire, *je l'ai vu.*

Le pléonasme est beauté ou vice, selon la manière dont il est employé.

Il est beauté quand il donne plus d'énergie au discours ; mais, lorsqu'il n'est qu'une suite de paroles inutiles, c'est un vice qu'aucune figure ne peut justifier.

C'est une espèce de luxe dans cette phrase : *S'il ne veut pas vous le dire, je vous le dirai moi.*

Et dans ce vers de Racine :

Et que *m'a* fait à *moi* cette Troie où je cours?

Ces pléonasmes sont admis, mais le goût rejette ceux qui n'offrent qu'une répétition inutile, comme dans ces phrases : *Engagements réciproques de part et d'autre* ; *tempête orageuse*; *s'entr'aimer les uns les autres.*

De la syllepse.

La *syllepse* ou *synthèse* fait figurer le mot avec l'idée qu'on a, plutôt qu'avec le mot auquel il se rapporte.

Entre le pauvre et vous, vous prendrez Dieu pour juge,
Vous souvenant, mon fils, que, caché sous ce lin,
Comme *eux* vous fûtes pauvre et comme *eux* orphelin.
(RACINE.)

Comme *eux,* se rapporte à l'idée, et ne s'accorde pas avec le substantif *pauvre* énoncé précédemment.

Quand le peuple hébreu entra dans la terre promise, tout y célébrait leurs ancêtres.

Leurs ancêtres, se rapporte également à l'idée, et ne s'accorde pas avec les mots *peuple hébreu* que l'on suppose employés pour *les Hébreux.*

Des vices de construction.

Il y a deux vices opposés à la bonne construction, les *disconvenances* et les *amphibologies.*

Il y a *disconvenance grammaticale,* lorsque les mots

qui composent les divers membres d'une phrase ou d'une période ne conviennent pas entre eux, soit parce qu'ils sont construits contre l'analogie, ou parce qu'ils rassemblent des idées disparates, entre lesquelles l'esprit aperçoit de l'opposition, ou ne voit aucun rapport.

On a reproché à Malherbe d'avoir dit :

Prends ta foudre, *Louis*, et va comme un *lion*.

Il y a disconvenance entre *foudre* et *lion*. Il fallait dire, comme *Jupiter*.

Boileau a fait aussi une disconvenance en disant :

La mesure est toujours trop *longue* ou trop *petite*.

Il fallait dire trop *grande* ou trop *petite*; ou, trop *longue* ou trop *courte*.

L'*amphibologie* est un vice du discours, rendu obscur et ambigu, par le choix d'une ou de plusieurs expressions qui présentent un double sens, qui peuvent être prises en deux sens opposés :

Qu'ai-je fait, pour venir accabler en ces lieux
Un héros sur qui seul j'ai pu tourner les yeux ?

Il fallait dire, pour *que vous veniez*. On ne sait en effet à quoi se rapportent ces mots : *pour venir accabler*.

Des gallicismes.

Il y a, dans toutes les langues, des *idiotismes*, ou locutions et constructions particulières. On les nomme *hellénismes*, dans la langue grecque ; *latinismes*, dans la langue latine; *anglicismes*, dans la langue anglaise, et *gallicismes* dans la langue française,

Un *gallicisme* est donc une construction propre et particulière à la langue française, contraire aux règles ordinaires de la grammaire, mais autorisée par l'usage.

On veut être méchant, on n'en a pas *l'étoffe*.

(Gresset.)

Étoffe du méchant ne peut se dire que dans notre langue.

On trouve des gallicismes en foule dans les meilleurs auteurs :

Entrer en fureur; elle s'est trouvée mal; entrer dans son rôle; s'oublier; chose en l'air; se mettre en quatre, etc

Les gallicismes de construction sont aisés à connaître, parce qu'ils sont presque tous des écarts de la syntaxe. Tout gallicisme qui rend la phrase obscure doit être proscrit. On ne doit employer que ceux qui sont consacrés par l'usage.

Il y a dix ans.

Il y a cent à parier.

C'est donc en vain que je travaille.

A qui en avez-vous? C'en est fait. Où veut-il en venir? Voilà des gallicismes. *Si j'étais que de vous*, ne se dit plus.

TROISIÈME PARTIE.

DE L'ORTHOGRAPHE.

L'orthographe ou la *lexicographie* est l'art d'écrire correctement tous les mots d'une langue, conformément à l'usage reçu et adopté par les meilleurs écrivains (1).

Rien n'est plus irrégulier que l'orthographe française. Nous sommes tour à tour fidèles et infidèles à l'étymologie. Par exemple, l'Académie et tous les bons auteurs écrivent *philosophie, physique, euphonie,* et en même temps *fantaisie, fantôme, filtre.* Pourquoi respecter le *ph* étymologique dans les trois premiers, et n'en tenir aucun compte dans les derniers?

Dans un pays étendu, où l'on parle la même langue, on la prononce partout différemment. Il n'y a que les gens de lettres et les gens du monde qui s'habituent à la même prononciation ; au contraire, l'expression de la parole, par l'écriture, ne varie point. C'est cette différence essentielle qu'il y a entre la prononciation et l'orthographe, qui fait que nous écrivons plusieurs mots tout autrement que nous ne les prononçons. Mais, en changeant la prononciation des mots, nous n'en changeons pas pour cela l'orthographe.

Il y a dans la plupart des mots français beaucoup de lettres qui ne se prononcent pas. Ainsi, *monuments, esprits, saints, ils donnent,* etc., se prononcent comme s'il y avait *monuman, espri, sin, il done.*

---

(1) *Orthographe*, mot grec d'origine, de l'adjectif *orthos* (droit, régulier), et du verbe *graphô* (peindre, écrire).

Souvent une même lettre exprime différents sons : *e*, est muet dans *retour*, il est fermé dans *région*, et ouvert dans *règne*.

Un même son est aussi très-souvent désigné par des caractères différents. *An*, se prononce de même, quoique écrit différemment dans *diamant*, *serment*, *sang*, *banc*, *faon*, *Caen*; le son *in* se prononce aussi de même, dans *venin*, *vain*, *saint*, *faim*, etc.

Un grand nombre de mots français étant empruntés de la langue grecque et de la langue latine, s'écrivent d'une manière qui en fait connaître l'origine. Ainsi, l'on écrit *philosophie*, *phrase*, *rhétorique*, et l'on prononce *filosofie*, *frase*, *rétorique*.

D'après les observations précédentes, on voit qu'il serait difficile, et même impossible de donner des lois fixes sur l'orthographe. Comme l'orthographe est presque entièrement fondée sur l'usage, la manière de l'apprendre, c'est d'avoir recours aux dictionnaires et à la lecture des bons auteurs.

L'on ne peut présenter ici que quelques observations générales :

Les consonnes finales de la plupart des noms ne se prononcent point. Pour connaître la consonne finale qui ne sonne point dans un nom, il faut faire attention aux mots qui en dérivent. Ainsi, on saura qu'il faut écrire *plomb*, *dard*, *sourcil*, *sanglot*, etc., parce que les dérivés de ces mots sont : *plomber*, *darder*, *sourciller*, *sangloter*.

Les substantifs dont l'orthographe présente le plus de difficulté sont ceux qui sont terminés en *ace* et en *asse*; en *ance* et en *ence*; en *èce* et en *esse*; en *ice* et en *isse*; en *sion*, *cion*, *xion*, *tion*, etc.

Substantifs en *ace.*

Audace,	Face,	Menace,	Race,
Besace,	Glace,	Place,	Surface,
Bonace (1),	Grimace,	Populace,	Trace,
Contumace,	Limace,	Préface,	Villace.
Dédicace,			

Substantifs en *asse*

Agasse,	Chasse,	Liasse,	Potasse,
Bécasse,	Crasse,	Masse,	Tasse,
Brasse,	Crevasse,	Mélasse,	Terrasse,
Calebasse,	Cuirasse,	Milliasse,	Tignasse.
Carcasse,	Culasse,	Paillasse,	
Casse,	Filasse,	Paperasse,	

Substantifs en *ance.*

Abondance,	Complaisance,	Défiance,	Finance,
Accoutumance,	Concordance,	Délivrance,	Garance,
Aisance,	Condescendance,	Dépendance,	Ignorance,
Allégeance,	Condoléance,	Déplaisance,	Importance,
Alliance,	Confiance,	Descendance,	Impuissance,
Arrogance,	Connaissance,	Désobéissance,	Inadvertance,
Assistance,	Consonnance,	Disconvenance,	Inconstance,
Assurance,	Constance,	Discordance,	Indépendance,
Avance,	Contenance,	Distance,	Inobservance,
Balance,	Convenance,	Doléance,	Insouciance,
Bienfaisance,	Correspondance,	Échéance,	Instance,
Bienséance,	Créance,	Élégance,	Insuffisance,
Bienveillance,	Croissance,	Enfance,	Intempérance,
Bombance,	Croyance,	Engeance,	Intendance,
Chance,	Décevance,	Espérance,	Jactance,
Circonstance,	Déchéance,	Extravagance,	Jouissance,
Clairvoyance,	Défaillance,	Exubérance,	Laitance,

(1) *Bonace*, terme de marine, calme, tranquillité; ***bonasse***, adjectif, *simple*.

Lance,
Lieutenance,
Malveillance,
Manigance,
Mécréance,
Médisance,
Méfiance,
Mésalliance,
Messéance,
Mouvance,
Naissance,
Nonchalance,
Nuance,
Obéissance,
Observance,
Ordonnance,
Outrance,
Persévérance,
Pétulance,
Pitance,
Plaisance,
Prépondérance,
Préséance,
Prestance,
Prévenance,
Prévoyance,
Protubérance,
Puissance,
Quittance,
Reconnaissance
Redevance,
Redondance,
Réjouissance,
Remontrance,
Renaissance,
Repentance,
Répugnance,
Résistance,
Ressemblance,
Séance,
Substance,
Surabondance,
Surintendance,
Surséance,
Survenance,
Survivance,
Tempérance,
Tendance,
Tolérance,
Transcendance
Vacance,
Vaillance,
Vengeance,
Vigilance.

Substantifs en *ence.*

Absence,
Abstinence,
Adhérence,
Adolescence,
Affluence,
Agence,
Apparence,
Appétence,
Audience,
Cadence,
Circonférence,
Clémence,
Compétence,
Concupiscence,
Concurrence,
Conférence,
Confidence,
Conscience,
Conséquence,
Continence,
Contingence,
Convalescence,
Convergence,
Corpulence,
Crédence,
Décadence,
Déférence,
Différence,
Diligence,
Dissidence,
Divergence,
Effervescence,
Éloquence,
Eminence,
Équipollence,
Essence,
Évidence,
Excellence,
Exigence,
Existence,
Expérience,
Faïence,
Fréquence,
Impatience,
Impénitence,
Impertinence,
Imprudence,
Impudence,
Incidence,
Inclémence,
Incohérence,
Incompétence,
Inconséquence,
Incontinence,
Indécence,
Indifférence,
Indigence,
Indolence,
Indulgence,
Inexpérience,
Influence,
Inhérence,
Innocence,
Insolence,
Intelligence,
Intermittence,
Irrévérence,
Jurisprudence,
Licence,
Magnificence,
Mésintelligence
Munificence,
Négligence,
Obédience,
Occurrence,
Opulence,
Patience,
Pénitence,
Permanence,
Pestilence.

Potence, Prééminence, Préexistence, Préférence, Prescience, Présence, Présidence, Providence, Prudence, Quintessence, Régence, Réminiscence, Résidence, Résipiscence, Réticence, Révérence, Science, Semence, Sentence, Silence, Transparence, Turbulence, Véhémence, Violence, Urgence.

Excepté les substantifs *espèce*, *nièce*, *pièce*, et *vesce* (pois), tous les autres s'écrivent par *esse* : *adresse*, *richesse*, etc.

Excepté *bâtisse, coulisse, cuisse, éclipse, éclisse, esquisse, jaunisse, mélisse, pelisse, pythonisse*, *réglisse*, *saucisse*, écrivez par *ice* tous les substantifs de cette prononciation.

Les noms terminés en *tion*, *sion*, *cion*, embarrassent souvent, parce que l'oreille n'indique pas s'il faut les écrire par *tion*, *sion* ou *cion*.

Il n'y a que le substantif *suspicion* qui se termine par *cion*.

Les noms suivants se terminent par *sion*.

Accession, Adhésion, Admission, Agression, Animadversion, Appréhension, Ascension, Aspersion, Aversion, Cession, Compassion, Compression, Conclusion, Confession, Confusion, Convulsion, Digression, Dimension, Dissension, Diversion, Division, Émission, Excursion, Explosion, Expression, Expulsion, Extension, Extorsion, Immersion, Impression, Impulsion, Intercession, Intermission, Interversion, Jussion, Mission, Occasion, Omission, Pension, Percussion, Persuasion, Procession, Profession, Profusion, Progression, Rémission, Répréhension, Rétrocession, Soumission, Submersion, Subversion, Succession, Transgression, Version, Vision.

Vous terminerez tous les autres par *tion*.

Les substantifs qui se terminent par *xion*, sont : *complexion, connexion, flexion, génuflexion, inflexion, réflexion, fluxion.*

De tous les substantifs masculins et féminins terminés en *eur*, il n'y a que *beurre, demeure, heure* et *leurre* qui se terminent par un *e* muet.

Les mots dérivés conservent la même orthographe que leurs primitifs, dans les syllabes qui ont le même son : *Innocent, innocence ; abondant, abondance ; constant, constance.*

Les verbes en *quer* conservent le *qu* dans toute la conjugaison. Hors de la conjugaison, on change *qu* en *c* : *fabriquer, fabrication ; communiquer, communicable ; vaquer, vacant*, etc. Excepté *attaquable, croquant, immanquable, manquant remarquable*, et *marquant* (adjectif).

Au lieu de *n* on emploie *m* devant *b, p, m* : *tombé, embarrasser, emporter, emmener.*

Tous les mots commençant par *dif* doublent la consonne *f* : *difficile, différend*, etc.

Ceux qui commencent par *dé* ne prennent qu'une *f* : *déférence, défendre, déférer*, etc.

Les consonnes *b, g, d*, se doublent seulement dans *abbaye, abbé, rabbin, sabbat ; addition, reddition ; agglomérer, aggraver, suggérer*, et les dérivés.

Il y a deux *n* dans *honneur* et *déshonneur* ; on n'en met qu'une dans les verbes *honorer, déshonorer*, et les adjectifs qui y correspondent.

L'*e* qui précède *x* ne prend jamais d'accent circonflexe : *sexe, circonflexe, Alexandre.*

L'*e* qui précède une double consonne ne doit pas être accentué : *messe, presser, essence, ellipse.*

On distingue dans l'écriture les lettres *capitales* ou *majuscules*, et les lettres *minuscules*.

Les lettres *majuscules* doivent commencer chaque phrase, chaque vers, tous les noms propres : *Cicéron*, *Racine*; *Europe*, *France*; les *Français*, les *Russes*; le *Rhône*, les *Alpes* ; les noms de sectes : les *Stoïciens*, les *Protestants*; enfin tous ceux de science, d'art, de métier, s'ils sont pris pour distinguer une science d'une autre, un art d'un autre, etc. : *La Grammaire est une science indispensable; le Dessin est un art agréable et utile; la Littérature est la connaissance des Belles-Lettres.*

Hors de là les lettres majuscules sont déplacées et ne servent qu'à jeter de la confusion dans l'écriture.

On écrit par une lettre majuscule les *Grecs*, les *Romains*, etc. Mais si ces mots sont employés sans article, et qualifient un substantif, ils sont adjectifs et s'écrivent sans lettre capitale : *les consuls romains, l'armée française.*

L'adjectif féminin *grande* perd quelquefois *e* devant un substantif qui commence par une consonne; mais alors on indique cette suppression par une apostrophe : *grand'peine*, *grand'chose*, *grand'chère*, *grand'pitié*, *grand'chambre*, *grand'messe*, *grand'mère*, *etc.*

On distingue l'adjectif possessif *ses* de l'adjectif démonstratif *ces*, en ce que *ses* peut se changer en *de lui*, *d'elle*, ou de *soi* : *On n'use point de ces façons-là avec ses amis.* J'écris le premier *ces* avec un *c*, parce qu'il ne peut point se traduire par *de lui*, *d'elle*, *de soi*; mais le second peut recevoir ce changement, je l'écris avec *s*.

On met un accent circonflexe sur l'*u* de l'adjectif *sûr*, *sûre*, lorsqu'il signifie qu'une chose est vraie, certaine.

cela est sûr; *c'est une chose* sûre. Mais on n'en met point sur l'*u* de l'adjectif *sur, sure,* quand il exprime qu'une chose est d'un goût acide et aigret : *ce fruit est* sur ; *l'oseille ronde est fort* sure. On n'en met pas non plus sur l'*u* de la préposition *sur : monter* sur *une hauteur*.... L'adverbe *sûrement*, et le substantif *sûreté* prennent un accent circonflexe.

On met un accent circonflexe sur l'*u* de l'adjectif *mûr, mûre,* qui exprime l'état de maturité : des raisins *mûrs*, des cerises *mûres* ; un âge *mûr*, une affaire *mûre*. On en met pareillement un sur l'*u* de l'adverbe *mûrement : après avoir* mûrement *considéré*, etc. ; et sur celui du verbe *mûrir : chaque chose* mûrit *en sa saison*. On en met aussi sur l'*u* de *mûrier*, arbre qui produit un fruit appelé *mûre : on nourrit les vers à soie de feuilles de* mûrier *blanc* ; *du sirop de* mûres ; *un panier de* mûres. Mais on ne met point l'accent circonflexe sur l'*u* du substantif *mur* (ouvrage de maçonnerie) : *il tomba et donna de la tête contre un* mur.

Leur, ne prend jamais *s* à la fin, quand il est joint à un verbe ; alors il est mis pour *à eux*, *à elles : Vos frères, vos sœurs, ont profité des avis que je* leur *ai donnés.*

Leur, placé devant un nom pluriel, ou précédé des articles *les, des, aux,* prend *s* : *Les hommes ont* leurs *défauts, et les femmes ont les* leurs.

On ne met point d'accent circonflexe sur l'*o* de *notre, votre,* quand ces mots sont devant un nom ; ce sont alors des adjectifs possessifs : *votre* livre ; *notre* ami. Mais on met un accent circonflexe sur *ô* dans *nôtre*, *vôtre*, lorsqu'ils sont précédés d'un article : ce sont alors des *pronoms possessifs : Il a pris ses livres et les* vôtres ; *vous avez beau vanter* votre *pays*, *j'aime mieux le* nôtre.

Présent de l'indicatif.

Singulier. 1° Si la première personne finit par *e*, *j'aime*, *j'ouvre*, etc., on ajoute *s* à la seconde ; la troisième est semblable à la première : *J'aime*, *tu aimes*, *il aime*.

2° Si la première personne finit par *s*, ou par *x*, la seconde est semblable à la première, la troisième finit ordinairement en *t* : *Je finis*, *tu finis*, *il finit*. On met un accent circonflexe sur l'*i* des verbes qui en ont un au présent de l'infinitif, comme *connaître*, *il connaît* ; ainsi que dans *il plaît*. Cet *i* de *connaître*, *paraître*, etc., prend également l'accent circonflexe dans tous les temps où il est suivi d'un *t*. Je *connaîtrai*, je *paraîtrais*, etc. (Dans quelques verbes, la troisième personne se termine en *d* : il *rend*, il *vend*, il *prétend*.)

Pluriel. Le pluriel, dans toutes les conjugaisons, se termine toujours par *ons*, *ez*, *ent* : *Nous chantons*, *vous chantez*, *ils chantent* ; *nous unissons*, *vous unissez*, *ils unissent*, etc. La troisième personne plurielle de quelques verbes se termine par *ont* : ils *ont*, ils *sont*, ils *font*, ils *vont*.

Imparfait de l'indicatif.

Il se termine toujours de cette manière : *ais*, *ais*, *ait*, *ions*, *iez*, *aient*.

Je chantais, *tu chantais*, *il chantait*, *nous chantions*, *vous chantiez*, *ils chantaient*.

Passé défini.

Le *passé défini* a quatre terminaisons : *ai*, *is*, *us*, *ins*, de cette manière :

Je chantai, *tu chantas*, *il chanta*, *nous chantâmes*, *vous chantâtes*, *ils chantèrent*.

J'unis, tu unis, il unit, nous unîmes, vous unîtes, ils unirent.

J'aperçus, tu aperçus, il aperçut, nous aperçûmes, vous aperçûtes, ils aperçurent.

Je devins, tu devins, il devint, nous devînmes, vous devîntes, ils devinrent.

Futur de l'indicatif.

Il se termine toujours ainsi : *rai, ras, ra, rons, rez, ront.*

Je chanterai, tu chanteras, il chantera, nous chanterons, vous chanterez, ils chanteront.

N'écrivez pas, *j'aperceverai, je répanderai*; on ne met *e* devant *rai* qu'à la première conjugaison.

Conditionnel présent.

Il se termine toujours ainsi : *rais, rais, rait, rions, riez, raient.*

Je chanterais, tu chanterais, il chanterait, nous chanterions, vous chanteriez, ils chanteraient.

Présent du subjonctif.

Il se termine toujours ainsi : *e, es, e, ions, iez, ent.*

Que je chante, que tu chantes, qu'il chante, que nous chantions, que vous chantiez, qu'ils chantent.

Imparfait du subjonctif.

Il a quatre terminaisons : *asse, isse, usse, insse,* de cette manière :

Je chantasse, tu chantasses, il *chantât, nous chantassions, vous chantassiez, ils chantassent.*

J'unisse, tu unisses, il unît, nous unissions, vous unissiez, ils unissent.

J'aperçusse, tu aperçusses, il aperçût, nous aperçussions, vous aperçussiez, ils aperçussent.

Je devinsse, tu devinsses, il devînt, nous devinssions, vous devinssiez, ils devinssent.

Les élèves sont souvent embarrassés pour distinguer la troisième personne du singulier de l'imparfait du subjonctif, d'avec la troisième personne du singulier du passé défini. Voici un moyen bien simple de lever cette difficulté : c'est de donner au verbe un sujet pluriel ; alors on voit aisément auquel des deux temps est le verbe : *Quand la race de Caïn se* fut *multipliée*. Pour savoir si le verbe *fut* est à l'imparfait du subjonctif ou au passé défini, je lui donne un sujet pluriel, et je dis : *Quand les enfants de Caïn se furent multipliés*. *Furent* est au passé défini ; donc *fut* y est pareillement. Mais dans cette phrase : *Je ne m'attendais pas que mon frère* fût *si bien reçu* ; si je donne au verbe *fût* un sujet pluriel, je dois dire : *Je ne m'attendais pas que mes frères* fussent *si bien reçus*. *Fussent* est à l'imparfait du subjonctif, et par conséquent *fût* doit y être pareillement. Donc ici l'*u* doit avoir un accent circonflexe.

On met un accent grave sur *dès*, préposition ; on n'en met pas sur *des*, article.

L'accent grave se place aussi, sur *çà*, *deçà*, *en deçà*, *au delà*, *déjà*, *holà*, *voilà*.

On met un accent grave sur *là*, adverbe de lieu ; *allez là*. On n'en met point sur *la*, article: la *prudence*; ni sur le pronom relatif féminin *la* : *je* la *connais*.

On met un accent grave sur *où*, adverbe de lieu ou de temps : où *allez-vous ? le siècle* où *vécut le Tasse*.

On n'en met point sur *ou*, conjonction : *c'est vous* ou *moi*. On distingue la conjonction *ou* de l'adverbe *où*, en ce que la conjonction peut toujours être suivie du mot *bien*, au lieu que l'adverbe ne peut pas en être suivi. On peut dire : *c'est vous* ou bien *moi*. Mais on ne dira point : *la ville* où bien *vous demeurez*.

On met un accent grave sur *à*, préposition : *je vais à Paris.*

On n'en met point sur *a*, troisième personne du verbe *avoir* : *il* a *de l'esprit.*

DES SIGNES ORTHOGRAPHIQUES.

Les signes orthographiques sont : l'*apostrophe*, le *tréma*, la *cédille*, la *parenthèse*, le *trait d'union*, *les accents.*

De l'apostrophe.

L'apostrophe est le retranchement d'une voyelle à la fin d'un mot pour la facilité de la prononciation. Le signe de ce retranchement est une virgule que l'on met au haut de la consonne, à la place de la voyelle supprimée, comme dans l'*ami*, l'*histoire.*

L'*e* muet s'élide toujours dans la prononciation devant une voyelle ou une *h* muette, mais dans l'écriture, on ne marque l'élision par l'apostrophe que dans les monosyllabes *je*, *me*, *te*, *se*, *que*, *de*, *ne*, *ce*, *le*, et dans *quelque*, *entre*, *jusque*, *quoique*, *puisque*, *lorsque.*

Je : on dit, j'*apprends*, j'*étudie*, j'*honore*, j'*oublie*, etc., pour je *apprends*, etc.

Me : on dit, *vous* m'*aimez*, *vous* m'*estimez*, *vous* m'*instruisez*, etc., pour, me *aimez*, etc.

Te : on dit, *je* t'*avertis*, *je* t'*ennuie*, *je* t'*invite*, etc., pour, te *avertis*, etc C'est une faute grossière que de retrancher *u* dans *tu*, et de dire : *t'as fait*, au lieu de dire, *tu as fait*, etc. ; qu'est-ce que *t'as*, au lieu de qu'est-ce que *tu as ?*

Se : on dit, *il* s'*amuse*, *il* s'*ennuie*, *il* s'*instruit*, *il* s'*occupe*, pour, se *amuse*, etc.

Que : on dit, qu'*avez-vous fait ? qu'importe*, pour, que *avez-vous fait ?* etc.

De : on dit, *beaucoup* d'*apparence*, d'*orgueil*, pour, de *apparence*, etc.

Ne : on dit, *je* n'*aime pas*, *je* n'*estime pas*, *il* n'*obéit pas*, pour, ne *aime*, etc.

Ce : on dit, c'*est la vérité*, pour, ce *est*, etc.

Le : on dit, l'*ami*, l'*enfant*, l'*instinct*, l'*oiseau*, l'*univers*, l'*honneur*, pour, le *enfant*, etc.

Quelque, perd *e* devant *un* , *autre* : quelqu'*un*, quelqu'*autre*.

Entre et *presque* perdent *e*, seulement quand ils entrent dans la composition d'un autre mot : *entr'acte*, *entr'aider*, *presqu'île*.

Lorsque, *puisque*, *quoique*, perdent *e*, seulement devant *il*, *elle*, *on*, *un*, *une* : *lorsqu'il viendra*, *puisqu'elle l'a voulu*, *quoiqu'on me l'ait caché*.

Jusque perd *e* devant *à*, *au*, *aux*, *ici* : jusqu'*à Paris*, jusqu'*au ciel*, jusqu'*ici*.

L'*a* ne se supprime que dans *la*, article ou pronom : l'*âme*, l'*histoire*, etc.; *comment se porte madame votre mère? je ne* l'*ai pas vue depuis longtemps*, etc,; pour *la âme*, *la histoire*, *je ne* la *ai pas vue*, etc.

L'*i* ne se perd que dans la conjonction conditionnelle *si*, avant le pronom personnel masculin, tant au singulier qu'au pluriel : *s'il vient*, *s'ils viennent*.

Du tréma.

On appelle ainsi deux points (¨) placés sur les voyelles *i*, *u*, *e*, quand ces lettres doivent être prononcées séparément de la voyelle qui précède, comme dans *haïr*, *païen*, *aïeul*, *ambiguë*, *aiguë*, *ciguë*, pour empêcher qu'on ne prononce ces derniers mots comme *fatigue*. On ne doit pas confondre l'*i* tréma avec l'*y*; ainsi, c'est mal à propos que quelques auteurs écrivent *citoïen*, *moïen*, etc.

De la cédille.

On appelle ainsi une petite figure (ç) qu'on met sous le *c* devant *a*, *o*, *u*, pour avertir qu'il doit avoir le son de *s*, comme dans *façon*, *façade*, *leçon*, *reçu*.

De la parenthèse.

On appelle ainsi deux crochets ( ), dans lesquels on renferme quelques mots détachés : *Celui qui refuse d'apprendre* (dit le Sage), *tombera dans le mal.*

Du trait d'union.

Le *trait d'union* ou *tiret* (-) se met entre deux mots qu'on veut joindre.

On doit l'employer : 1° après le verbe, quand celui-ci est suivi d'un pronom sujet, pour quelque raison que se fasse cette transposition : *Irai-je? viendrez-vous? puissiez-vous!* etc.

Après les premières et les secondes personnes de l'impératif, quand elles sont suivies des pronoms *moi*, *toi*, *nous*, *vous*, *le*, *la*, *lui*, *leur*, *y* et *en* : *donnez-moi*, *prêtez-lui*, *allez-y*, etc. Si elles en ont deux à leur suite, chaque pronom est précédé d'un tiret, *rendez-le-lui*, *donnez-le-nous*.

Lorsqu'un pronom placé entre deux verbes est complément du second verbe, il ne doit pas se rattacher au premier par un trait d'union. Ainsi on écrira : *Envoyez la chercher*, *faites en prendre*, sans le trait d'union, parce que les pronoms *la* et *en* sont compléments des verbes *chercher* et *prendre*.

3° On met toujours un trait d'union entre *ci*, *là*, et le mot qui précède ou qui suit : *ci-joint*, *celui-ci*, *celle-là*, *cette année-ci*.

4° Il doit toujours y avoir un trait d'union entre l'adverbe *très*, et le mot suivant : *très-éloquent, très-éloquemment.*

5° *Même* se rattache au pronom qui précède par un trait d'union : *Moi-même, vous-mêmes, lui-même, eux-mêmes.*

6° Le trait d'union remplace dans les adjectifs de nombre la conjonction *et* : *Dix-sept, vingt-quatre, soixante-huit,* etc., au lieu de, *Dix et sept, vingt et quatre, soixante et huit.*

7° Le trait d'union sert encore à lier deux mots, qui, par le sens, n'en font qu'un : *Chef-lieu, contre-allée, Seine-et-Marne, Marc-Aurèle,* etc.

Des accents.

Les accents sont les signes qui servent à régler la voix dans la prononciation du langage écrit, et souvent aussi à fixer le sens de certains mots.

L'accent aigu se met sur les *é* fermés qui terminent la syllable : *Bonté, vérité.*

Lorsque l'*e* de la dernière syllabe est suivi d'une *r* ou d'un *z*, il ne prend pas d'accent et se prononce comme un *é* fermé : *Passager, nez, vous priez.*

L'accent grave s'emploie sur les *è* ouverts qui terminent la syllabe, ou qui précèdent la consonne finale *s* : *Père, mère, succès, procès, après.*

Remarque. Les substantifs terminés en *ége*, comme *piége, collége,* prennent un accent aigu et non un accent grave sur l'avant-dernier *e*. On emploie aussi cet accent dans les interrogations, *aimé-je? donné-je?* et dans les phrases exclamatives, *puissé-je, dussé-je,* etc.

L'accent circonflexe s'emploie principalement pour marquer les voyelles qui sont restées longues après la suppression d'une lettre : les mots *âge, blâme, fête, gîte, flûte*, s'écrivaient autrefois *aage*. *blasme*, *feste*, *giste*, *fluste*.

On met un accent circonflexe sur la première et la deuxième personne plurielle du passé défini ; nous *parlâmes*, vous *parlâtes* ; sur la troisième personne du singulier de l'imparfait du subjonctif : *Qu'il parlât* ; sur la troisième personne du singulier du second conditionnel passé et sur celle du plus-que-parfait du subjonctif : *Il eût parlé, qu'il eût parlé.*

Crû, participe passé du verbe *croître*, et *mû*, participe passé du verbe *mouvoir*, employés au masculin singulier, prennent l'accent circonflexe.

Les personnes du verbe *croître*, semblables à celles du verbe *croire*, reçoivent l'accent circonflexe : *Je croîs, tu croîs* ; *je crûs*, etc.

DE LA PONCTUATION.

La *ponctuation* est l'art d'indiquer dans l'écriture, par des signes reçus, la proportion des pauses que l'on doit faire en parlant.

Les repos de la voix dans le discours, et les signes de la ponctuation dans l'écriture, doivent donc toujours se correspondre.

Les signes de la ponctuation sont la virgule (,), le point et la virgule (;), les deux points (:), et le point (.), auxquels on joint le point exclamatif (!), et le point interrogatif (?).

De la virgule.

La virgule marque la plus petite pause possible ; elle se place entre les substantifs, les adjectifs, et les verbes qui se suivent :

Le *cœur*, l'*esprit*, les *mœurs*, *tout* gagne à la culture.

(VOLTAIRE.)

Il faut régler ses *goûts*, ses *travaux*, ses *plaisirs*, etc.

(Le même.)

Dans un chemin *montant*, *sablonneux*, *mal-aisé*,
Et de tous les côtés au soleil *exposé*,
Six forts chevaux tiraient un coche.

(LA FONTAINE.)

L'attelage *suait*, *soufflait*, *était* rendu.

(Le même.)

La virgule sert encore à distinguer les différentes parties d'une phrase : *Les anciennes mœurs*, *un certain usage de la pauvreté*, *rendaient à Rome les fortunes à peu près égales*.

On met entre deux virgules toute proposition incidente. purement explicative : *Les passions*, qui sont les maladies de l'âme, *ne viennent que de notre révolte contre la raison*.

Mais la proposition incidente déterminative ne doit point être mise entre deux virgules, parce qu'elle ne peut être séparée de la proposition principale sans altérer le sens de celle-ci : *La gloire* qui vient de la vertu *a un éclat immortel*.

On met la virgule après tout mot elliptique qui se trouve au commencement d'une phrase, soit qu'il représente une phrase entière, soit qu'il ne tienne lieu que d'une préposition avec son complément : *Encore trop heureux*, *si les coups les plus cruels de la fortune ont servi à m'instruire et à me rendre plus modéré*.

FÉNELON.

Enfin, pour mieux cacher cet horrible mystère,
Il me donna sa sœur, il m'appela son frère.

(VOLTAIRE.)

Là, tous les champs voisins, peuplés de myrtes verts,
N'ont jamais ressenti l'outrage des hivers.

(Le même.)

On sépare par une virgule les mots en apostrophe ou en exclamation, s'ils sont au commencement de la phrase, et on les met entre deux virgules, s'ils se trouvent dans le corps de la phrase. Il en est de même des interjections.

Jeux cruels du hasard, en qui me montrez-vous
Une si fausse image et des rapports si doux?

(VOLTAIRE.)

Venez, dignes amis, venez, vengeurs des crimes,
Au dieu de la patrie immoler ces victimes.

(Le même.)

Hé quoi, Mathan, d'un prêtre est-ce là le langage?

(RACINE.)

La virgule remplace un verbe sous-entendu : *L'amour de la gloire meut les grandes âmes, et l'amour de l'argent, les âmes vulgaires.*

Du point avec la virgule.

Le point avec la virgule marque une pause un peu plus longue.

On l'emploie, 1° pour séparer entre elles les propositions semblables qui ont une certaine étendue :

D'adorateurs zélés à peine un petit nombre
Ose des premiers temps nous retracer quelque ombre;
Le reste pour son Dieu montre un oubli fatal;
Ou même, s'empressant aux autels de Baal,
Se fait initier à ses honteux mystères,
Et blasphème le nom qu'ont invoqué leurs pères.

2° Pour séparer les parties principales de toute énumération dont les parties subalternes exigent la virgule. *Cicéron, comme l'ont fait tous les rhéteurs, distingue trois genres de style : le style simple, qui s'abaisse jusqu'au langage familier d'une conversation correcte et pure; le style tempéré, qui n'emploie ni termes bas ni vulgaires; le style sublime, qui est composé d'expressions nobles, grandes et ornées.*

Des deux points.

Les deux points marquent une pause encore plus longue. On s'en sert :

1° Après une proposition complète, mais suivie d'une autre qui l'éclaircit, ou qui l'étend : *Il ne faut jamais se moquer des misérables : car qui peut s'assurer d'être toujours heureux ?*

2° Quand on passe à un discours direct qu'on rapporte : *Calypso s'avance vers Télémaque ; et, sans faire semblant de savoir qui il est : d'où vous vient, lui dit-elle, cette témérité d'aborder en mon île ?... Télémaque lui répondit : ô vous, qui que vous soyez, mortelle ou déesse*, etc.

Du point.

Le point marque la plus longue de toutes les pauses. On le met après un sens entièrement fini : *La pudeur fut toujours la première des grâces.*

Outre ce point, on doit en distinguer deux autres qui sont d'un grand usage; savoir, le point interrogatif et le point exclamatif.

Le point *interrogatif* se met à la fin des phrases qui expriment une interrogation : *Quoi de plus beau que la vertu ?*

Le point *exclamatif* se met à la fin des phrases qui expriment la surprise, la terreur, la pitié, etc., ou après une interjection : *En effet, dès qu'elle parut : Ah! mademoiselle, comment se porte monsieur mon frère?... Sa pensée n'osa aller plus loin... Madame, il se porte bien de sa blessure... Et mon fils !... On ne lui répondit rien. Ah! mademoiselle, mon fils! mon cher enfant! répondez-moi, est-il mort sur-le-champ ?*

La lettre qui suit le point interrogatif ou le point exclamatif doit être ordinairement une lettre capitale.

DE L'ANALYSE.

L'*analyse*, en grammaire, est la méthode par laquelle on décompose une phrase pour trouver les rapports que ses diverses parties ont entre elles.

Nous distinguons deux sortes d'analyses : l'*analyse grammaticale* et l'*analyse logique*.

ANALYSE GRAMMATICALE.

L'analyse grammaticale est la décomposition d'une phrase en ses éléments grammaticaux, tels que le substantif, le verbe, l'article, le pronom, etc. Ce travail consiste à expliquer les uns après les autres tous les mots d'une phrase, à dire sous quelle partie du discours un terme doit être rangé et quelle fonction il remplit.

Substantif. — Il faut en faire connaître l'espèce, le genre et le nombre, et dire quelle fonction il remplit; s'il est en sujet, en complément, en apostrophe, ou s'il est attribut ou qualificatif d'un autre substantif.

Article. — L'article, qui est du même genre et du même nombre que le substantif qui le suit, annonce que ce substantif est pris dans un sens déterminé. A défaut de l'article, le substantif est précédé d'un adjectif possessif ou d'un adjectif démonstratif, d'un adjectif numéral ou d'un adjectif indéfini. La fonction de ces quatre sortes d'adjectifs est de déterminer le substantif.

Adjectif. — On en fait connaître le genre et le nombre, et l'on dit quel est le substantif qu'il qualifie.

Pronom. — On en fait connaître l'espèce, le genre, le nombre. On dit s'il est en sujet, en complément, ou placé en apostrophe.

Verbe. — Il faut en faire connaître d'abord l'espèce, ensuite la conjugaison, le mode, le temps, le nombre et la personne. Il faut en nommer le sujet, le complément. Les verbes à l'infinitif n'ont pas de sujet. Les verbes neutres, les verbes passifs, les verbes unipersonnels n'ont pas de complément direct. On regarde les mots qui leur servent de compléments indirects, comme compléments de la préposition qui les précède.

Participe. — Le participe n'est soumis à l'analyse que quand il est employé sans auxiliaire. Il est alors regardé comme adjectif verbal. Précédé d'un auxiliaire, il forme avec cet auxiliaire un des temps du verbe exprimé.

Adverbe. — Il modifie un adjectif, un verbe, ou un autre adverbe. Il faut en faire connaître l'espèce, dire si c'est un adverbe de temps, de lieu, de manière, etc.

Préposition. — Il faut dire quel substantif ou quel verbe régit la préposition. La préposition ne peut régir un verbe que quand il est à l'infinitif.

Conjonction. — Il faut en faire connaître l'espèce, dire si elle est copulative, causative, conditionnelle, etc.

Interjection. — On fait connaître quel sentiment elle exprime; la joie, la douleur, etc.

MODÈLE D'ANALYSE.

Texte.

Malherbe avait soixante ans quand il perdit sa mère. La reine-mère lui envoya un page pour le consoler. « Je suis sensible, dit Malherbe, à l'honneur que me fait la reine; je ne puis lui mieux témoigner ma reconnaissance qu'en priant Dieu que le roi son fils pleure sa mort aussi vieux que je pleure celle de ma mère. »

Analyse.

Malherbe Subst. propre, masc. sing. sujet du v. *avait.*

avait V. act. 3e conj. mode ind. temps imparf. 3e pers. sing. son sujet est *Malherbe*, son complé. est *ans*

soixante	Adj. de nombre cardinal. masc. plur. détermine *ans*.
ans	Subst. commun. masc. plur. complé. du v. *avait*.
quand	Adv. de temps modifie *perdit*.
il	Pronom personnel, 3ᵉ pers. masc. sing. sujet de *perdit*.
perdit	V. act. 4ᵉ conj. mode ind. temps pas. déf. 3ᵉ pers. du sing., son sujet est *il*, son complé. est *mère*.
sa	Adj. poss. f. s. dét. *mère*.
mère.	Subst. com. fém. sing. complé. de *perdit*.
La	Art. simple, fém. sing. annonce que le subst. *reine-mère* est pris dans un sens déterminé.
reine-mère	Subst. composé, f. sing. sujet du v. *envoya*.
lui	Pour à lui, pronom de la 3ᵉ pers. du masc. sing. compl. de la prép. à sous-ent. (envoya *à lui*.)
envoya	V. act. 1ʳᵉ conj. mode ind. temps pas. déf. 3ᵉ pers. du sing., son sujet est *reine-mère*, son complé. est *page*.
un	Adj. de nombre card. masc. sing. dét. *page*.
page	Subst. commun, masc. sing. complé. du v. *envoya*.
pour	Prép. régit *consoler*.
le	Pron. relatif à *Malherbe*, masc. s. complé. du v. *consoler*.
consoler.	V. act. 1ʳᵉ conj. mode inf. temps présent. Les verbes à l'inf. n'ont pas de sujet, son complé. est *le*.
« *Je*	Pron. pers. 1ʳᵉ pers. du sing. masc. sujet de *suis*.
suis	V. subst. mode ind. temps prés. 1ʳᵉ pers. du sing. son sujet est *je*; le verbe subst. n'a pas de complé.
sensible,	Adj. masc. sing. qualifie *je*.

dit V. act. 4e conj. mode ind. temps passé déf. 3e pers. du sing., son sujet est *Malherbe*, son complé. est : *je suis sensible*, etc.

Malherbe, Subst. propre, m. s. sujet de *dit*, placé après le verbe, parce qu'on rapporte les paroles de quelqu'un.

à Prép. régit. *honneur*.

le Art. simple, masc. sing. annonce que le subst. *honneur* est pris dans un sens déterminé.

honneur Subst. com. masc. sing. complé. de la prépos. *à*.

que Pron. rel. à *honneur*, masc. sing. complé. du v. *fait*.

me Pron. pers. 1re pers. du masc. sing. mis pour à moi, complé. de la prép. *à* sous-ent. (fait à moi.)

fait V. act. 4e conj. mode ind. temps prés. 3e pers. du sing., son sujet est *reine*, son complé. est *que*.

la Art. simp. fém. sing. annonce que *reine* est pris dans un sens déterminé.

reine; Subst. commun f. sing. sujet du v. *fait*.

je Pron. pers. 1re pers. masc. sing. sujet de *puis*.

ne Particule négative.

puis V. neutre, 3e conj. mode ind. temps prés. 1re pers. du sing. son sujet est *je*; le v. neutre n'a pas de comp. direct.

lui Pro. pers. 3e pers. du sing. mis pour à elle, compl. de la prép. *à* sous-ent. (témoigner à elle.)

mieux Adv. de manière modifie *témoigner*.

témoigner V. act. 1re conj. mode inf. temps prés. les verbes à l'inf. n'ont pas de sujet, son compl. est *reconnaissance*.

ma	Adj. poss. fém. sing. dét. *reconnaissance*.
reconnaissance	Subst. com. fém. sing. compl. de *témoigner*.
que	Conj. copulative.
en	Prép. régit *priant*.
priant	V. act. 1re conj. mode inf. temps part. pré. compl. de la prép. *en*, son compl. est *Dieu*, les v. à l'inf. n'ont pas de sujet.
Dieu	Subst. prop. masc. sing. compl. de *priant*.
que	Conj. copulative.
le	Art. simp. m. s. annonce que *roi* est pris dans un sens dét.
roi	Subst. commun masc. sing. sujet de *pleure*.
son	Adj. poss. masc. sing. dét. *fils*.
fils	Subst. commun, masc. sing. attribut de *roi*.
pleure	V. act. 1re conj. mode subj. temps prés. 3e pers. du sing., son sujet est *roi*, son compl. est *mort*.
sa	Adj. poss. fém. sing. dét. *mort*.
mort	Subst. com. fém. sing. compl. de *pleure*.
aussi	Adv. de comparaison modifie *vieux*.
vieux	Adj. masc. sing. qualifie *fils*.
que	Conj. copulative.
je	Pron. pers. 1re pers. du masc. sing. sujet de *pleure*.
pleure	V. act. 1re conj. mode ind. temps prés. 1re pers. du sing., son sujet est *je*, son compl. est *celle*.
celle	Pron. démonstratif fém. sing. compl. de *pleure*.
de	Prép. régit *mère*.
ma	Adj. poss. fém. sing. dét. *mère*.
mère	Subst. commun fém. sing. compl. de la prép. *de*.

ANALYSE LOGIQUE.

L'analyse *logique* est la décomposition d'une proposition en ses parties, telles que le sujet, le verbe, l'attribut; elle considère moins les mots que les idées.

Il y a dans une phrase autant de propositions qu'il y a de verbes à un mode *personnel*, c'est-à-dire, de verbes ayant ou pouvant avoir un sujet. Dans cette phrase : *L'émulation et l'ambition diffèrent entre elles, en ce que la noble émulation consiste à se distinguer parmi ses égaux, et à chercher son bien-être, au lieu que l'ambition est un désir immodéré de remplir des places supérieures à ses talents :* il y a six verbes; trois de ces verbes sont à l'infinitif, *se distinguer*, *chercher*, *remplir*; et trois à un mode personnel, savoir : *diffèrent*, qui a pour sujets *émulation* et *ambition*; *consiste*, qui a pour sujet *noble émulation*; *est*, qui a pour sujet *ambition*. Il y a donc trois propositions.

Des différentes sortes de propositions.

Il y a, comme nous l'avons déjà dit, deux sortes de propositions : la proposition *principale* et la proposition *incidente*.

Il y a deux espèces de propositions principales : la proposition principale *absolue* et la proposition principale *relative*.

Il y a également deux espèces de propositions incidentes : l'incidente *déterminative* et l'incidente *explicative*.

Lorsqu'une phrase renferme plusieurs propositions principales, la première principale est *absolue*, les autres principales sont appelées *relatives*.

La proposition incidente commence ordinairement par un pronom relatif ou par une conjonction. Cependant les conjonctions *et*, *si*, *ou*, *mais* n'indiquent une proposition incidente que lorsqu'elles sont suivies d'un pronom relatif, ou d'une autre conjonction.

Si une proposition incidente commence ordinairement par un pronom relatif ou une conjonction, toute proposition ne commençant par aucun de ces termes, doit être considérée comme *principale*.

La proposition incidente *déterminative* est ajoutée à une autre proposition pour déterminer le terme qu'elle complète, et ne pourrait être retranchée sans détruire ou dénaturer le sens de la proposition à laquelle elle se rapporte.

La proposition incidente *explicative* est ajoutée à une autre proposition pour donner quelques développements qui ne sont pas rigoureusement nécessaires, de sorte qu'elle pourrait être supprimée sans altérer aucunement le sens de la proposition à laquelle elle se rapporte.

La proposition incidente *explicative* est d'ordinaire placée entre deux virgules.

Calypso demeurait souvent immobile sur le rivage de la mer, qu'elle arrosait de ses larmes; et elle était sans cesse tournée vers le côté où le vaisseau d'Ulysse, fendant les ondes, avait disparu à ses yeux.

Cette phrase renferme quatre propositions : la première, *Calypso demeurait souvent immobile sur le rivage de la mer*, est une principale *absolue*. La seconde, *qu'elle arrosait de ses larmes*, est *incidente*, parce qu'elle commence par le pronom relatif *que*; elle est *explicative*, parce qu'elle est placée entre deux virgules et qu'elle pourrait être retranchée sans détruire le sens de la proposition qui précède : *Calypso demeurait souvent immobile sur le rivage de la mer, et elle était sans cesse tournée*, etc.

La troisième, *et elle était sans cesse tournée vers le côté*, est principale *relative*.

La quatrième, *où le vaisseau d'Ulysse, fendant les ondes, avait disparu à ses yeux*, est *incidente* parce qu'elle commence par le pronom relatif *où*, et elle est *déterminative*, parce qu'elle ne pourrait être retranchée. En effet, sans cette proposition, on ne saurait vers quel côté Calypso était sans cesse tournée.

Du sujet de la proposition.

Le sujet est toujours exprimé ou par un *nom*, ou par un *pronom*, ou par un *infinitif:*

La *modestie* donne du relief à tous les talents; *elle* rehausse l'éclat de toutes les vertus.

Mentir est le métier d'un lâche et d'un cœur noir.

Le sujet d'une proposition doit être considéré comme *simple* ou comme *composé*, comme *complexe* ou comme *incomplexe*.

Le sujet d'une proposition est simple, lorsqu'il n'offre qu'une seule idée à l'esprit, c'est-à-dire, quand il ne présente qu'un seul être ou des êtres de la même espèce pris collectivement.

Démosthènes fut un grand orateur : le sujet est simple, parce que le jugement que j'énonce tombe sur un seul être.

Démosthènes et Cicéron furent de grands orateurs : le sujet est composé, parce que le jugement que j'énonce tombe sur deux hommes différents, qui ne sont pas du même pays, qui n'ont pas vécu dans le même temps.

Les Francs sont nos ancêtres. Le sujet, bien qu'il soit pluriel, est simple parce qu'il présente des êtres de la même origine, pris collectivement.

En général, un sujet n'est *composé*, que lorsqu'on peut le décomposer, c'est-à-dire en faire autant de propositions qu'il y a d'êtres différents.

Ainsi, dans le second exemple : *Démosthènes et Cicéron furent de grands orateurs*, je pourrais décomposer le sujet et avoir deux propositions, en disant : *Démosthènes fut un grand orateur; Cicéron fut un grand orateur;* mais, comme le jugement que je porte sur ces deux hommes est le même, je réunis les deux termes et j'en forme un sujet *composé.*

Dans le troisième exemple, au contraire, je ne puis décomposer le sujet, c'est-à-dire, en former plusieurs propositions; c'est donc un sujet *simple.*

Le sujet d'une proposition est *complexe*, lorsqu'il a un complément, c'est-à-dire, lorsqu'il est accompagné d'un ou de plusieurs mots qui font connaître d'une manière précise la personne ou la chose dont on parle. Si je dis: *Louis fut surnommé le père du peuple*; le sujet Louis est incomplexe, parce qu'on ne sait pas de quel roi du nom de Louis, je veux parler. Si je dis, au contraire, *Louis douze*, etc., l'adjectif *douze* rend le sujet complexe, parce qu'il indique quel est le roi, parmi ceux qui ont porté ce nom, qui a mérité le surnom de père du peuple.

Les rois sont au nombre de soixante et onze. Le sujet *rois* est incomplexe, parce qu'on ne sait pas de quels rois je veux parler. *Les rois qui ont gouverné la France sont au nombre de soixante et onze*; cette proposition, *qui ont gouverné la France*, rend le sujet complexe, puisqu'elle indique clairement de quels rois je veux parler. En général, un sujet est complexe toutes les fois qu'il est accompagné de quelques mots qui en indiquent une circonstance particulière.

Le sujet d'une proposition est *incomplexe*, lorsqu'il a par lui-même un sens complet, c'est-à-dire, lorsque le mot formant le sujet est pris dans un sens général.

L'ambition a fait le malheur de la terre.
Pour les cœurs corrompus l'amitié n'est point faite.

De l'attribut de la proposition.

L'attribut est énoncé ou par un adjectif, ou par un participe présent, ou par un participe passé, ou par un substantif, ou par un pronom :

Aristide était *juste*.
On *recherche* le mérite (on est recherchant).
Le labyrinthe de Crète fut *construit* par Dédale.
Il fut de ses sujets le *vainqueur* et le *père*.
Ce chapeau n'est pas le *vôtre*.

L'attribut d'une proposition doit être considéré comme *simple* ou comme *composé*, comme *complexe* ou comme *incomplexe*.

L'attribut est simple lorsqu'il exprime une seule manière d'être du sujet : Aristide était *vertueux*; Philippe *assiégea* Méthone. L'attribut *vertueux* est simple, parce qu'il exprime une seule qualité du sujet *Aristide*; l'attribut *assiégeant* est également simple, parce qu'il exprime une seule action faite par le sujet *Philippe*.

L'attribut est *composé* lorsqu'il exprime plusieurs manières d'être du sujet: Aristide était *juste* et *vertueux;* Philippe *assiégea* et *prit* Méthone.

L'attribut est composé toutes les fois qu'on peut le décomposer, c'est-à-dire, en former plusieurs propositions.

Aristide était juste, *Aristide était vertueux;* j'ai là deux propositions; mais comme les qualités marquées par les adjectifs *juste* et *vertueux* conviennent à la même personne, je réunis ces deux adjectifs et j'en forme un attribut *composé.*

Philippe assiégea Méthone, *Philippe prit Méthone*; j'ai aussi deux propositions; mais comme l'action d'*assiéger* et celle de *prendre* ont été faites par la même personne, je réunis les deux verbes et j'en forme un attribut *composé.*

L'attribut est *incomplexe* lorsqu'il a par lui-même un sens complet, lorsqu'il marque en général une manière d'être du sujet:

Le soleil est lumineux; la lune est brillante; la modestie plaît.

L'attribut est *complexe* lorsqu'il a un complément, c'est-à-dire, lorsqu'il est accompagné de mots qui en achèvent ou qui en étendent la signification. L'attribut a plusieurs sortes de compléments: le complément *objectif*, qui répond au complément *direct* de l'analyse grammaticale; le complément *terminatif* qui répond au complément *indirect* de l'analyse grammaticale; le complément *modificatif* qui est marqué par un adverbe; et le complément *circonstanciel* qui indique quelque circonstance de temps, de lieu, etc. Un seul de ces compléments suffit pour rendre l'attribut *complexe:*

Henri quatre battit dix mille Espagnols; l'attribut *battant* est complexe, parce qu'il a pour complément *objectif* dix mille Espagnols.

Henri quatre battit dix mille Espagnols à Fontaine-Française.

L'attribut *battant* a pour complément *objectif* dix mille Espagnols, et pour complément *terminatif* à Fontaine-Française.

Henri quatre battit complètement dix mille Espagnols à Fontaine-Française.

L'attribut *battant* a pour complément *objectif* dix mille Espagnols, pour complément *terminatif* à Fontaine-Française, pour modificatif *complètement.*

Henri quatre battit complètement dix mille Espagnols à Fontaine-Française avec deux cents chevaux seulement. L'attribut *battant* a pour complément *objectif* dix mille Espagnols, pour complément *terminatif*, à Fontaine-Française, pour modificatif *complètement*, et pour *circonstanciel* avec deux cents chevaux seulement. Ces mots, *avec deux cents chevaux seulement*, indiquent avec quelle circonstance fut faite par Henri quatre l'action de *battre.*

On entend en conséquence par complément logique tout ce qui complète, achève la signification du sujet ou de l'attribut.

Les conseils *d'un ami* sont les flambeaux *de l'âme*; *d'un ami* est le complément du sujet *conseils*, comme *de l'âme* est le complément de l'attribut *flambeaux.*

Un mortel *bienfaisant* approche *de Dieu même.*

Bienfaisant est le complément du sujet mortel; *de Dieu même* est le complément de l'attribut *approchant.*

Celui *qui ne songe pas à ses devoirs* ne mérite *aucune estime.*

L'imprimerie fut établie *en France sous Louis XI.*

Si l'on supprime tous les mots qui forment *le complément logique*, la proposition, ou n'aura plus de sens, ou ne présentera qu'un sens incomplet.

Les conseils sont les flambeaux.

Un mortel est approchant.

Celui ne mérite aucune estime.

L'imprimerie fut établie.

Voilà des propositions. Il y a un sujet, un attribut, un verbe; mais elles n'offrent pas de sens, ou n'ont qu'un sens incomplet.

Du verbe de la proposition.

Le verbe est toujours [illegible] exprimé, comme dans cette phrase:

Le mérite sans modestie est insolent; ou renfermé dans le verbe attributif, comme : *L'instruction développe en nous le germe des talents*, c'est-à-dire, *est développant.*

Le verbe *être* doit toujours être énoncé au même temps et à la même personne que le verbe attributif qui figure dans la proposition: *Les vrais amis, disait Démétrius de Phalère, attendent qu'on les appelle dans la prospérité.* Dans la première proposition, *les vrais amis attendent*, le verbe est *sont*, parce que *attendent* est à la 3e personne du pluriel du présent de l'indicatif; dans la seconde, *qu'on les appelle dans la prospérité*, le verbe est *soit*, parce que *appelle* est à la 3e pers. du sing. du présent du subjonctif; dans la troisième, *disait Démétrius de Phalère*, le verbe est *était*, parce que *disait* est à la 3e pers. du sing. de l'imparfait de l'indicatif.

La proposition est *pleine*, lorsque l'on n'est pas obligé, pour en faire l'analyse, de rétablir un de ses termes :

Un sage ami, toujours rigoureux, inflexible,
Sur vos fautes jamais ne vous laisse tranquille.

La proposition est elliptique, lorsqu'un des termes principaux qui la composent n'est pas énoncé.

Ecoute les conseils d'un véritable ami.

Dans cette proposition le sujet n'est pas exprime.

La proposition est *implicite* lorsqu'elle est exprimée par un seul mot, c'est-à-dire, lorsque ni le sujet, ni l'attribut, ni le verbe ne sont énoncés. Les interjections forment des propositions implicites, puisqu'elles expriment seules une émotion que l'on éprouve. *Hélas!* équivaut à *j'en suis fâché. Oh!* équivaut à *que cette chose est belle*, etc. *Oui* et *non* sont aussi des propositions *implicites*. Viendrez-vous? *Oui*, c'est-à-dire, *je viendrai;* partirez-vous? *Non*, c'est-à-dire, *je ne partirai pas*.

MODÈLE D'ANALYSE LOGIQUE.

Texte.

Le fleuve Bétis coule dans un pays fertile et sous un ciel qui est toujours serein. Le pays a pris le nom du fleuve, qui se jette dans le grand Océan, assez près des colonnes d'Hercule et de cet endroit où la mer furieuse, rompant ses digues, sépara autrefois la terre de Tarsis d'avec la grande Afrique. Ce pays semble avoir conservé les délices de l'âge d'or. Les hivers y sont tièdes, et les rigoureux aquilons n'y soufflent jamais. L'ardeur de l'été y est toujours tempérée par des zéphyrs rafraîchissants qui viennent adoucir l'air vers le milieu du jour. Il y a plusieurs mines d'or et d'argent dans ce beau pays.

PREMIÈRE PHRASE.

Deux propositions.

1re *proposition :* *Le fleuve Bétis coule dans un pays fertile et sous un ciel.* Cette proposition est *principale absolue.*

Sujet.— *Fleuve;* simple, parce qu'il n'exprime qu'une idée; complexe, parce qu'il a pour déterminatif *Bétis.*

Verbe.— *Est.*

Attribut.— *Coulant*; simple, parce qu'il n'exprime qu'une manière d'être du sujet; complexe, parce qu'il a pour complément terminatif, *dans un pays fertile et sous un ciel.*

2e *proposition :* *Qui est toujours serein;* cette proposition est incidente déterminative.

Sujet.— *Qui* pour *ciel*; simple, parce qu'il n'exprime qu'une idée ; incomplexe, parce qu'il n'a pas de complément.

Verbe.— *Est.*

Attribut.— *Serein;* simple, parce qu'il n'exprime qu'une manière d'être du sujet; complexe, parce qu'il a pour modificatif *toujours.*

DEUXIÈME PHRASE.

Trois propositions.

1re *proposition:* *Le pays a pris le nom du fleuve;* cette proposition est principale absolue.

Sujet.— *Pays*; simple, parce qu'il n'exprime qu'une idée; incomplexe, parce qu'il n'a pas de complément

Verbe.— *A été.*

Attribut.— *Prenant;* simple, parce qu'il n'exprime qu'une manière d'être du sujet; complexe, parce qu'il a pour complément objectif *le nom du fleuve.*

2e *proposition:* *Qui se jette dans le grand Océan assez près des colonnes d'Hercule, et de cet endroit;* proposition incidente explicative.

Sujet. — *Qui* pour *fleuve*; simple, parce qu'il n'exprime qu'une idée ; incomplexe, parce qu'il n'a pas de complément.

Verbe. — *Est.*

Atttribut. — *Se jetant;* simple, parce qu'il n'exprime qu'une manière d'être du sujet ; complexe, parce qu'il a pour complément terminatif, *dans le grand Océan, assez près des colonnes d'Hercule et de cet endroit.*

3e *proposition:* *Où la mer furieuse, rompant ses digues sépara autrefois la terre de Tarsis d'avec la grande Afrique.* Cette proposition est incidente déterminative.

Sujet.— *Mer;* simple, parce qu'il n'exprime qu'une idée; complexe, parce qu'il a pour complément l'*adjectif furieuse*, qui le qualifie, et *rompant ses digues.*

Verbe.— *Fut.*

Attribut.— *Séparant;* simple, parce qu'il n'exprime qu'une manière d'être du sujet; complexe, parce qu'il a pour complément objectif *la terre de Tarsis;* pour complément terminatif d'*avec la grande Afrique;* et pour modificatif les adverbes *où* et *autrefois.*

TROISIÈME PHRASE.

Elle ne renferme qu'une proposition qui est principale absolue.

Sujet.— *Pays;* simple, parce qu'il n'exprime qu'une

seule idée; complexe, parce qu'il a pour déterminatif *ce.*

Verbe. — *Est.*

Attribut. — *Semblant avoir conservé*; simple, parce qu'il n'exprime qu'une manière d'être du sujet; complexe, parce qu'il a pour complément objectif *les délices de l'âge d'or.*

QUATRIÈME PHRASE.

Deux propositions.

1re *proposition*: — *Les hivers y sont tièdes;* proposition principale absolue.

Sujet. — *Hivers;* simple, parce qu'il n'exprime qu'une seule idée; incomplexe, parce qu'il n'a pas de complément.

Verbe. *Sont.*

Attribut. — *Tièdes;* simple, parce qu'il n'exprime qu'une manière d'être du sujet; complexe, parce qu'il a pour modificatif l'adverbe de lieu *y.*

2e *proposition.* — *Et les rigoureux aquilons n'y soufflent jamais;* cette proposition est principale relative.

Sujet. — *Aquilons;* simple, parce qu'il n'exprime qu'une seule idée; complexe, parce qu'il est qualifié par l'adjectif *rigoureux.*

Verbe. — *Sont.*

Attribut. — *Soufflant;* simple, parce qu'il n'exprime qu'une seule manière d'être du sujet; complexe, parce qu'il a pour modificatif les adverbes *y* et *jamais.*

CINQUIÈME PHRASE.

Deux propositions.

1re *proposition.* — *L'ardeur de l'été y est toujours tempérée par des zéphyrs rafraîchissants;* elle est principale absolue.

Sujet. — *Ardeur;* simple, parce qu'il n'exprime qu'une

seule idée; complexe, parce qu'il a pour déterminatif *de l'été*.

Verbe.— *Est.*

Attribut.— *Tempérée;* simple, parce qu'il n'exprime qu'une manière d'être du sujet; complexe, parce qu'il a pour complément terminatif, *par des zéphyrs rafraîchissants*, et pour modificatif l'adverbe de lieu *y*.

2e *proposition.*— *Qui viennent adoucir l'air vers le milieu du jour*. Cette proposition est incidente déterminative.

Sujet.— *Qui* pour *zéphyrs ;* simple, parce qu'il n'offre qu'une seule idée: incomplexe parce qu'il n'a pas de complément.

Verbe.— *Sont.*

Attribut.— *Venant rafraîchir;* simple, parce qu'il n'exprime qu'une manière d'être du sujet; complexe, parce qu'il a pour complément objectif l'*air*, et pour complément terminatif, *vers le milieu du jour*.

SIXIÈME PHRASE.

Elle ne renferme qu'une proposition qui est principale absolue.

Sujet.— *Mines;* (le sujet *apparent* est il) simple, parce qu'il n'exprime qu'une idée; complexe parce qu'il a pour déterminatif *plusieurs*, et *d'or et d'argent*.

Verbe.— *Sont.*

Attribut.— *Existant*; simple, parce qu'il n'exprime qu'une manière d'être du sujet; complexe, parce qu'il a pour complément terminatif *dans ce beau pays*.

FIN DE LA GRAMMAIRE.

TABLE DES MATIÈRES.

FIN DE LA TABLE DES MATIÈRES.

Paris. — Imp. P.-A. BOURDIER ET Cᵉ, rue Mazarine, 30.

www.ingramcontent.com/pod-product-compliance
Ingram Content Group UK Ltd.
Pitfield, Milton Keynes, MK11 3LW, UK
UKHW012017240726
13965UKWH00002B/426